WEITER HIMMEL
– STILLE WEGE

WE

Herausgegeben von Monsignore Georg Austen,
Generalsekretär des Bonifatiuswerks der deutschen Katholiken

Sibylle Hardegger

WEITER HIMMEL
STILLE WEGE

Pilgerwege zu den
heiligen Stätten des Nordens

Kösel

Verlagsgruppe Random House FSC® N001967
Das für dieses Buch verwendete FSC®-zertifizierte Papier
Primaset liefert Arctic Paper Grycksbo AB.

Copyright © 2013 Kösel-Verlag, München,
in der Verlagsgruppe Random House GmbH
Umschlag: Monika Neuser, München
Umschlagmotive: Sibylle Hardegger
Druck und Bindung: Mohn Media, Gütersloh
Printed in Germany
ISBN 978-3-466-37065-8

Weitere Informationen zu diesem Buch und unserem
gesamten lieferbaren Programm finden Sie unter
www.koesel.de

Inhaltsverzeichnis

- 6 Geleitworte
- 10 Wegleitung

Schweden

- 14 Die Insel Birka und der heilige Ansgar
- 26 Vadstena und die heilige Birgitta
- 46 Uppsala und der heilige Erik
- 64 Pilgernd unterwegs sein
- 68 Alvastra
- 72 Heliga Hjärtas Kloster
- 80 Albertus Pictor – Meister der mittelalterlichen Malerei

Dänemark

- 90 Die Pilgertradition sucht neue Wege

Island

- 106 Island – Gottes Farbpalette
- 110 Wallfahrt nach Maríulind auf Snaefellsnes

Norwegen

- 124 Trondheim / Nidaros – das Jerusalem des Nordens
- 154 Mit dem Fahrrad von Uppsala nach Trondheim
- 162 Tautra
- 170 Kloster Königin der Fjorde – ein Besuch auf den Lofoten

Finnland

- 180 Die katholische Kirche in Finnland und der heilige Henrik
- 182 Köyliö – Diözesanwallfahrt auf 61° 08′50.30″Nord, 22° 19′31″Ost

- 188 Informationen für Übernachtungen in Klöstern
- 190 Quellenangaben
- 191 Bonifatiuswerk der deutschen Katholiken

Geleitworte

Es ist gewiss kein Zufall, dass in der heutigen Zeit, die sich durch Globalität und Mobilität auszeichnet, die uralte Lebensweise des Nomadischen in neuer Weise, freilich unter gewandelten Bedingungen, aktuell geworden ist. Am freien Wochenende, vollends wenn die Ferien nahen, gehen ganze Völker auf Reisen, sodass man den Eindruck gewinnen kann, dass sich neue Völkerwanderungen ereignen. Wenn man diesen, auf den ersten Blick oberflächlichen Phänomenen eines neuen Nomadentums etwas auf den Grund zu gehen versucht, wird man entdecken, dass das äußerliche Unterwegssein der Menschen Ausdruck eines inneren Unterwegsseins und Sehnsucht nach einem guten Ziel der Lebensreise ist. Denn die Menschen sind umgetrieben von den Fragen, woher sie kommen und wohin sie gehen und wer sie im Licht ihrer Herkunft und Zukunft sind; und die Menschen entdecken im Ringen um Antwort auf diese Fragen, dass sie nur im Unterwegssein wirklich bei sich selbst sein können.

Was damit als säkulare Erfahrung heute beschrieben ist, weist freilich zurück in tiefere Schichten der menschlichen Existenz, die religiöser Natur sind. Wenn der Mensch sich als Geschöpf Gottes versteht, von daher um die Endlichkeit seines irdischen Lebens existenziell weiß und sich in dieser Welt als Fremdling erfährt, der unterwegs ist in seine definitive Heimat, versteht er sein ganzes Leben als Pilgerschaft und ist das Pilgern der eigentliche Modus seines Lebens. Dieses Selbstverständnis des menschlichen Lebens als Pilgerschaft ist vor allem im Christentum lebendig geworden, das in der Pilgerschaft sogar ein Urbild des Glaubens selbst wahrnimmt: Am Beginn der alttestamentlichen Heilsgeschichte steht die Gestalt Abraham, der aus seiner Heimat auszieht und damit alles verlässt, was ihm vertraut ist, um sich ganz auf Gott einzulassen und seinen Verheißungen zu trauen. Und am Beginn der neutestamentlichen Heilsgeschichte begegnen wir der Gestalt Jesus von Nazareth, der in seinem irdischen Leben durch das Land zieht, die Frohe Botschaft verkündet und Kranke heilt.

In diesem pilgernden Unterwegssein erblickt das Christentum das Wesen des Glaubens selbst, wie es der heilige Augustinus mit den Worten umschrieben hat, dass wir »zwischen den Verfolgungen der Welt und den Tröstungen Gottes« auf unseren Wegen voranschreiten. Das äußere Pilgern hat dabei vor allem den Sinn, dieses inneren Geheimnisses unseres Lebens ansichtig zu werden, wie es für die biblischen Menschen charakteristisch ist: Sie verstehen sich als »Pilger« in der Welt (1 Petr 2,11). Sie bekennen sich als »Fremde und Gäste auf Erden« (Hebr 11,13). Sie empfinden sich hier »im Exil«, »fern vom Herrn«, bei dem sie ihre eigentliche Heimat haben (2 Kor 5,6). Sie kennen deshalb in dieser Welt »keine Stadt, die bestehen bleibt«, sondern sie »suchen die künftige« (Hebr 13,14); und diese künftige Stadt heißt Jerusalem. Christlich leben bedeutet gemäß der Offenbarung des

Johannes, sein Zelt im Himmel aufgeschlagen zu haben und auf ihn hin unterwegs zu sein.

Das Selbstverständnis des menschlichen Lebens als Pilgerschaft kommt zu einem besonders leibhaftigen und sinnfälligen Ausdruck in einer Wallfahrt, die zumeist eine heilige Stätte als Ziel vor Augen hat, an der man entweder eines heiligen Geschehens gedenkt oder einen heiligen Menschen verehrt. Solche Wallfahrten erfreuen sich nicht zufällig neuer Beliebtheit in der heutigen Zeit, in der das Sensorium für das Heilige immer mehr verloren zu gehen droht und den Menschen der Himmel verborgen ist. In dieser Zeit suchen Menschen wieder neu heilige Orte auf, an denen ihnen der Himmel offener begegnet und die dem Heiligen Raum geben, um das Heilige in das alltägliche Leben hineinströmen zu lassen und zu einer neuen Achtsamkeit der Schöpfung Gottes gegenüber zurückzufinden. Dabei stehen weder heilige Orte noch heilige Personen für sich selbst und sind noch nicht das Ziel der Wallfahrt, sondern dienen gleichsam als Fenster, durch die hindurch der weite Horizont der Ewigkeit Gottes und damit das eigentliche Lebensziel der Menschen erspäht werden kann, wie Papst Benedikt XVI. sehr schön hervorhob: »Das Ziel der Wallfahrt ist letztlich nicht eine Sehenswürdigkeit, sondern das Aufbrechen hin zum lebendigen Gott.«

In dieser Durchsichtigkeit des Pilgerns und Wallfahrens liegt es gewiss begründet, dass sie in der jüngeren Vergangenheit immer mehr auch zu ökumenischen Unternehmungen werden konnten. Christen und Christinnen haben in frischer Weise erfahren, dass sie immer mehr zueinanderfinden, je mehr sie sich gemeinsam auf den Weg zum Heiligen begeben, und dass sie dann die verlorene Einheit wiederfinden, wenn sie sich auf die gemeinsame Heimat beim lebendigen Gott ausrichten. Pilgern und Wallfahren sind so zu einem schönen und willkommenen Weg der ökumenischen Versöhnung geworden.

Von diesem offenen ökumenischen Geist ist das vorliegende Buch von Sibylle Hardegger auf jeder Seite geprägt. Auf ihren Streifzügen durch die äußeren Landschaften im Norden tritt auch die innere Landschaft dieser europäischen Region vor Augen, die wesentlich von der lutherischen Frömmigkeit geprägt ist. Dass diese innere Pilgerreise im vorliegenden Buch von einer katholischen Theologin als Reiseführerin begleitet wird, verleiht dieser Publikation auch einen besonderen ökumenischen Wert, für den ich dankbar bin. Ich wünsche deshalb allen Lesern und Leserinnen, dass sie sich dieser kundigen Reiseführung anvertrauen, sich auf den inneren Weg mitnehmen lassen, dabei der nomadischen Ader in sich selbst neu gewahr werden und sich auch ökumenisch bereichern lassen.

Rom, im Advent 2012
Kurt Cardinal Koch
Präsident des Päpstlichen Rates zur Förderung der Einheit der Christen

*Den längsta resan
  är resan inåt.*

Dag Hammarskjöld

DIE WALLFAHRTSORTE DES NORDENS sind in Mitteleuropa wenig bekannt. Aber auch in Nordeuropa gab es Heilige, und sie werden immer noch verehrt: Olav, Erik, Knut, Birgitta. Ich freue mich, dass Sibylle Hardegger mit diesem Buch verschiedene Wallfahrtsorte in den nordischen Ländern vorstellt. Sie erzählt auch über das heutige Leben der katholischen Kirche in unseren Ländern. Es ist auffällig, dass in diesen sehr säkularisierten Ländern die katholische Kirche wächst, vor allem durch Zuwanderung.

Wenn Sie nun neugierig geworden sind, die Orte zu entdecken und den Menschen zu begegnen, dann kann ich Sie nur bestärken und sagen: Komm und sieh! Als Vorsitzender der Nordischen Bischofskonferenz heiße ich Sie ganz herzlich willkommen bei uns im Norden.

+ Anders Arborelius ocd
Bischof der Diözese Stockholm

IN EINER IN JEDER BEZIEHUNG mobilen Welt ist ausgerechnet das Wallfahren als eine Form des Betens wieder in Mode gekommen. Das kann überraschen, wenn man meint, dass es natürlicher wäre, im Gebet die Ruhe zu suchen, die uns der Alltag so selten schenkt. Aber Beten ist keine Flucht vor dem Alltag, sondern dessen Heiligung. Und so ist auch eine Wallfahrt keine Flucht in eine andere Welt, sondern ein Versuch, die Mobilität unseres Lebens zu heiligen und in der Veränderlichkeit unseres Lebens Gott zu finden. Wer zu einer Wallfahrt aufbricht, weiß, dass wir nur im Unterwegssein zur Ruhe kommen können. Wallfahren ist wie Leben: Hier gibt es keinen Stillstand, sondern nur die kraftvolle, dynamische Ruhe, die der Heilige Geist spendet. »In der Mühe ist er Ruh, haucht in Hitze Kühlung zu« (Pfingstsequenz).

Das vorliegende Buch ist nicht nur eine Einladung zum Wallfahren ganz allgemein, sondern eine Einladung, die Pilgerwege und Pilgerorte in den nordischen Ländern kennenzulernen. Schweden, Dänemark, Norwegen, Finnland und Island sind nicht nur Urlaubsländer mit einer wunderschönen, oft unberührten Landschaft, sondern ein Rahmen, der zum Wallfahren, das heißt zum Zur-Ruhe-Kommen im Gebet förmlich einlädt. Sibylle Hardeggers Buch ist eine Ermutigung, in den Ländern des Nordens auf den Spuren der Pilgernden diese Ruhe zu suchen. Es will dem Wallfahrenden die Augen öffnen für Unbekanntes und Unentdecktes an den

*Die längste Reise
ist die Reise nach innen.*
Dag Hammarskjöld

Pilgerwegen. Es ist aber auch eine Aufforderung zum Gebet für die Länder des Nordens und für ihre Kirche. Es ist eine Einladung, das Geschenk, das Gott uns mit der weiten Natur, dem klaren, unaufdringlichen Licht und den zurückhaltenden und freundlichen Menschen, aber auch dem neu aufbrechenden Glauben in diesen Ländern gegeben hat, betend und dankend zu entdecken. Der weite Himmel und die stillen Wege im Norden sind wie geschaffen, um in Bewegung zu sein und in der Bewegung die Ruhe zu erfahren, die der Heilige Geist uns schenken will. Das vorliegende Buch ist für diese Unternehmung ein kompetenter Führer und Begleiter.

P. Philip Geister SJ
Rektor des Newmaninstituts, Uppsala

MENSCHEN BRAUCHEN in der Welt Orte, an denen Begegnung zwischen dem wahren Gott und dem geschaffenen Menschen zustande kommen kann. Das gilt umso mehr dort, wo Menschen alleine mit ihrem Glauben leben, wo sie in ihrem Alltag nur sehr selten Gemeinschaft im Glauben erleben können.

In Nordeuropa leben katholische Christen in solch einer Diaspora-Situation. Wie bedeutsam gerade Wallfahrtsorte und das Pilgern in dieser Situation sind, zeigt das vorliegende Buch. An den Pilgerorten des Nordens erfahren katholische Christen aus der Diaspora in ökumenischer Verbundenheit Gemeinschaft. Hier erleben sie »Atemräume« des Glaubens und stärken sich für ihr weiteres Leben mit Gott. Das Bonifatiuswerk unterstützt sie dabei, denn »Keiner soll alleine glauben«.

Erleben auch Sie diese besonderen Orte des Glaubens in Nordeuropa. Entdecken Sie Spuren und Wege, die über Jahrhunderte vergessen schienen, die in unseren Tagen neu gegangen und dadurch für unsere Zeit lebendig werden. Nehmen Sie die großen Glaubenszeugen der nordischen Länder in den Blick: den heiligen Olav, die heilige Birgitta, den heiligen Erik. Machen auch Sie sich auf und werden Sie durch Ihre Pilgerschaft zu Zeugen des Glaubens an Jesus Christus!

Ihr Monsignore Georg Austen
Generalsekretär des Bonifatiuswerkes der deutschen Katholiken

Wegleitung

Noch bis vor einigen Jahren wusste ich nichts von Trondheim oder Vadstena. Dies, obwohl Wallfahrt und Pilgern mich schon seit Langem faszinieren und schon während meines Theologiestudiums Thema waren. Mein Blick auf die Wallfahrtstradition schweifte meist Richtung Süden, nach Santiago de Compostela, Rom oder Jerusalem. Erst als das Bonifatiuswerk der deutschen Katholiken mir die Möglichkeit bot, ein Projekt in Schweden aufzubauen, das sich unter anderem mit Pilgerwegen und Wallfahrtsorten befassen sollte, wendete sich mein Blick Richtung Nordkap und es tat sich eine ganz neue Welt für mich auf. Zu Beginn war es ein neugieriger Blick durch eine Tür, die einen Spaltbreit offen stand. Heute hat sich die Tür in ein weit offen stehendes Tor gewandelt. Ein Tor, das durchschritten werden will und das einlädt, Unbekanntes zu entdecken. Dieses Neue und Unbekannte möchte ich interessierten Pilgern und Pilgerinnen durch dieses Buch ein Stück weit erschließen.

Das Unterwegssein zu den Wallfahrtsstätten des Nordens bringt mir bisher wenig bekannte Heilige näher: Olav von Norwegen, Birgitta von Schweden, Ansgar, der Missionar des Nordens, Erik von Uppsala und Henrik, der Apostel Finnlands – um nur die bekanntesten zu nennen. Die fantastischen Landschaften, die scheinbar endlose Weite und die Einsamkeit im Norden sind eine prächtige Kulisse, um den inneren und äußeren Pilgerweg zu gehen.

Die Wallfahrtsorte des Nordens sind historisch und kunstgeschichtlich interessante Stätten. So soll der Bau der Klosterkirche in Vadstena auf eine unmittelbare Eingebung durch Christus an Birgitta zurückgehen. Und die Baugeschichte des Domes von Trondheim gleicht einem Architekturkrimi. In der Beschreibung der Wallfahrtsorte habe ich versucht, diese historischen und kunstgeschichtlichen Aspekte einzuflechten.

Die Wallfahrt zum heiligen Olav geht zurück bis ins 11. Jahrhundert. Im Mittelalter war Trondheim der drittwichtigste Wallfahrtsort Europas nach Rom und Santiago de Compostela. Die Wallfahrt zur heiligen Birgitta nach Vadstena blüht seit dem 14. Jahrhundert. Die Wallfahrtsorte erzählen viel Geschichte und viele Geschichten – und doch bleiben sie letztlich immer tote Steine.

Als Mitteleuropäerin, die in Schweden sesshaft geworden ist, habe ich bald gemerkt, dass meine Kirche – die katholische Kirche – sich hier im Aufbruch befindet.

Im Durchschnitt gehören in den nordischen Ländern Dänemark, Norwegen, Schweden, Finnland und Island nur gerade 1 % der Bevölkerung der katholischen Kirche an. 80 % bis 90 % der Katholiken sind Immigranten. Sie verteilen sich auf etwa 100 Nationalitäten und Sprachgruppen. Die katholische Kirche im Norden befindet sich in einer extremen Diasporasituation und wächst dennoch ständig, nicht nur durch die Zuwanderung sondern auch durch Konversion.

Oft werden die Länder des Nordens als die am meisten säkularisierten Länder bezeichnet. Doch wenn man hier lebt, wird man den Eindruck nicht los, dass die Talsohle der Säkularisierung erreicht ist. Gerade seit dem Fall des Staatskirchentums in einigen Ländern scheint die Suchbewegung in religiösen und spirituellen Fragen zugenommen zu haben. Eine Rückbesinnung auf die religiösen Wurzeln und das christliche Erbe flammt neu auf. Zaghaft, aber die Glut ist da.

Ich charakterisiere die katholische Kirche im Norden gerne mit den Worten: jung, multikulturell, kreativ und finanziell arm. Dennoch – oder gerade deswegen – strahlt sie eine große Glaubensfreude aus. Die Katholiken und Katholikinnen erzählen gerne von ihrem Glauben. Zeugnis geben, Evangelisierung und Mission sind in Nordeuropa keine Unworte. Es mag der berechtigte Eindruck entstehen, dass die katholische Kirche in Nordeuropa ein grundsätzlich lebendigeres Bild vermittelt als in Mitteleuropa.

Ich habe in den vergangenen Jahren verschiedene Etappen auf den Pilgerwegen zurückgelegt – zu Fuß oder mit dem Fahrrad. Dabei habe ich viele Klöster und Klostergemeinschaften am Wegrand kennengelernt und bin unzähligen »lebendigen Steinen« begegnet gemäß 1 Petrus 2,5: »Lasst euch als lebendige Steine zu einem geistigen Haus aufbauen.«

Bald war mir klar: Ich will in meinem Buch nicht nur Orte von »toten Steinen« vorstellen, sondern auch jene von »lebendigen Steinen«. In den Klöstern und Pfarreien wurde ich überall sehr herzlich und mit großer Gastfreundschaft aufgenommen. Viele Glaubensgespräche und Diskussionen über die großen Themen wie Ökumene und Säkularisierung haben sich ergeben und ich ging reich beschenkt weiter auf meinem Weg. So manches Gespräch brachte mich auf meinem inneren Pilgerweg ein Stück vorwärts. Ja, entlang der Pilgerwege im Norden schlummert ein großes geistliches Potenzial! Davon möchte ich in diesem Buch berichten und ermuntern, sich selbst auf die Reise in den Norden zu begeben. Hier stehen die Tore für Pilgernde weit offen. Die Pilgerwege sind gut ausgebaut und markiert und an den großen Pilgerorten gibt es Pilgerzentren, die beherbergen, informieren, begleiten oder ganz einfach Raum bieten, um anzukommen. Mein Buch soll ein anregender Begleiter sein und Lust entfachen, die unbekannten Stätten des Nordens zu entdecken.

Ich bin in den Norden gekommen, um die Wallfahrtsorte und Pilgerwege kennenzulernen und sie im deutschsprachigen Raum bekannter zu machen. Ich wurde beschenkt mit facettenreichen Begegnungen und Entdeckungen. Und ich habe hier eine Reise nach innen begonnen – auf dem längsten aller Pilgerwege. Dafür bin ich dankbar.

Sibylle Hardegger
Uppsala, 22.11.2012

WEDEN

Die Insel Birka und der heilige Ansgar

Darstellung auf dem Nordportal der Ansgar-Kapelle: Ansgar empfängt die Offenbarung: »Geh und komme mit der Märtyrerkrone zurück!«

Bevor ich nach Schweden übersiedelte, habe ich viel vom heiligen Ansgar gehört. In Erzählungen, Schriften und Bezeichnungen von Hilfswerken begegnete mir sein Name. Nach meiner Ankunft musste ich seine Spuren hier im Norden allerdings richtiggehend suchen. Obwohl er der erste christliche Missionar des Nordens war und bisweilen Apostel des Nordens genannt wird, ist er kaum im Bewusstsein der Menschen verankert. Weder in Namen noch Malereien oder in Erzählungen. Die anderen nordischen Heiligen haben ihm sozusagen den Rang abgelaufen. Das mag etwas erstaunen. Vielleicht hängt es auch damit zusammen, dass Ansgar selbst kaum Schriften hinterlassen hat. Seine bewegte Lebensgeschichte und seine Missionstätigkeit wurde in der *Vita Ansgarii* des heiligen Rimbert, ein Schüler Ansgars und Nachfolger im Bischofsamt, dokumentiert. Rimbert, selbst Mönch des Klosters Corvey in Frankreich, gelingt es in der *Vita Ansgarii*, uns den Apostel des Nordens in seinen verschiedenen Facetten näherzubringen.

Das Leben des heiligen Ansgar

Ansgar wurde 801 geboren und starb 865. Bereits mit sechs Jahren kam Ansgar ins Benediktinerkloster Corbie an der Somme, da sein Vater nach dem Tod der Mutter den Mönchen die Erziehung des Jungen anvertraute. Corbie war eine angesehene Bildungsstätte und wurde zu einer Ausbildungsstätte für Missionare. Es sei dieser aufblühenden Bildungsstätte gedankt, dass Ansgar eine unbeschwerte und sorglose Kindheit und Jugend verbringen konnte. Es muss das klösterliche Umfeld gewesen sein, das Ansgar veranlasste, immer mehr auf die Stimme Gottes zu hören. Bereits im jugendlichen Alter erlebte er seine Berufung. In einem Traum sprach Gott ihn selbst an. *Gehe hin, und mit dem Martyrium gekrönt, kehre zu mir zurück!* Es ist dieser Auftrag, den Ansgar Zeit seines Lebens begleitete.

Der junge Ansgar wurde Mönch und Lehrer. An der Klosterschule übernahm er Verant-

wortung für die jungen Menschen. Mit zweiundzwanzig Jahren wurde er nach Corbey geschickt. Corbey war eine Neugründung Corbies und in guter benediktinischer Tradition wurde dort eine neue Schule gegründet, bei deren Aufbau Ansgar tatkräftig mithalf. Im Weiteren arbeitete er im Dienst der Predigt und Glaubensweitergabe. Aufgaben, die ihm später auf seinen Missionsreisen sicherlich zugutekamen.

Kaiser Ludwig der Fromme und der Abt des Klosters Corbie beauftragten den nun 25-jährigen Ansgar damit, den neu getauften Dänenfürsten Harald Klak und sein Gefolge in den Glauben einzuführen. Rimbert schreibt in der Vita, dass diese Zeit für Ansgar nicht einfach war. Die Einführung der Neugetauften in den Glauben war gleichzeitig eine Prüfung der eigenen Glaubensstärke.

829 empfing er vom Kaiser den Auftrag, nach Schweden zu reisen. Dort sollte Ansgar erkunden, ob die Wikinger bereit wären, den christlichen Glauben anzunehmen. Wohl wissend, dass diese Mission nicht einfach werden wird, nahm Ansgar sich vor, Widrigkeiten und Gefahren für Christus ergeben zu tragen. Ziel der Reise war Birka, eine zur damaligen Zeit wichtige Handelsstadt im Norden. Doch bereits nach halber Strecke wurden Ansgar und seine Gefährten überfallen und ausgeraubt. Es war Ansgar, der nicht aufgab. Seine Gefährten kehrten nach dem Überfall entmutigt zurück. Sechshundert Kilometer legte Ansgar alleine zurück, dann erreichte er Birka, wo er freundlich aufgenommen wurde. Bald darauf taufte er Hergeir, den Bürgermeister von Birka, und verkündete den christlichen Glauben. Damit war der Grundstein zur christlichen Mission im Norden gelegt. Diese positiven Nachrichten aus dem Norden erfreuten den Kaiser und er begann nun, die Mission bei den Schweden und Dänen zu organisieren.

831 wurde Ansgar Bischof der nordischen Mission mit Sitz in Hamburg. Es war Papst Gregor IV., der ihn zum Erzbischof erhob und den Auftrag zur Mission bei den Dänen und Schweden erteilte. In Hamburg baute Ansgar eine Kirche und ein Kloster. Zusammen mit einigen Helfern bildete er junge Menschen für die Mission im Norden aus. Die *Vita Ansgarii* nennt das Gebiet im Norden beziehungsweise die Diözese Ansgars »gefährdetes Gebiet«. Dies musste er 845 schmerzlich erfahren, als dänische Wikinger überraschend Kirche und Kloster belagerten und schließlich eroberten. Viele Menschen starben bei diesem barbarischen Überfall, wurden versklavt und verkauft. Ansgar konnte sich mit einigen wenigen Gefährten retten. Der Heimat beraubt, fanden sie Zuflucht bei einer Adelsfrau. Zwei Jahre später wurde ihm provisorisch die Diözese Bremen anvertraut. Es dauerte siebzehn Jahre, bis Papst Nikolaus I. ihn als Erzbischof von Bremen und Hamburg bestätigte. Rimbert beschreibt Ansgar in diesem Lebensabschnitt als betenden Menschen. Der Rhythmus von Arbeit und Gebet

(*ora et labora*), den Ansgar von früher Jugend an kannte, legte ihm ein gutes Fundament für das Bischofsamt, auf das er auch in schwerer Zeit bauen konnte.

In seiner Lebensführung versuchte er immer konsequenter den Heiligen, besonders dem heiligen Martin nachzuleben: Durch die Verkündigung des Evangeliums wollte er den Menschen helfen.

Von Bremen aus gewann Ansgar das Vertrauen des Dänenkönigs Horich, dessen Schergen für die Plünderung Hamburgs verantwortlich waren. Dieser erlaubte ihm, im bedeutendsten Handelszentrum des Nordens, in Haithabu, nahe beim heutigen Schleswig, eine Kirche zu bauen. Die gute Beziehung zum Dänenkönig ging so weit, dass dieser Ansgar einen Empfehlungsbrief für den König gab, als er – nach zwanzig Jahren – noch einmal nach Schweden aufbrach.

Seine zweite Ankunft in Birka war indes nicht leichter als die erste. Stück um Stück musste er mühevoll das Vertrauen des Königs gewinnen, bis er nach zwei Jahren wieder Priester nach Schweden entsenden durfte. Nachdem König Horich in Dänemark erschlagen worden war, wurde die Kirche in Haithabu geschlossen. Ansgars Werk schien um Jahre zurückgeworfen. Durch ständiges Mühen und einen unbändigen Eifer für das Evangelium konnte er die Gunst König Horichs des Jüngeren gewinnen und Kirchen in Haithabu und Ripen neu gründen. Man fragt sich, woher Ansgar immer wieder neue Kräfte sammeln konnte, um diese Sisyphusarbeit so unbeirrt weiterzuführen. Sein Biograf Rimbert gibt uns darauf eine Antwort in der *Vita Ansgarii*:

Schon während der Reisevorbereitungen hatte unser hochheiliger Vater durch eine Offenbarung des Herrn im Voraus erfahren, welch große Seelenangst er auf dieser Fahrt würde erdulden müssen.

Eines Nachts fühlte er sich in die Leidenszeit des Herrn versetzt; er selbst war Augenzeuge, wie der Herr Jesus Christus von Pilatus zu Herodes und wieder zu Pilatus geführt wurde; als er nun Schimpf und Schande erleiden musste und offenbar am ganzen Körper geschlagen wurde, konnte Ansgar diese sträfliche Behandlung nicht länger mit ansehen, eilte hinzu und bot sich selbst hinter Christi Rücken den Streichen dar, um alle diesem geltenden Schläge mit dem eigenen Körper aufzufangen; nur schien der Herr, höher von Wuchs, ihn um Haupteslänge zu überragen, sodass er seinen Kopf nicht zu schützen vermochte. Die Bedeutung dieses Gesichts erkannte der unbesiegte Streiter Christi erst nach der Heimkehr von seiner Reise, als er bedachte, wie viel Hohn und Spott er in Schweden hatte ertragen müssen, in welcher Not er gewesen war und welche Gotteslästerungen er dort hatte hinnehmen müssen. Seine Seele hatte dort zweifelsohne für Christus gelitten, und Christus erduldete in seinem Knecht von neuem die ihm angetane Schmach (Vita Ansgarii (VA) 29).

Die letzten Jahre seines Lebens waren für Ansgar eine schwere Prüfung im Glauben. 858 plünderten die Wikinger die Stadt Bremen. Die große Not der Bevölkerung ließ ungeahnte Kräfte wachsen. Er errichtete Krankenhäuser und Unterkünfte für Witwen und Waisen. Viele Kranke kamen zu ihm, um Zuspruch und Hilfe zu erbitten. Ansgar wurde in diesen Jahren ein »Bischof der Armen«.

Mit 64 Jahren erkrankte er schwer und litt daran, dass er nicht als Märtyrer, sondern an einer Krankheit sterben sollte. Trost empfing er erst durch eine Offenbarung:

Da geschah es, dass der Herr selbst seinen Knecht zur gnadenhaften Heilung seiner Trauer eines Trostes würdigte. Als er eines Tages in der Kapelle der Messe beiwohnte und so recht von Herzen betrübt war, vernahm er wachend eine Stimme, die ihn wegen seiner Zweifel an Gottes Versprechen heftig schalt; als ob irgendeine Sündhaftigkeit Gottes Liebe übersteigen könne! ›Glaube nur ganz fest‹, sagte sie, ›zweifle nie daran, Gott wird dir in seiner Gnade beides schenken, Vergebung deiner Sünden, um die du dir solche Sorgen machst, und Erfüllung aller seiner Verheißungen‹ (VA 40).

An Mariä Lichtmess, am 2. Februar 865, starb Ansgar, nicht ohne vorher den Geistlichen und Armen ein Festmahl bereitet zu haben. Nicht ohne drei Kerzen an den Altären Mariens, Petri und Johannes' entzünden zu lassen, damit sie seine Seele empfangen sollten.

»Unseren Herrn und Vater verließ der Wille zur demütigen Hingabe niemals. Nie hörte er auf, für das Heil der Völker zu beten. Auch in seiner letzten Krankheit machte erst der letzte Atemzug seinen Worten und Verfügungen über seine Legation ein Ende. In solcher Glaubensinbrunst wurde er von dieser Welt genommen; mit einer sehr großen Gefolgschaft Gläubiger aus dem Dänen- und Schwedenvolk, die er dem Herrn gewann, wird er daher – so glauben wir – zum Lohn für seinen guten Kampf durch göttliches Gnadengeschenk am Tag der Auferstehung aller ruhmreich und glücklich ins Himmelreich eingehen« (VA 34).

Besuch auf Birka

Birka erreicht man von Stockholm aus mit dem Schiff in zwei Stunden. Buchen kann man nur eine Tagestour. Im Preis inbegriffen sind die Fahrt nach Birka, der Eintritt und eine Führung im Wikingermuseum. Die UNESCO hat die Insel Birka zum Weltkulturdenkmal erklärt. Dies allerdings hat mit dem heiligen Ansgar wenig zu tun. Vielmehr ist Birka eine alte Wikingersiedlung. Die Funde der archäologischen Grabungen zeigen ein einmaliges Bild der Siedlung – obwohl bis heute erst ca. 1 % ausgegraben ist. Birka war Handelsplatz und Treffpunkt für den ganzen Norden, davon zeugen die Münzen aus verschiedensten Ländern, die bei den Ausgrabungen gefunden wurden.

Von Weitem ist auf dem höchsten Punkt der Insel Birka das Gedenkkreuz für den heiligen Ansgar zu sehen.

Die Passagiere auf dem Schiff sind an diesem Sommermorgen vor allem Familien mit Kindern. Diese haben ihren großen Spaß am als Wikinger verkleideten Tourguide. Nach einer knapp zweistündigen Fahrt durch die fantastische Inselwelt des Mälarsees steuern wir auf Birka zu. Die Passagiere drängen an Land. Die meisten Besucher von Birka steuern das Restaurant oder das Museum an. Ich gehe als Einzige am Museum vorbei und schlage den Weg zur Ansgarkapelle ein. Immer wieder erstaunt es mich, wie in diesem Land alles Religiöse aus dem öffentlichen Leben verbannt wird. Die Menschen interessieren sich wohl für die Raubzüge der Wikinger und verbringen Stunden damit, deren Geschichte im Museum zu studieren, derweil ihre Kinder von einer »Wikingerfrau« im Garten des Museums im Körbeflechten unterrichtet werden. Für das christliche Erbe Schwedens hingegen interessiert sich kaum jemand.

Der Fußweg zur Kapelle führt über eine Weide und durch einen kleinen Weiler. Die einzigen Begleiter auf dem Weg über die Insel sind mir ein paar Schafe.

Ich genieße die Stille – schließlich unternehme ich heute eine Wallfahrt zum Apostel des Nordens, wie Ansgar oft genannt wird. Die Insel bezaubert mich. Von den vielen Hügeln, die es auf der Insel gibt, hat man einen wunderbaren Ausblick aufs Wasser. Während ich über die Weiden gehe, vertreibe ich hie und da ein paar Schafe. Kurzfristig fühlen sie sich etwas gestört von meiner Anwesenheit, aber schon ein paar Meter weiter senken sie wieder ihre Köpfe, um das satte Grün zu verspeisen. Irgendwie passen diese Tiere an diesen Ort, der für die Ausbreitung des Christentums in Nordeuropa so wichtig ist. Ist es nicht Jesus selbst, der seine Beziehung zu den Menschen immer wieder mit jener des Hirten und der Schafe vergleicht?

Ich bin der gute Hirt; ich kenne die Meinen und die Meinen kennen mich, wie mich der Vater kennt und ich den Vater kenne; und ich gebe mein Leben hin für die Schafe.
Johannes 10,14–15

Wenn ich die Lebensgeschichte des heiligen Ansgars bedenke, dann kommt mir auch Jesu Aufforderung zu furchtlosem Bekenntnis in den Sinn:

Seht, ich sende euch wie Schafe mitten unter die Wölfe; seid daher klug wie die Schlangen und arglos wie die Tauben!
Matthäus 10,16

Immer wieder wurde Ansgar zurückgeworfen in seinen Bemühungen, den Glauben zu verkünden. Obwohl er nur wenig messbaren Erfolg hatte, war Aufgeben für ihn nie eine Option. Seine Hoffnung und sein Durchhaltewille machen ihn für mich schon zu einem Heiligen. Paulus schrieb über die Hoffnung:

Hoffnung aber, die man schon erfüllt sieht, ist keine Hoffnung. Wie kann man auf etwas hoffen, das man sieht? Hoffen wir aber auf das, was wir nicht sehen, dann harren wir aus in Geduld.
Römerbrief 8,24–25

Hoffnung
ist wie Wasser
auf das Rad der Mühle.
Ohne sie vermögen wir nichts.
Korn verrottet
Glaube verdunstet.

Nach einem gemütlichen Spaziergang von etwa 20 Minuten taucht am Waldrand die Ansgarkapelle auf. Von Weitem sehe ich die Türen der Kapelle weit offen stehen. Das empfinde ich als sehr einladend.

Der Weg führt direkt auf die Kapelle zu. Davor liegt eine Terrasse, die als Erweiterung des Kirchenschiffs angesehen werden kann. In der Kapelle ist nicht viel Platz. Wenn ein Gottesdienst gut besucht ist, nehmen die Gläubigen auf den Bänken der Terrasse Platz. Obwohl außer mir heute niemand bei der Kapelle ist, setze ich mich erst einmal auf eine der Bänke und verweile einen Moment vor dem Heiligtum. Die Kapelle wurde 1930, zum 1100-jährigen Jubiläum der Ankunft Ansgars auf Birka, eingeweiht. Die einschiffige Kapelle hat die Form einer Glocke und ist aus rotem Sandstein erbaut. Sie besitzt ein Langhaus mit einer Apsis und einen Westturm. Nach Westen hin wird sie breiter und das Dach hebt sich in die Höhe, was die Glockenform noch unterstreicht. Drei Rundbogenportale führen in die Kirche hinein. Im Turm hängt eine kleine Glocke und darüber leuchtet ein goldenes Kreuz. Von meinem Platz auf der Terrasse schaue ich in den Kirchenraum.

Mein Blick geht vorbei an einer bronzenen Ansgarstatue und trifft auf die Malereien in der Apsis. Christus an der Geißelsäule ist da dargestellt. Hinter ihm steht Ansgar, der versucht die Schläge auf den Herrn abzumildern. Die Darstellung geht zurück auf besagten Traum Ansgars. Das Spruchband darüber sagt: *Ansgar möchte gerne mit dem Herrn Jesus Christus mit leiden.* Zeitlebens war es der Wunsch Ansgars, als Märtyrer zu sterben. Ich trete nun in die Kirche ein. Ihre Kleinheit vermittelt unweigerlich ein Gefühl von Geborgenheit. Die Einbeziehung der Umgebung in den sakralen Raum ist eine Form der Architektur, die mich anspricht. Von der erhöhten Apsis habe ich nach Westen hin einen Blick über die Weite der Insel. Wunderschön!

Die Darstellungen aus dem Leben des Heiligen auf den Kupferplatten an den Innenseiten der Portale ziehen mich in ihren Bann. Wie ein moderner Comic erzählen sie Stationen im Leben Ansgars. Diese Malereien wurden von Gunnar Torhamn für die Kapelle um das Jahr 1930 angefertigt und imitieren in Stil und Technik frühmittelalterliche Heiligendarstellungen.

Skulptur Ansgars, im Hintergrund Fresken mit der Darstellung eines Traums

S. 20, v. li. n. re.: Auf dem Nordportal sind folgende biografische Szenen abgebildet: aus der Kindheit Ansgars; Vergebung der Sünden durch Jesus; Kaiser Ludwig der Fromme erteilt den Auftrag zur Missionsreise in den Norden.

S. 21 u. 22, v. li. n. re.: Auf den beiden Türflügeln des Mittelportals sind Szenen aus der Missionstätigkeit Ansgars dargestellt: Ansgar hört den Auftrag Gottes: Geh und verkünde Gottes Wort unter den Heiden; Ansgar und seine Gefährten werden von den Wikingern ausgeraubt; Ansgar wird zum Erzbischof geweiht; bei der Belagerung Birkas durch die Dänen empfiehlt Hergeir den Einwohnern, sich in der Not an Ansgars Gott zu wenden; Hergeir erhält die Kommunion; Fridborg, die erste Frau, die von Ansgar getauft wurde, und ihre Tochter geben Almosen.

Ansgar und die Psalmenwürze – die Pigmenta

Für Benediktinermönche ist das Singen von Psalmen ein fester Bestandteil des Tagesablaufs: Siebenmal am Tag singen die Mönche zum Lob Gottes. 150 Psalmen die Woche. In der Regel des heiligen Benedikt heißt es dazu:

Wir glauben, dass Gott überall gegenwärtig ist
und dass die Augen des Herrn an jedem Ort die Guten und die Bösen beobachten.
Doch wollen wir das in besonderer Weise glauben,
und zwar ohne irgendwie zu zweifeln,
wenn wir beim Gottesdienst stehen.
Überdenken wir darum immer, was der Prophet sagt:
Dient dem Herrn in Furcht!
Und ferner: Psalliert weise!
Und: Im Angesicht der Engel will ich dir Psalmen singen.
Bedenken wir also, wie wir uns verhalten sollen
unter den Augen Gottes und seiner Engel,
und stehen wir beim Singen der Psalmen so,
dass unser Denken und unser Herz
im Einklang mit unserer Stimme sind.
Benediktsregel, Kapitel 19,1–7

Man könnte sich vorstellen, dass das Singen oder Rezitieren der Psalmen Tag für Tag und Woche für Woche zu einer gewissen Ermüdung führt. Nicht bei Ansgar. Für ihn hatte das Psalmen-Singen eine besondere Bedeutung und die meditative Form der Reziation inspirierte ihn. Beim Psalmengebet der Mönche gibt es nach jedem Psalm eine kurze Stille für das persönliche Gebet. Diese Stille nutzte Ansgar, um den Psalm in einem kurzen Gebet zusammenzufassen. Die kurzen Gebete werden *Pigmenta*, übersetzt »Würze«, genannt. Rimbert berichtet in der *Vita Ansgarii*, dass diese »Würze« den Psalmengenuss erhöhen sollte. Nach jedem Psalm den Inhalt in kurzen, eigenen Formulierungen zu einem Gebet zusammenzufassen, kann helfen, den »Geschmack an den Psalmen« zu verstärken. Das an den rezitierten Psalm angeschlossene Gebet lässt den Psalm zum eigenen Gebet werden. Ansgar nutzte die stille Zeit nach jedem Psalm, um die eigenen Gebete zu formulieren und die Pigmenta wieder und wieder zu murmeln und so die Tiefe der Psalmen auszukosten. Rimbert berichtet, dass Ansgar erst nach langem Zögern die Pigmenta diktiert hatte. Die Abschrift allerdings sollte erst nach seinem Tod gelesen werden. Ich halte den Umgang Ansgars mit den Psalmen für ein eindrückliches Zeugnis, wie wir mit »alten« Gebeten »neu« beten können.

Das Einüben der Psalmenwürze könnte vielleicht auch uns einen neuen Zugang zum Psalmenbeten eröffnen. Warum nicht einfach mal ausprobieren?

Die Kerngebete des heiligen Ansgars hatten einen Aufbau, dem leicht zu folgen ist. Die

 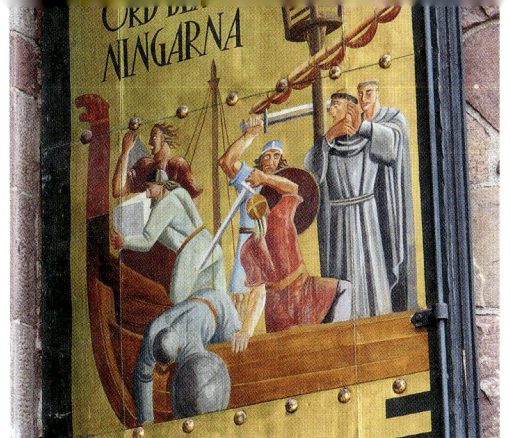 

Pigmenta beginnen mit einer Anrede Gottes. Dann werden die Gründe ausgeführt, warum und woraufhin Gott angesprochen wird. Der Betende beruft sich dabei auf die früheren Heilstaten Gottes. Das ist gleichsam die Überleitung zur darauf folgenden Bitte. Manchmal wird die Bitte durch einen weiteren Vers entfaltet. Das Gebet schließt mit einer Berufung auf Jesus Christus oder einer Formel an den dreifaltigen Gott.

Dieser einfache Aufbau kann eine Hilfe sein, die Psalmen mit eigenen Worten neu zu »erbeten«.

Wenn man sich die Lebensgeschichte und das Mühen von Ansgar anschaut – auf den Bildern – oder nachliest in seiner Vita, dann muss man unumwunden zugeben, dass es hier im Norden nicht allzu erfolgreich war. Und trotzdem berührt mich das Wirken des heiligen Ansgars. Sein Glaube gründete in der festen Hoffnung, dass er als kleiner Diener Gottes etwas bewirken kann. Ist es nicht diese Hoffnung, die uns heutigen Christen und Christinnen bisweilen fehlt? Ich bewundere den Mut der ersten Christen hier im Norden. Auch wenn ihr Einsatz kurzfristig nicht von Erfolg gekrönt war, langfristig gesehen sind sie trotzdem wichtige Wegbereiter für den christlichen Glauben in Nordeuropa.

Ich setze mich wieder vor die Kapelle und betrachte die Portale. Von außen sehen sie aus wie aufgeklappte Flügel. Engelsflügel, auf denen eine Lebensgeschichte eingezeichnet ist. Es ist ein stiller Wallfahrtsort, dieses Birka. Unaufgeregt, geerdet – ohne touristische Vermarktung. Dies macht es der Pilgerin leicht, über die eigene Lebensgeschichte nachzudenken, Fürbitte zu halten und auf die Stimme Gottes zu horchen. Und ganz plötzlich stellt sich das Gefühl ein »un ange passe«. Ein Moment, in dem die Stille noch stiller wird und man den Windhauch spürt, den Engel, der vorbeigeht. Einen Flügelschlag lang.

Die Gegenwart des längst Vergangenen umgibt die Pilgernden an diesem Ort.

Im 12. Kapitel des Hebräerbriefes Vers 1–3 heißt es:

Da uns eine solche Wolke von Zeugen umgibt, wollen auch wir alle Last und die Fesseln der Sünde abwerfen. Lasst uns mit Ausdauer in dem Wettkampf laufen, der uns aufgetragen ist, und dabei auf Jesus blicken, den Urheber und Vollender des Glaubens; er hat angesichts der vor ihm liegenden Freude das Kreuz auf sich genommen, ohne auf die Schande zu achten, und sich zur Rechten von Gottes Thron gesetzt. Denkt an den, der von den Sündern solchen Widerstand gegen sich erduldet hat; dann werdet ihr nicht ermatten und den Mut nicht verlieren.

S. 23, v. li. n. re.: Im Südportal schließlich sind noch einmal drei Szenen aus Ansgars Leben abgebildet: Abt Adalhard von Corbey spricht zu Ansgar: Ich habe dich gesehen als Licht über den Heidenvölkern; beim Gericht in Birka stehen sich Heidentum und Christentum gegenüber; Ansgar bekommt einen Platz für den Kirchenbau von König Olav geschenkt

Heiliger Ansgar

Benediktinermönch und Erzbischof von Hamburg
*801 bei Corbie in Nordfrankreich,
† 865 in Bremen
Gedenktag: 3. Februar
Missionierte in Schweden und Dänemark, »Apostel des Nordens«. Darstellung: Bischof mit Pelz am Gewand, von bekehrten Heiden umgeben, oder mit Kirchenmodell in der Hand

Ausgewählte Psalmen und Pigmenta des heiligen Ansgars

PSALM 19

Die Himmel rühmen die Herrlichkeit Gottes, vom Werk seiner Hände kündet das Firmament.
Ein Tag sagt es dem andern, eine Nacht tut es der andern kund,
ohne Worte und ohne Reden, unhörbar bleibt ihre Stimme.
Doch ihre Botschaft geht in die ganze Welt hinaus, ihre Kunde bis zu den Enden der Erde. Dort hat er der Sonne ein Zelt gebaut.
Sie tritt aus ihrem Gemach hervor wie ein Bräutigam; sie frohlockt wie ein Held und läuft ihre Bahn.
Am einen Ende des Himmels geht sie auf und läuft bis ans andere Ende; nichts kann sich vor ihrer Glut verbergen.
Die Weisung des Herrn ist vollkommen, sie erquickt den Menschen. Das Gesetz des Herrn ist verlässlich, den Unwissenden macht es weise.
Die Befehle des Herrn sind richtig, sie erfreuen das Herz; das Gebot des Herrn ist lauter, es erleuchtet die Augen.
Die Furcht des Herrn ist rein, sie besteht für immer. Die Urteile des Herrn sind wahr, gerecht sind sie alle.
Sie sind kostbarer als Gold, als Feingold in Menge. Sie sind süßer als Honig, als Honig aus Waben.
Auch dein Knecht lässt sich von ihnen warnen; wer sie beachtet, hat reichen Lohn.
Wer bemerkt seine eigenen Fehler? Sprich mich frei von Schuld, die mir nicht bewusst ist!
Behüte deinen Knecht auch vor vermessenen Menschen; sie sollen nicht über mich herrschen. Dann bin ich ohne Makel und rein von schwerer Schuld.
Die Worte meines Mundes mögen dir gefallen; was ich im Herzen erwäge, stehe dir vor Augen, Herr, mein Fels und mein Erlöser.

PIGMENTA ZU PSALM 19

Treuester Gott, der du dich, aus dem geheimen Winkel des jungfräulichen Gemach kommend und uns befreiend, zur Rechten des Vaters gesetzt hast, dein gewaltiges Erbarmen flehen wir an, dass wir durch dein Gesetz bekehrt, durch die Gebote erleuchtet, durch die Zeugnisse unterwiesen, würdig werden, von fremden und auch verborgenen Verfehlungen rein zu werden.

PSALM 43

Verschaffe mir Recht, o Gott, und führe meine Sache gegen ein treuloses Volk! Rette mich vor bösen und tückischen Menschen!
Denn du bist mein starker Gott. Warum hast du mich verstoßen? Warum muss ich trauernd umhergehen, von meinem Feind bedrängt?
Sende dein Licht und deine Wahrheit, damit sie mich leiten; sie sollen mich führen zu deinem heiligen Berg und zu deiner Wohnung.
So will ich zum Altar Gottes treten, zum Gott

meiner Freude. Jauchzend will ich dich auf der Harfe loben, Gott, mein Gott.
Meine Seele, warum bist du betrübt und bist so unruhig in mir? Harre auf Gott; denn ich werde ihm noch danken, meinem Gott und Retter, auf den ich schaue.

PIGMENTA ZU PSALM 43

Dich, Quelle des ewigen Lichtscheins, allmächtiger Gott, rufen wir an. Gewähre es, bitten wir, dass du, wenn deine Wahrheit ausgesandt ist, unsere Herzen mit der Helle des neuen Lichtes durchtränkst.

PSALM 75

Wir preisen dich, Gott, wir preisen dich; dein Name ist denen nahe, die deine Wunder erzählen.
»Ja, zu der Zeit, die ich selbst bestimme, halte ich Gericht nach meinem Recht.
Die Erde mit allen, die auf ihr wohnen, mag wanken; doch ich selbst habe ihre Säulen auf festen Grund gestellt.«
Ich sage zu den Stolzen: Seid nicht so vermessen!, und zu den Frevlern: Brüstet euch nicht mit eurer Macht!
Brüstet euch nicht stolz mit eurer Macht, redet nicht so überheblich daher!
Denn weder vom Osten noch vom Westen noch aus der Wüste kommt die Erhöhung.

Nein, der Richter ist Gott; den einen erniedrigt er, den andern erhöht er.
Ja, in der Hand des Herrn ist ein Becher, herben, gärenden Wein reicht er dar; ihn müssen alle Frevler der Erde trinken, müssen ihn samt der Hefe schlürfen.
Ich aber werde jubeln für immer; dem Gott Jakobs will ich singen und spielen.
»Ich schlage die ganze Macht der Frevler nieder; doch das Haupt des Gerechten wird hoch erhoben.«

PIGMENTA ZU PSALM 75

Guter Hirte, der du um der Erlösung der sterblichen Schafe willen den Kelch des Leidens bis zur Neige leertest, deinen Namen rufen wir demütig an, damit du uns, wenn wir auf die sieben Säulen fest gestellt sind, mit der Heiligung des siebengestaltigen Geistes stärkst.

Ansgar knüpft ein Netz und singt dabei Psalmen.

Ja, es sind Heilige wie Ansgar, die mich anspornen, Zeugnis zu geben für Gottes befreiende Botschaft. In der Erinnerung an ihn und so manchen Heiligen erwächst auch mir die Kraft, meinem mir anvertrauten Weg und meiner Berufung zu folgen.

Lebendiger Gott,
lass mich Werkzeug sein
am Aufbau Deines Reiches.
Gib mir Mut, Dich zu bezeugen,
indem ich die Hoffnung,
die mich trägt,
in Worte fasse und
in Taten umsetze.
Amen.

Ich habe noch Zeit, bis das Schiff wieder ablegt, und studiere das Faltblatt, das ich auf dem Schiff mitgenommen habe. Da lese ich: »Birka ist niemals eine christliche Stadt geworden.« Ich stolpere über diese Behauptung und frage mich, in welchen Größenordnungen da wohl gerechnet wird. Wann ist eine Stadt »christlich«?, mag man sich fragen. Mit Ansgar waren Christen auf Birka und gemeinsam gaben sie Zeugnis für das Evangelium. Ist das nicht genug?

Auf dem Rückweg zum Hafen mache ich eine Runde durchs Museum. Ich bin gespannt, welcher Platz Ansgar zwischen den Wikingern eingeräumt wird. Ich muss lange suchen, bis ich die christlichen Funde zwischen den Wikingerfunden entdecke. Neben Haarspangen, Amuletten und sonstigem Schmuck werden vier Kreuze gezeigt. Sie sind nicht groß, vielleicht 3 bis 4 cm. Aber diese kleinen Zeichen geben Zeugnis, dass auf Birka Menschen wohnten, die ihren Glauben an Jesus Christus lebten und bezeugten. Ich meine, man darf Birka sehr wohl als christlichen Ort bezeichnen!

Nicht ich, Herr

Immer wieder hat Gott Menschen erwählt, die sich selbst nicht geeignet fanden, den Auftrag Gottes auszuführen. Denken wir an Mose, der bei seiner Erwählung sagte: *Herr, schick doch einen anderen.*
Wie oft haben wir selbst schon diese Bitte an den Herrn gerichtet: Schick doch jemand anderen!
Wie oft wollten wir die Ernte auf den Feldern stehen sehen, bevor wir das Saatgut ausgetragen haben?

Als Christen und Christinnen können wir uns auch fragen, ob wir es selbst sind, die über Erfolg oder Misserfolg unseres Glaubenszeugnisses zu urteilen haben. Oder sollten wir das nicht getrost einem anderen überlassen?

Gott des Lebens,
Dein Ruf ergeht
an mich.
Es gibt Orte,
an denen DU mich haben willst.
Auch wenn ich es oft nicht verstehe,
will ich offen sein für
Deine Pläne.
In Zuversicht gehe ich den Weg,
den DU mir weist –
eines nur erbitte ich:
Bleibe bei mir mit Deinem Segen.
Amen.

Nützliche Informationen

Anfahrt

Nach Birka kommt man nur mit dem Ausflugsboot von Stockholm. Abfahrt beim Stadshuset, nahe des Hauptbahnhofs Stockholm Centralen.
Die Schiffe verkehren nur von Anfang Mai bis Mitte September. Fahrplan und Infos unter www.stromma.se.

Literatur

Das Leben des heiligen Ansgar von seinem Nachfolger Rimbert, hrsg. und eingel. von Wilhelm Schamoni, Düsseldorf 1965.
Delius, Friedrich u. a., Die Pigmenta des heiligen Ansgar. Gebete der frühen Kirche im heidnischen Norden, Kiel 1997.
Holzherr, Georg, Die Benediktsregel: Anleitung zum christlichen Leben, Fribourg 2007.
Karlsson, Ann Mari, Ansgarkappellet på Björkö, Eskilstuna 2000.
Svenungsson, Henrik, Ansgar Nordens Apostel, Eskilstuna 2006.
Vita Ansgarii, in: Quellen des 9. und 11. Jahrhunderts zur Geschichte der Hamburgischen Kirche und des Reiches, neu übertragen von Werner Trillmich, Darmstadt 1961.
Wimmer, Otto, Kennzeichen und Attribute der Heiligen, Innsbruck/Wien 1995.

Vadstena und die heilige Birgitta

Ankommen

Wer von Norden, Osten oder Süden auf die Stadt zufährt, sieht schon von Weitem die Türme Vadstenas am Horizont. Vadstena, dessen Name als »Steinhaus am Wasser« gedeutet werden kann, ist geprägt von drei monumentalen Bauwerken. Jedes einzelne erinnert an einen ganz besonderen Abschnitt in der Geschichte des Dorfes und seinen Aufschwung zur lebendigen Stadt. Der für die Pilgernden wichtigste Ort ist die Klosterkirche aus dem 14. Jahrhundert. Sie wird auch die »Blaue Kirche« genannt, da sie aus dem bläulichen Kalkstein vom nahe gelegenen Omberg erbaut wurde. Der Backsteinturm der alten Stadtkirche stammt aus dem 15. Jahrhundert und überragt das Stadtbild Vadstenas. Er erhebt sich an dem Ort, wo im 12. Jahrhundert das erste Gotteshaus in Vadstena gestanden hat. Gewissermaßen Kloster und Kirchturm gegenüber steht das mächtige Schloss, das Gustav Wasa im 16. Jahrhundert zur Verteidigung gegen Angriffe aus dem Süden bauen ließ.

Das Schloss wurde von Gustav Wasa errichtet.

Gott,
manchmal gleicht
mein Weg
einem Gang übers Wasser.
Lass mein Vertrauen
auf Dich wachsen
und mich die nassen Füße
nicht scheuen,
damit ich dorthin gelange,
wo Du mich haben willst.

Geschichtlicher Überblick

Vadstena ist der Ort der heiligen Birgitta, der Patronin Schwedens, die von Papst Johannes Paul II. 1999 zur Patronin Europas erhoben wurde. Ein Ort, der Geschichte atmet; der wichtigste Pilgerort in Schweden und, nach Trondheim in Norwegen, der zweitwichtigste Wallfahrtsort Skandinaviens.

Die mittelalterliche Stadt liegt an einer weiten Bucht des Sees Vättern in der Land-

schaft Östergötland. Die Stadt wurde 1268 zum ersten Mal schriftlich im Zusammenhang mit dem damals mächtigen Geschlecht der Familie Jarl erwähnt. Diese ließ in der Mitte des 13. Jahrhunderts einen prachtvollen Palast am Ufer des Vätternsees bauen. Die Vollendung des Baus fiel zeitlich mit der Krönung Magnus Ladulås Jarls zum König von Schweden 1275 zusammen. Aus dem Dorf mit einst zwölf Bauernhöfen zu Beginn des 12. Jahrhunderts entstand in den folgenden Jahrzehnten eine lebendige und pulsierende Kleinstadt. Die Palastanlage der Familie Jarl in Vadstena sollte im Leben der heiligen Birgitta eine wichtige Rolle spielen. Der Enkel von Magnus Ladulås, König Magnus Eriksson, und seine Frau Blanka von Namur verschenkten nämlich 50 Jahre später die Anlage, damit sie – nach den Plänen von Birgitta – in ein Kloster umgewandelt werden konnte. Um 1400 erhielt Vadstena das Stadtrecht von Königin Margaretha verliehen. Wegen der bedeutenden Rolle, welche das Kloster der heiligen Birgitta im 15. Jahrhundert spielte, nahm auch die Bedeutung der Stadt immer mehr zu. Pilgerscharen zogen an den Vätternsee, politische Zusammenkünfte wurden in Vadstena abgehalten und Edelleute siedelten sich in der Stadt an. Der Bischof, die Kaufleute und reiche Bürger ließen Steinhäuser erbauen, Geschäfte entstanden. Die Stadt blühte auf. Erst im Zuge der Reformation nahm die Bedeutung des Klosters und damit auch der Stadt wieder ab. Obwohl aufgrund eines Reichstagsbeschlusses von 1527 die Domänen des Klosters Vadstena zugunsten des Königshauses konfisziert wurden, gelang es König Gustav Wasa nicht, das Kloster zunichtezumachen. Zu stark war der Rückhalt bei den Edelleuten. Erst 1595 wurde es säkularisiert.

Das Leben der heiligen Birgitta

Das Leben der heiligen Birgitta ist so vielfältig und reich, dass sie für Frauen und Männer heute noch Vorbild sein kann. Gattin und Familienfrau mit acht Kindern, Ratgeberin und Hofdame am Hof von König Magnus und Königin Blanka, Seherin zahlreicher Offenbarungen. Schließlich Pilgergefährtin ihres Mannes und weiterer Familienmitglieder auf dem Weg nach Trondheim, Santiago de Compostela, Rom und Jerusalem. Helferin der Armen in Rom und Ordensgründerin. Wie ein Kaleidoskop zeigt sich das Leben der Heiligen. Je mehr man in die einzelnen Lebensabschnitte eintaucht, umso vielfältiger zeigen sich die verschiedenen Talente der heiligen Birgitta.

*Herre visa mig din väg och
gör mig villig att vandre den.*

Herr weise mir den Weg und
mache mich willig, ihn zu gehen!

Gebet der heiligen Birgitta

Die »Blaue Kirche« ist das Ziel der Pilgernden.

Ansicht Vadstenas mit dem Turm der Stadtkirche rechts und der Klosterkirche links

Birgittas Vermählung mit Ulf Gudmarsson (oben)
Birgitta empfängt eine Offenbarung (unten)

Birgitta Birgerdotter wurde 1303 in Uppland auf dem Hof Finsta in der Gemeinde Skederid geboren. Ihre Eltern waren Birger Petersson und dessen Ehefrau Ingeborg Bengtsdotter. Birgittas Vater war Richter und einer der mächtigsten Männer des Reiches. Ihre Mutter wie auch sie selbst gehörten zum hochadeligen Geschlecht der Bjälboätten. Zudem war die Mutter verschwägert mit dem Königshaus. Ingeborgs Vater war Richter in Östergötland und besaß das Gut Ulvåsa. Bengt, der Großvater von Birgittas Großvater, war der Bruder von Birger Jarl, der in jener Zeit der ungekrönte Herrscher Schwedens war. Er ließ den Palast in Vadstena bauen. Einer seiner Söhne war Magnus Ladulås, der 1275 König von Schweden wurde.

Nach dem Tod ihrer Mutter 1314 kam Birgitta elfjährig zu ihrer Tante Katharina Bengtsdotter auf den Hof Aspanäs im südlichen Östergötland. Nur zwei Jahre sollte sie dort bleiben, denn im Herbst 1316 kehrte sie ins Elternhaus nach Uppland zurück, um den 18-jährigen Herren des Hofes Ulvåsa am See Boten in Östergötland, Ulf Gudmarsson, zu heiraten. Ulvåsa liegt nur etwa 15 Kilometer von Vadstena entfernt.

Ulf und Birgitta wurden acht Kinder geboren: Märta, Karl, Birger, Katharina, Bengt, Gudmar, Ingeborg und Cecilia. Während etwa 20 Jahren führte Birgitta ein Leben als Ehegattin und Mutter am Hof Ulvåsa. »Mit Sicherheit hat ihr Dasein als Mutter und Vorsteherin eines großen Selbstversorgerhaushaltes ihre Gedanken- und Vorstellungswelt geprägt. Sie war eine herausragende Repräsentantin ihrer Gesellschaftsschicht, ihr Ehemann Mitglied des Reichsrates« (Bergquist 2001, S. 22).

1332 wurde Magnus Eriksson König von Schweden. Drei Jahre später heiratete er Blanka von Namur. »Als die jung vermählte Blanka mit zwölf Jahren von Flandern nach Schweden kam, war es geradezu selbstverständlich, dass Birgitta Birgersdotter ihre Lehrmeisterin wurde. Sie hatte die Aufgabe, die junge Königin im fremden, herben Land einzuweisen. Als ›Staatsfrau‹ und ›Hofmeisterin‹ war Birgitta am Königshof verpflichtet, der von Ort zu Ort zog. Vermutlich hat sie durch diese Stellung zum ersten Mal den Folkungapalast in Vadstena kennengelernt, das Haus also und den Ort, wo später ihre Kirche und ihr Kloster errichtet werden sollten.«

Im Jahr 1339 brachen Birgitta und Ulf zu ihrer ersten Pilgerfahrt auf. Ziel war das Grab des heiligen Olav im Dom von Nidaros (Trondheim) in Norwegen. Zwei Jahre später machten sie sich auf den Weg nach Santiago de Compostela zum Grab des heiligen Jakobus. Die Pilgerreisen waren das äußerliche Zeichen dessen, was Birgitta und wohl auch Ulf zeitlebens bewegte: das Unterwegssein im Glauben. Dass diese enormen körperlichen Anstrengungen nicht spurlos an den Pilgern vorbeigingen, zeigt sich daran, dass Ulf auf dem Rückweg von Santiago de Compostela

erkrankte. Birgitta und Ulf bezogen 1344 einen Anbau des Zisterzienserklosters Alvastra südlich von Vadstena. Bald darauf starb Ulf. Nach seinem Tod begann ein zweiter Lebensabschnitt für Birgitta.

Mit ihren jüngsten Kindern verblieb Birgitta in Alvastra. Alvastra war der Ort, an dem die göttlichen Offenbarungen begonnen hatten, die sie für den Rest ihres Lebens nicht mehr loslassen sollten. Birgitta diktierte sie ihren Beichtvätern, die auch ihre Sekretäre waren. Ihre Offenbarungen wurden unter dem Titel *Revelationes* ins Lateinische übersetzt und in acht Büchern zusammengefasst. Die Offenbarungen lassen sich gewissermaßen in zwei große Gruppen einteilen. Zunächst sind da die religiösen Offenbarungen, in denen es vor allem um die Berufung Birgittas, ihren Auftrag, einen neuen Orden zu gründen, das Leben in der Nachfolge Christi und die Bedeutung der heiligen Messe geht. Die zweite Gruppe der Offenbarungen umfasst jene, in denen persönliche Erfahrungen, Erfahrungen mit Menschen oder Vorkommnisse in göttliches Licht gestellt werden. Gerade bei diesen Offenbarungen gibt es eine erstaunlich starke Kritik an Vorgängen in der Kirche zur Zeit Birgittas. Immer wieder mahnt sie die Flucht der Päpste nach Avignon an und deren Lebenswandel. Die Kritik richtete sich jedoch niemals gegen die Kirche als solche, sondern vielmehr mahnte Birgitta die Missstände in ihr an. Birgittas Leben in Alvastra glich wohl dem einer Klosterfrau, wenngleich sie nie Ordensgelübde abgelegt hatte. 1345 erhielt Birgitta in einer Vision den Auftrag, einen »neuen Weinberg« – ein neues Kloster – zu gründen. Diese Vision war gleichsam die Geburtsstunde des Ordens unseres Allerheiligsten Erlösers – *Ordo Sanctissimi Salvatoris*.

Wer sich in die Offenbarungen der heiligen Birgitta einlesen will, dem / der empfehle ich das Buch »Die heilige Birgitta im Spiegel der Offenbarungen« von Lars Bergquist (vgl. Literatur, S. 45).

1349 verließ Birgitta Schweden für immer. Sie machte sich auf die Pilgerreise nach Rom. Zwei Ziele waren damit verbunden. Zum einen wollte Birgitta das Heilige Jahr 1350 in Rom mitfeiern, zum anderen wollte sie vom Papst die Anerkennung für die Regel ihres Ordens erhalten. Der Orden, dem heiligen Erlöser geweiht, sollte sowohl einen männlichen wie einen weiblichen Zweig haben, beide aber unter der Führung einer Oberin. Was heute fast schon feministisch anmutet, war damals nicht erstaunlich. Im spirituellen Verständnis Birgittas war die erste christliche Gemeinschaft ein Matriarchat. Die Jünger Jesu hatten ihre praktischen Aufgaben: Verkündigung der Botschaft Jesu, Verwaltung der Sakramente und Organisation der wachsenden Kirche. Maria aber war irdisches und himmlisches Vorbild schlechthin, kraft ihrer absoluten Liebe und Identifizierung mit dem Leiden ihres Sohnes.

Birgitta vor Papst Urban V. (siehe auch S. 35 oben) Zeitlebens war Birgitta als Pilgerin unterwegs: nach Nidaros, nach Santiago de Compostela, nach Rom und zuletzt nach Jerusalem (unten).

Die Blaue Kirche umgeben vom Kirchhof (Kyrkogård), der üblicherweise neben dem Friedhof auch eine Freifläche für Versammlungen umfasst.

Während ihres fast 24-jährigen Aufenthaltes in Rom kümmerte sich Birgitta zusammen mit ihrer Tochter Katharina und den Söhnen Karl und Birger, die ebenfalls nach Rom kamen, um die Armen. Sie besuchte Kirchen, Hospitäler und Armenhäuser, sie versuchte, Klöster zu reformieren, indem sie die Ordensleute zu konsequentem christlichen Leben ermahnte. Vor allem aber arbeitete sie daran, die päpstliche Bestätigung ihrer Ordensregel zu erhalten. Dies gelang ihr erst 1370. Papst Urban V. anerkannte die Ordensregel von Birgitta – wenn auch in veränderter Form.

Der letzte Abschnitt ihres Lebens war gleichzeitig auch die Erfüllung ihres Traumes, die Wallfahrt nach Jerusalem. Zusammen mit den drei in Rom verbliebenen Kindern machte sie sich 1372 über Neapel auf den Weg nach Jerusalem. Eines der Kinder überlebte die Strapazen der Wallfahrt nicht. Karl erkrankte während der Reise und starb in Neapel. Auch Birgitta – mittlerweile 70-jährig – starb wohl an den Strapazen, welche die Entbehrungen der Pilgerfahrt ihr abforderten. Kurz nach ihrer Rückkehr starb sie am 23. Juli 1373 in Rom. Ihre Tochter Katharina und ihr Sohn Birger überführten die sterblichen Überreste nach Vadstena zum bereits im Bau befindlichen Kloster. So kam am 4. Juli 1374 eine lange Pilgerreise am See Vättern an ihr Ende.

Birgittas Tochter Katharina setzte sich in Rom für die Heiligsprechung ihrer Mutter ein. Sie erwirkte auch die päpstlichen Beschlüsse über den Schutz des Klosters Vadstena. Der wichtigste wurde 1375 gefasst, nämlich, dass Vadstena das Mutterkloster des Birgittenordens sein sollte und dass der Orden berechtigt war, sich über die katholische Welt hinaus zu verbreiten. Birgitta wurde am 7. Oktober 1391 von Papst Bonifatius IX. heiliggesprochen.

Die »Blaue Kirche« – Besuch der Klosterkirche

Die Pilger und Pilgerinnen erreichen die Klosterkirche entweder nach einem Spaziergang durch das schmucke Städtchen vom Stora Torget (Hauptplatz) her oder vom Fußweg entlang des Sees Vättern, der der zweitgrößte See Schwedens ist.

Auf den ersten Blick wirkt die Klosterkirche auf den Betrachtenden wie ein Fels in der Brandung und gleichzeitig schlicht wie ein Stein am Seeufer. Die Symbolik, die in diesem Bau steckt, wird deutlich, wenn wir den Aufzeichnungen Birgittas folgen.

Alles soll schlicht gestaltet sein, demütig und stark.
Rev. extravag. 28

Vergeblich sucht man das große Eingangstor zur dreischiffigen Kirche im Westen. Zwar liegt die Kirche in ost-westlicher Richtung, aber die Portale zu den Seitenschiffen liegen an der Ostfassade. Ein Mittelportal gibt es nicht.

Die Ausrichtung der Kirche hat zur Folge, dass das warme Licht der sinkenden Sonne über dem Vätternsee durch die Chorfenster an der Westseite in die Kirche einfällt und ein zartes Farbenspiel an die Wände zaubert. Im 28. Kapitel der *Revelationes Extravagantes*, jenen Offenbarungen, die den Hauptbüchern Birgittas zugefügt wurden, finden sich die bautechnischen Vorgaben des Klosters. Jesus selbst soll sie der heiligen Birgitta offenbart haben. In diesem Kapitel finden sich die Vorschriften für den genauen Ort der Kirche, die Anzahl der Säulen und Fenster, die bautechnische Verbindung zu den Räumen der Brüder und Schwestern, die Anzahl der Treppenstufen nebst deren Höhe, die Platzierung und Maße der Altäre.

Die hohen Gewölbe im gotischen Stil und die schlanken Fenster ohne Farben sollten den Kirchenraum als Ort der Weite und des Lichtes erscheinen lassen. Der Schwesternchor befand sich auf einer Empore im Osten. Er war nur durch eine überdachte Brücke zu erreichen, welche die Kirche mit dem Kloster verband. Der Chor der Brüder lag im Westen. In der Kirche sollten parallel zu den Wänden auf dem Boden eiserne Schranken errichtet werden. Ganz genau wurde ebenfalls der Abstand zwischen den Mauern und den Schranken angegeben, nämlich vier Ellen. So war es möglich, dass die Mönche sich innerhalb der Einfassung aufhalten konnten, ohne in direkte Berührung mit dem Volk zu kommen. Für Priester, die als Gäste den Ort aufsuchten, sollten Altäre zur Ehre verschiedener Heiliger errichtet werden. In der Kirche steht in der Nähe des Eingangs ein Modell der Klosterkirche, wie sie gedacht und erbaut wurde.

Alle Wölbungen über dem Chor und auch dem übrigen Kirchenraum sollen die gleiche Höhe haben. Es sollen keine kunstvollen Skulpturen an den Türen, Fenstereinfassungen, den Pfeilern und den Wänden angebracht werden, sondern alles soll schlicht gestaltet sein, demütig und stark.
Rev. extravag. 28

Bevor wir allerdings in die Kirche eintreten, sollten wir einen Moment innehalten vor den Pilgerzeichen, die an der Außenwand bei der nördlichen Pforte sichtbar sind: die fünf Wundmale Christi und das Kreuz. Es ist ein Pilgerritual, das Kreuz und die Wundmale zu berühren und sich dadurch mit den vielen Pilgernden zu verbinden, die sich an diesen heiligen Ort begeben haben. Jeder und jede das eigene Kreuz tragend, die eigene Verwundbarkeit spürend und auf Barmherzigkeit hoffend.

Durch Berühren des Pilgerzeichens verbinden sich die Pilgernden im Geiste mit den Pilgernden, die vor ihnen den heiligen Ort besucht haben.

Hell, einladend, dezent: So kann man den Bau beschreiben und so, meine ich, ist er in seiner Ursprünglichkeit bis heute bewahrt worden. Wer in die Kirche eintritt – durch das Seitenportal – muss sich zuerst »einmitten«. Der Blick auf den Chor ist zunächst durch Säulen versperrt. Man muss sich vom Rand zur Mitte bewegen. Erst dann kann man das Hauptschiff und den Chor in den Blick nehmen.

Aufbruch und Ankunft
dazwischen
Umweg und Umkehr –
labyrinthgleich.
Die Gewissheit,
dass der Weg
zur Mitte führt,
lässt mich weitergehen
– und ankommen.

Im Mittelgang angelangt, nimmt das große Triumphkreuz, das über dem Chor herabhängt, den Blick gefangen. Es ist eines der herausragenden nordischen Kunstwerke des 15. Jahrhunderts und wurde 1420 von dem lübecker Bildhauer Johannes Junge angefertigt, zu dessen bekanntesten Werken der Sarkophag von Königin Margarethe I. im Dom zu Roskilde zählt. Man darf annehmen, dass es bereits 1430 bei der Einweihung der Kirche an derselben Stelle gehangen hat. Beinahe 600 Jahre! Und einen Augenblick lang fragt man sich, wie viele Pilger und Pilgerinnen bei der Ankunft am Wallfahrtsort in ihren Sorgen und Nöten zu diesem Kreuz aufgeschaut haben.

Kreuz und Krone sind Symbole der birgittinischen Spiritualität geworden. Sie gehen zurück auf zwei Visionen, die Birgitta als Kind erfahren hat, die erste mit sieben Jahren: Die Gottesmutter erschien ihr. Maria reichte ihr eine Krone und fragte sie, ob Birgitta diese haben wolle. Birgitta bejahte und spürte dann einen leichten Druck um ihren Kopf, als Maria ihr die Krone aufsetzte. Die zweite Offenbarung geschah drei Jahre später: Nach einem Gottesdienst sah Birgitta den Gekreuzigten und fragte ihn, wer ihm solches Leid angetan habe. Er antwortete ihr: »Die, die mich verachten und meine Liebe vergessen.« Krone und Kreuz, Symbole für Maria und Christus.

Wer nun in der Klosterkirche steht, steht unter einem Kreuzgewölbe, dessen fünf Schlusssteine rot gefärbt sind. Sie erinnern an die Wunden Christi. Dieses Gewölbe spannt sich über alle Pilgernden und erinnert uns daran, dass unser Lebensweg von vielen Wunden gezeichnet ist. Auch die Birgitten tragen nach den ewigen Gelübden diese Krone als Teil ihrer Ordenstracht, die weiße Krone mit den fünf roten Wundmalen Christi.

Was ist die Krone, wenn nicht geprüfte Geduld, die aus der Betrübnis geschmiedet ist und von Gott mit Schmuck verziert wird.
Rev. IV:124

Ich schreite durch den Mittelgang nach vorne. Hinter dem Triumphkreuz erhebt sich der Hochaltar, eine Schnitzerei aus dem frühen 16. Jahrhundert. Er zeigt als Mittelbild die Krönung Marias. Sie empfängt die Krone als Zeichen der Freude nach der Trauer, als Symbol des Friedens nach den Schmerzen und als Ausdruck des Lebens nach dem Tod. Diese Krone will auch uns Pilgernden geschenkt werden an diesem heiligen Ort. Wir dürfen gewiss sein, dass auch unser Leben, vom Kreuz und von Wunden gezeichnet, einst gekrönt wird durch unsere eigene Auferstehung.

Nachdem sie die Kirche der Länge nach abgeschritten haben, finden sich die Pilgernden am Ziel ihrer Reise: am Grab der heiligen Birgitta. Der Reliquienschrein liegt im nördlichen Seitenschiff. Der Schrein ist aus Holz, mit Samt verkleidet und mit vergoldeten Beschlägen versehen. Er enthält den gesamten Reliquienschatz des Klosters, der aus 23 Gebeinen und zwei Schädeln besteht. Gemäß wissenschaftlicher Untersuchungen kann davon ausgegangen werden, dass es die Schädel von Birgitta und ihrer Tochter Katharina sind, die hier beigesetzt sind. Auch einige Gebeine eines Beichtvaters sollen hier zur ewigen Ruhe gebettet sein.

In den Sockel des Schreins ist rundum die folgende Sequenz des Bischofs von Linköping Nicolaus Hermanni (1331–1391) in den Stein gemeißelt:

Rosa rorans bonitatem,
Stella stillans claritatem,
Birgitta vas gratiae!
Rora caeli pietatem
Stilla vitae puritatem
In vallem miseriae.

Rose, die eitel Güte atmet,
Stern, der Klarheit strahlet,
Birgitta, du Gefäß der Gnade!
Lass himmlische Frommheit fließen,
lass reines Leben strömen
hiernieden in dies Tal der Trauer

Güte, Gnade und Frömmigkeit, dies sind die Begriffe, mit denen man das tugendhafte Leben der heiligen Birgitta umschreiben kann. Gütig war sie, als sie für die Kranken und Armen in den Hospizen Roms arbeitete; Gnade durfte fließen durch ihre Berufung in die verschiedensten Stände, die sie durchlebte, und durch das Glaubenszeugnis, das sie uns hinterlassen hat; Frömmigkeit zeigte sich in ihrem inneren und äußeren Unterwegssein, in ihren Gebeten und Pilgerfahrten – stets auf der Suche nach Gott.

Am Grab der heiligen Birgitta tut es gut, innezuhalten und den Stationen ihres Lebens nachzuspüren. Und vielleicht laden uns die verschiedenen Stationen ihres Lebens ein, darüber nachzudenken, was diese für unser eigenes Leben bedeuten könnten.

Eine Darstellung der wichtigsten Stationen in Birgittas Leben mit dem Lob Birgittas von Bischof Nicolaus Hermanni aus der Feder einer Schwester des Birgitten-Klosters Pax Mariae in Vadstena

Was suche ich in meinem Leben?
Wo ist mein Talent
als Ratgebender gefragt?
Wie steht es um meinen Mut
im alltäglichen Leben?
Wo ist meine Hilfe nötig und
wo bedarf ich dieser selbst?
Wie habe ich Gottes Gnade und Güte
zuletzt erfahren?
Kann ich sie annehmen?
Kann ich »Ja« sagen zu meiner Berufung?
Was hindert mich allenfalls daran?

Ich nehme mir Zeit, am Grab der Heiligen zu verweilen, und erspüre wieder neu, dass wir alle, so wie wir als Menschen hier am Grab Birgittas stehen, auf unsere je eigene Weise Träger und Trägerinnen der Gnade von Christus sind. Christusträgerinnen und Christusträger sind wir. Und noch mehr: Wir sind alle von Christus getragen!

»Wo dein Schatz ist, da ist auch dein Herz« (…) Die höchste Lust meines Herzens ist es, allen denen, die die Ruhestätten meiner Heiligen besuchen und deren Reliquien verehren (…) ewigen Lohn zu schenken, all dies nach Ansehn des Willens, des Glaubens und der Mühsal des Besuchers. Auf solche Art ist mein Herz bei meinem Schatz.
Rev. VII:4

Im südlichen Seitenschiff sammeln sich die Pilgernden dreimal täglich zum Tageszeitengebet. Die Gebete finden um 9.00, 12.00 und 15.00 Uhr statt. Am Ende meiner Wallfahrt schließe ich mich den »Weggefährten« an und genieße den Augenblick der Stille und der Besinnung.

Ich erinnere mich der Erlebnisse der letzten Tage und spreche im Stillen ein Gebet zur heiligen Birgitta.

Heilige Birgitta,
du Familienmensch,
du Ehefrau,
du Ratgeberin,
du Edelfrau,
du Pilgerin,
du Suchende,
du Sehende,
du Helfende,
du Betende,
du Mahnende,
du Fordernde,
du Schenkende,
du voller Güte und Begnadete Gottes,
bitte für uns Pilgernde,
jetzt und wenn wir auf unserem Weg weiterziehen.
Amen.

Die »realistische« Birgitta

Sehenswertes in der Klosterkirche

Nach der Ankunft in Vadstena und dem Verweilen am Reliquienschrein muss unbedingt etwas Zeit eingeräumt werden, kunsthistorisch und baugeschichtlich Interessantes in der Klosterkirche zu betrachten.

An den Ostseiten der Säulen im zweiten Joch des Längsschiffes sind zwei Statuen der Birgitta angebracht. Auf der linken Seite (Blickrichtung Chor) die Statue, welche die »realistische Birgitta« genannt wird. Das Gesicht der Statue hat einen Porträtcharakter. Die Heilige sitzt mit dem Buch ihrer Offenbarungen im Schoß da. Vermutlich hat sie in der linken Hand einmal eine Feder gehalten. Es ist vermutlich eine Arbeit aus der Florentiner Schule des 14. Jahrhunderts, die für den Birgittaaltar geschaffen wurde, der 1391 an der Ostwand errichtet wurde. Je länger ich das Bild anschaue, desto »realistischer« wird es. Ich sehe vor mir eine kräftige, geerdete Frau mit hellen, offenen Augen und einem weitsichtigen Blick.

Im Gegensatz dazu die Skulptur der sogenannten »visionären Birgitta« auf der gegenüberliegenden Seite. Die Heilige sitzt zurückgelehnt, das Gesicht nach oben gewandt. Der Blick ist entrückt. Sie ist bereit zu hören, bereit zu empfangen! In ihren Händen hat sie wohl einst Buch und Feder gehalten, um ihre Offenbarungen aufzuschreiben. Die Skulptur stammt aus dem 15. Jahrhundert. Beide Darstellungen drücken aus, was Birgitta war und ist: eine Brücke in den Himmel. Bisweilen entrückt und doch geerdet.

Wenn wir uns noch einmal zum Grab der heiligen Birgitta im nördlichen Seitenschiff begeben, kommen wir an einer Tür in der Seitenwand vorbei. Es ist dies die »Pforte der Gnade und der Ehre«. Birgitta selbst hat ihr den Namen gegeben. Die Pforte führte einst ins Nonnenkloster. Durch diesen Eingang wurde die neu geweihte Nonne in das Kloster geführt und nach ihrem Tod wurde ihr Sarg auf demselben Weg in die Kirche zur Beisetzung gebracht.

Eingang und Ausgang liegen bei Dir, Herr!
Was von Dir kommt,
mag ich stets als Gnade erkennen.
Denn nicht ich habe Dich erwählt,
sondern Du hast mich erwählt.
Du ehrst mich
mit Deinem Ruf
Tag für Tag.
Bis ich einst die Pforte der Ewigkeit durchschreiten darf.

Ganz im Westen der Kirche steigt man hinter dem Hochaltar sieben Stufen hinab. Dort steht heute der Birgittenaltar, eine norddeutsche Arbeit in Eichenholz aus dem 15. Jahrhundert, der am 3. Oktober 1459 eingeweiht wurde. In der Mitte sieht man Birgitta, die ih-

Die »visionäre« Birgitta

Der Birgittenaltar

Die »Pforte der Gnade und der Ehre«

re Offenbarungen zwei knienden Kardinälen überreicht. Auf der mittleren Stufe links ist sie von je fünf geistigen und säkularen Herren flankiert. Auf der rechten Seite stehen ihr sechs Mönche und sechs Nonnen zur Seite. Auf der oberen Stufe sehen wir links die zwölf Apostel und rechts zwölf Heilige. Auf der unteren Stufe ist links die Hölle dargestellt und dann die drei Stadien des Fegefeuers. Diese werden auch in der Offenbarung beschrieben: die Zustände der Qual, der Erschöpfung und der Reinigung. Leider sind die Seitenflügel des Altars stark beschädigt. Links sehen wir die Verkündigung Marias, den Besuch bei Elisabeth, die Geburt Christi, die Beschneidung, die Anbetung der Könige und die Darbringung im Tempel. Der rechte Flügel zeigt den Kindermord in Betlehem, die Flucht nach Ägypten, Christus im Tempel, den Tod, den Trauerzug und die Himmelfahrt Mariens.

Bevor man die Stufen zum Hochaltar wieder hinaufsteigt, sollte man einen Blick in die Seitennischen werfen. Dort gibt es fünf Sitzplätze und Öffnungen in der Wand, die ins Nonnenkloster führen. Hier nahmen Priester den Nonnen die Beichte ab.

Klosterbezirk

Nach dem Besuch der »Blauen Kirche« wenden wir uns der Umgebung und den weiteren Gebäuden des ehemaligen Klosterbezirks zu. Es fällt auf, dass viel Platz rund um die Kirche vorhanden ist. Was heute ganz einfach »Klosterfriedhof« genannt wird, war früher eigentlich der Vorhof der Kirche. Dort hielten sich die Pilgermassen bei großen Kirchenfesten auf, da die Kirche nicht alle fassen konnte. Während des 15. Jahrhunderts war die Klosterkirche der wichtigste nordische Pilgerort, was bedeutete, dass jedes Jahr Tausende die Kirche aufsuchten. Nur ein kleiner Teil des Vorplatzes diente als Begräbnisstätte.

Die Vorstellungswelt der heiligen Birgitta war fest in der Bibel verankert. Dies zeigt sich auch in der Zusammensetzung der Klostergemeinschaft. Birgitta schrieb in ihrer Regel nieder, dass höchstens 60 Schwestern zur Gemeinschaft gehören sollten – die Äbtissin eingerechnet. Die Anzahl der Mönche sollte auf die Zahl der Apostel zurückgehen, einschließlich des Völkerapostels Paulus, also 13. Der Gemeinschaft sollten weiter vier Diakone als Helfer für die Messe und acht Laienbrüder für praktische Arbeiten im Kloster angehören. So kommen insgesamt 85 Klosterbewohner zusammen. Diese biblische Zahl entspricht den 72 Jüngern und 13 Aposteln.

Aus den 13 Priestern sollte die Äbtissin einen zum Konfessor für alle wählen. Die Wahl

musste vom zuständigen Bischof bestätigt werden. Der Konfessor besaß die Macht, zu binden und zu lösen. Die Priester und Brüder sollten ihm gehorchen, wie die Schwestern der Äbtissin gehorchen sollten. Im 14. Kapitel der Regel der heiligen Birgitta finden wir folgenden Abschnitt:

Der Konfessor soll aber, außer es handelt sich um eine Angelegenheit bei den Brüdern und um die Beachtung der Klosterregel, auf keinen Fall etwas tun, ohne sich vorher mit der Äbtissin beraten zu haben. Denn weil sie das Haupt des Klosters ist, müssen mit ihr alle das Kloster betreffenden Angelegenheiten und der Umgang mit dessen Gütern beratschlagt werden.

Gehen wir einmal um die Kirche herum! Nördlich der Kirche, dort, wo heute der Eingang zum Birgittamuseum ist, lag früher der königliche Palast und später das Nonnenkloster.

Das ziegelrote Bauwerk aus dem 13. Jahrhundert war einst das Palastgebäude, das unter Birger Jarl (um 1210-1260), dem Gründer Stockholms und einflussreichen Mitglied des Schwedischen Adels, begonnen wurde. Im ersten Stock des Gebäudes wurde um 1405 ein Schlafsaal für die Nonnen eingerichtet und am breiten Mittelgang liegen noch heute die 60 Klosterzellen. Die fürstliche Suite wurde der Kapitelsaal. In den westlichen Gebäuden waren Küche und Speisesaal untergebracht. An der östlichen Seite waren die Krankenzimmer und im ersten Stock ein Gang, der vom Schlafsaal der Nonnen bis zur Schwesternempore in der Kirche führte. An der Kirchenwand sieht man noch zwei inzwischen zugemauerte Öffnungen, von denen die kleinere den Nonnen als Eingang diente.

Vom Mönchskloster ist heute leider nicht mehr allzu viel sichtbar. Das Männerkloster befand sich in dem Teil, in welchem heute Hotel und Restaurant angesiedelt sind. Im Hauptgebäude gab es einen großen gemeinsamen Saal mit Kreuzgewölben. Drei dieser Gewölbe sind heute noch im Restaurant zu besichtigen. Im selben Gebäudeteil lagen die 25 Zellen der männlichen Klosterbewohner. Mit dem Bau dieses Teils des Klosters wurde am Ende des 14. Jahrhunderts vermutlich auf den Grundsteinen eines Hauses, das im 13. Jahrhundert zur Palastanlage zählte, begonnen. Vor der Chorseite der Kirche sieht man heute Ausgrabungen. Es sind dies Teile des Brauhauses und des Krankenzimmers der Mönche. An dieser Stelle grenzten das Nonnen- und das Mönchskloster aneinander. Die sorgfältig geregelte Kommunikation zwischen den beiden Bereichen geschah im sogenannten »Sprechhaus«, welches vor der westlichen Kurzseite der Kirche stand.

Das monastische Leben in Vadstena kam für die Mönche in den 40er-Jahren des 16. Jahrhunderts und für die Nonnen Ende des 16. Jahrhunderts zu einem vorläufigen Ende.

Im Pilgerzentrum finden Pilgernde eine Anlaufstelle.

Auf der Südseite der Kirche liegt der Mönchsgarten und der 1983 neu angelegte Kräutergarten. Der Kräutergarten lädt vor allem im Frühling zum Flanieren und Verweilen ein, dann nämlich, wenn der Boden über und über mit Märzenbechern voll ist und Kräuter und Heilpflanzen die Luft mit ihrem Duft füllen.

Ein paar Schritte weiter liegt das Pilgerzentrum. Die Diözese Linköping (schwedische Kirche) unterhält in Vadstena ein Pilgerzentrum. Das Zentrum ist Begegnungsstätte und Ruheort. Im Selbstbedienungscafé kann man sich stärken, in der Bibliothek etwas stöbern, im Laden mit Literatur und Andenken eindecken und auch Einzelgespräche mit den Seelsorgern sind möglich. Wer länger bleiben will oder an einem Kurs oder einer Retraite teilnehmen möchte, kann in der Pilgerherberge übernachten. Zudem bieten die Seelsorger dreimal täglich ein Gebet in der Klosterkirche an (9.00, 12.00 und 15.00 Uhr).

Jede Gerechtigkeit möge mit Barmherzigkeit und Weisheit vereint sein: mit Barmherzigkeit, um die Härte zu mildern, und mit Weisheit, um die Unparteilichkeit zu bewahren.
Rev. II:2

Die Birgitten

Der Rundgang durch den Klosterbezirk führt mich an verschiedene Stätten, die Jahrhunderte überdauerten. Nun ist es an der Zeit, den Blick aufs Hier und Heute zu richten. Wenige Schritte vom alten Kloster entfernt liegt das Birgittenkloster Pax Mariae. Nach einer Absenz von 350 Jahren kamen die Schwestern 1935 nach Vadstena zurück.

Für mich und viele Besucher und Besucherinnen dieses Ortes sind die Schwestern mit ihrem Gebetsleben, ihrem Zeugnis für den Glauben und ihrer Gastfreundschaft wahrlich »lebendige Steine«.

Die Geschichte des Ordens der heiligen Birgitta ist die Geschichte eines Weinstocks mit verschiedenen Ablegern. Zum sogenannten mittelalterlichen oder alten Zweig gehören heute noch vier Klöster, die vom ursprünglichen Kloster Vadstena ausgehen. Es sind dies nebst Vadstena die Klöster in Uden in den Niederlanden, Syron Abbey in England und Altomünster in Deutschland. Das Kloster Pax Mariae in Vadstena wurde 1963 neu gegründet. Als Priorat gehörte es bis 1988 zu seinem Mutterhaus in Uden. Erst danach wurde es unabhängiges Priorat, schließlich 1991 eine Abtei.

Bereits um 1630 entstand der spanische Ableger des Ordens. Zu diesem gehören elf unabhängige Klöster: fünf in Spanien, vier in Mexiko und je eines in Venezuela und Peru. Viel später, nämlich erst 1911, gründete Elisabet Hesselblad, eine schwedische Konvertitin, die im Jahr 2000 seliggesprochen wurde, einen dritten Zweig des Ordens in Schweden.

Ihr gelang es, das Haus in Rom, in dem die heilige Birgitta jahrelang gelebt hatte, zu kaufen. Es wurde zum Mutterhaus des Ordens. Der von Elisabet Hesselblad gestiftete Zweig besteht aus ca. 40 Klöstern, einige in Schweden und viele in Indien. Im Gegensatz zu den anderen Zweigen sind diese Klöster nicht unabhängig, sondern vereint unter der Führung einer gewählten Generaläbtissin. Es war auch dieser Zweig, von dem eine Gemeinschaft 1923 nach Schweden zurückkehrte. Diese Schwestern waren die ersten, die seit 1595 wieder in Vadstena ansässig wurden.

Der jüngste Ableger des »Weinstocks« wurde 1976 in Oregon / USA gegründet. Eine kontemplative Brüdergemeinschaft lebt dort nach der Regel der heiligen Birgitta.

Was ist Gott, wenn nicht das Leben und die Wonne, die erquickende Güte, die urteilende Gerechtigkeit und die erlösende Barmherzigkeit?
Rev. IV:63

Der Eingang zum Gästehaus des Klosters Pax Mariae

Schwester M. Monika-Clara O.Ss.S., die Gastschwester im Kloster

Eine im wahrsten Sinne reiche Ordensgeschichte, die uns da erzählt wird. Etwas von dieser Universalität spiegelt sich auch in der Schwesterngemeinschaft von Vadstena wider. Sie setzt sich zusammen aus 13 Schwestern aus sieben Ländern und drei Kontinenten. Wer Gast sein darf im Gästehaus oder an einem Gebet in der Kirche teilnimmt, wird sich sofort zugehörig fühlen zu dieser lebensfrohen Gemeinschaft von Schwestern. Ich selbst setze mich gern in den Klostergarten, um die vielen Eindrücke der bewegenden Geschichte von Birgitta und Vadstena auf mich wirken zu lassen. Und ich beobachte das Kommen und Gehen der Pilger und Pilgerinnen. Die einen kommen durch das Tor in den Garten, weil das Schild an der Außenmauer lockt: *Sta Birgitta kloster Pax Mariae med gästhem.* Man sieht es ihnen an, sie sind neugierig: Ein Kloster mit Gästehaus? Andere steuern zielstrebig auf die offene Tür zum Andenkenladen zu und wieder andere kehren von einem Spaziergang oder Ausflug heim ins Gästehaus. Kaum einer oder eine, die nicht einen kurzen Halt macht im Garten und die friedliche Stille einatmet. Ja, das Kloster Pax Maria trägt den Frieden nicht nur im Namen.

Gast sein im Kloster

Ich erinnere mich gerne an meinen ersten Besuch in Vadstena. Ich lebte gerade einen Monat in Schweden und hatte noch große Mühe mit der neuen Sprache. Von Schwester Monika-Clara, der Gastschwester, wurde ich herzlich willkommen geheißen und bekam im Speisesaal einen Tisch zugeteilt. Mit mir am Tisch saß eine deutsche Volontärin, die in genauso abgehackten schwedischen Sätzen versuchte, Konversation zu betreiben, wie ich. Außer der Volontärin gab es noch drei weitere Frauen am Tisch – wie in vielen Klostergästehäusern scheint mir auch hier der Anteil der Frauen hoch zu sein. Warum sie nach Vadstena kommen, will ich von ihnen wissen. Und ob sie als Pilgerinnen unterwegs sind, versuche ich meine Neugier zu stillen. Die eine Frau, sie kommt aus Stockholm, erzählt, dass sie jedes Jahr ein paar Tage herkomme. Sie flüchte aus der Großstadt. In Vadstena sei es so beschaulich und sie genieße die Spaziergänge am Vätternsee. Die zweite erzählt davon, dass sie zum ersten Mal in Vadstena sei. Sie kommt aus einer kleinen Ortschaft nördlich von Göteborg und hat eine lange Busreise hinter sich. Die dritte Frau ist wenig gesprächsbereit. Warum ich hier sei, wollen die beiden wissen. Weil ich den Wallfahrtsort der heiligen Birgitta kennenlernen will und weil ich mich fürs Pilgern interessiere. Ich berichte über meine Arbeit, meine Projekte und Ideen. Ja, ob ich denn katholisch

Wenn das Handeln fehlt, soll der gute Wille als Tat angerechnet werden.
Rev. IV:114

sei, wollen die beiden wissen, und ob ich auch die Gebetszeiten der Schwestern mitmache. Ich bejahe. Das finden die beiden sehr interessant. Beide gehören der schwedischen Kirche an und ihre Bindung zu dieser sei halt nicht so stark, so erklären sie beinahe entschuldigend. Aber heute Abend, ja, da wollen sie mal eine Gebetszeit der Schwestern mitmachen. Immer wieder erfahre ich in den kommenden Tagen, dass die Gäste nicht unbedingt aus religiösen Motiven im Kloster Halt machen. So jedenfalls sagen sie es mir. Von Carl Sonnenschein stammt der Satz: *Aus der Welt lässt sich kein Kloster machen, aber in der Welt müssen Klöster stehen.* Daran musste ich nach dem angeregten Gespräch beim Mittagessen denken. Das Gästehaus der Birgitten steht mitten in der Welt. Es bietet Menschen, die Ruhe und Erholung suchen, einen Ort. Und wer weiß, vielleicht begegnen sie an diesem Ort der »lebendigen Steine« auch dem Göttlichen – ganz unvermutet und leise. Wir brauchen solche Klöster in der Welt.

Herzlich gerne empfehle ich allen die gleichermaßen humorvoll wie interessant gestaltete Homepage der Birgitten (vgl. S. 45).

Die heilige Birgitta für heute

In den Tagen meines Aufenthaltes habe ich versucht, einiges über die heilige Birgitta herauszufinden und zusammenzutragen. Immer neue Facetten ihres Lebens haben sich aufgetan. Wie aber sieht eine Birgittin ihre Ordensgründerin? Was ist der Grundauftrag der Schwestern heute, im 21. Jahrhundert? Einige Fragen an Schwester Monika-Clara und ihre Antworten:

Was ist der Kernsatz der Birgitten? Quasi das Motto, dem sie nachzuleben versuchen?
Amor meus crucifixus est. Das kann man zweifach übersetzen: »Meine Liebe ist gekreuzigt« oder »Mein Geliebter ist gekreuzigt«. Dieser Satz bezieht sich natürlich auf Jesus Christus. Er führt uns direkt auf die Sensibilität für den leidenden Christus und den leidenden Menschen. Von außen wird uns oft der Satz der heiligen Birgitta angeheftet »Herr, zeig mir den Weg, den ich gehen soll, und mach mich willig, ihn zu gehen«. Aber eigentlich ist unser Kernsatz: *Amor meus crucifixus est.*

»Die gekreuzigte Liebe«, die Sensibilität für den Leidenden sind ja wichtige Motive in den Offenbarungen. Aber wie zeigt sich das in Ihrem Alltag? Sind die Birgitten auf den Straßen und in den Gassen bei den Armen und Kranken?
Nicht direkt. Aber die »Armen und Kranken« kommen quasi zu uns. Wir kriegen viele Briefe, Anrufe und E-Mails. Menschen, die Hilfe suchen, kommen zu uns. Und alles geht in unser Gebet ein – auch das, was wir in den Nachrichten hören. Zudem gibt es manchmal auch ganz konkrete Möglichkeiten, zu helfen in schwierigen Lebenssituationen. Zum Bei-

spiel, wenn materielle Hilfe nötig ist. Das ganz Konkrete fordert uns immer wieder heraus. Wir gehen also nicht raus in die Straßen und Gassen, aber »es« kommt zu uns. Und so setzt sich der Satz ins Praktische um. Für mich ist klar: Es muss eine noch größere Sensibilität für die Leidenden geschaffen werden.

Was hat die heilige Birgitta den Menschen im 21. Jahrhundert zu sagen?

Die eine Sache ist die: Trotz aller Kritik an der Kirche ist sie immer zur Kirche gestanden. Das hieße für heute: Man müsste hin und wieder absehen von der menschlichen Schwäche der Kirche. Wir alle sind nicht perfekt. Die Kirche hat einen Wert trotz aller Schwächen. Wir täten gut daran, nicht immer nur das Schwache und Zerbrochene in den Vordergrund zu stellen. Wir sollten mehr darauf vertrauen, dass Gottes Geist in und durch die Kirche wirksam ist.

Das Zweite: Birgitta hat in ihrer Klosteridee vorgesehen, dass Männer und Frauen gemeinsam leben sollen und nicht gegeneinander. Sie will eine komplementäre, sich ergänzende Gesellschaft. Der Mensch ist Mann und Frau.

Denken Sie dabei an die Gesellschaft oder an die Kirche?

Ich denke vor allem an die Gesellschaft, zum Beispiel was die Gleichberechtigung angeht. Es ist doch so, dass die Frauen noch vielfach unterdrückt werden. Es muss darauf hingearbeitet werden, dass es eine friedvolle Gleichberechtigung gibt. Es muss ein vermehrtes Miteinander geben zwischen Männern und Frauen. Ich denke, dass diesbezüglich Birgitta wirklich eine Heilige des 21. Jahrhunderts ist.

Welche Wege gibt es? Birgitta hat oft Missstände angemahnt. Ist das der Weg, den wir Frauen zu gehen haben?

Ja, Missstände immer wieder anmahnen – in Liebe. Es ist wichtig, niemanden zu nötigen, sondern beharrlich immer wieder in Liebe anzumahnen. Das bedeutet, dass man sehr viel Geduld haben muss und dass sich die Dinge vielleicht nicht innerhalb einer Generation verändern … Aber man weiß nie.

Hat Birgitta etwas verändern können?
Ja, ich denke schon. So wie sie ihr Kloster haben wollte, war es sehr viel moderner, als es zu der Zeit üblich war. Nur ein kleines Beispiel: Alle sollten ein eigenes Zimmer haben. Das war damals nicht normal, ja unüblich. Birgitta war sehr auf den Menschen bezogen und auf diese Weise eigentlich vor ihrer Zeit.

Die heilige Birgitta bietet durch ihr facettenreiches Leben so viele Anknüpfungspunkte für uns Menschen im 21. Jahrhundert. Mich fasziniert Birgitta als Pilgerin. Bisher kannte ich Egeria, die im 4. Jahrhundert eine Wallfahrt nach Jerusalem unternahm und uns viele ausführliche Beschreibungen über die Alt-Jerusalemer Liturgie überliefert hat. Eine starke Frau, die ich immer bewundert habe. Nun lerne ich Birgitta kennen, die beinahe 1000 Jahre später ebenfalls als Pilgerin unterwegs war. In einer Zeit, als Wallfahren beschwerlich und gefährlich war, unternahm sie weite Reisen nach Nidaros, Santiago de Compostela, Rom und Jerusalem. Nicht einmal ist sie aufgebrochen, sondern immer wieder. Mir gefällt, dass sie immer neu ein Ziel in den Blick genommen und dieses Ziel zu erreichen versucht hat – nicht nur bei ihren Wallfahrten. Man könnte sagen, dass das Leben der heiligen Birgitta ein einziger Pilgerweg war.

Die heilige Birgitta ist für mich eine Frau, die auf eine gute Weise danach strebte, als Frau ein selbstbestimmtes Leben zu führen.

Sie setzte dieses Streben nicht gleich mit Widerstand gegen vorgefundene, oft männliche Autoritäten und Regeln – im Gegenteil. Sie sah ihren Weg vor allem als Suche nach der eigenen Bestimmung, die der Gesellschaft und dem Nächsten ebenso dient wie ihr selbst. Beide Gedanken, Pilgerschaft und Emanzipation, wie wir heute Birgittas selbstbewusste Einstellung nennen würden, verdienen es, weitergedacht zu werden im eigenen Sein und Handeln.

Heilige
weisen uns
tausendfach begangen
den Weg
zur Quelle

Heilige Birgitta von Schweden

Mutter, Gattin, Hofdame, Seherin, Pilgerin, Stifterin des Birgittenordens
*1302 in Finsta,
† 23. Juli 1373 in Rom
Gedenktag: 23. Juli
Darstellung: Nonne (obwohl sie selbst nie Nonne war) mit Feder, Tintenfass und Buch; mit Herz, aus dem ein Kreuz wächst; mit Pilgerstab, -flasche und -hut; beim Empfang ihrer Visionen (Christus am Kreuz)

Nach dem Abendessen mache ich einen Spaziergang am Wasser – ein Steinwurf nur vom Birgittenkloster entfernt. Während die Sonne im See versinkt, betrachte ich das Wasser. Es liegt vor mir spiegelglatt und unbewegt. Und während ich am Wasser stehe, muss ich seltsamerweise an die Erzählung vom Sturm auf dem See denken.

Begegnung mit Jesus

Eines Tages stieg er mit seinen Jüngern in ein Boot und sagte zu ihnen: Wir wollen ans andere Ufer des Sees hinüberfahren. Und sie fuhren ab. Während der Fahrt aber schlief er ein. Plötzlich brach über dem See ein Wirbelsturm los; das Wasser schlug in das Boot und sie gerieten in große Gefahr. Da traten sie zu ihm und weckten ihn; sie riefen: Meister, Meister, wir gehen zugrunde! Er stand auf, drohte dem Wind und den Wellen, und sie legten sich und es trat Stille ein. Dann sagte er zu den Jüngern: Wo ist euer Glaube? Sie aber fragten einander voll Schrecken und Staunen: Was ist das für ein Mensch, dass sogar die Winde und das Wasser seinem Befehl gehorchen?
Lukas 8,22–25

Und ich möchte fragen: Kommt uns Jesus nicht oftmals aus der Richtung entgegen, aus der auch Sturm, Wind und Unwetter naht?

Nützliche Informationen

Anfahrt

Vadstena erreicht man mit dem Auto von der Autobahn E 4 her. Von Süden her (Jönköping) Ausfahrt 106 Ödeshög, dann die Hauptstraße 50 nach Vadstena. Von Osten her (Stockholm, Linköping) Ausfahrt 110 Mantorp, dann Hauptstraße 206 nach Vadstena. Auch mit dem Zug und Bus ist die Anreise möglich. Bahnverbindung nach Linköping, von dort weiter mit dem Bus.

Anschrift des Birgittenklosters mit Gästehaus

S:ta Birgittas kloster Pax Mariae
Myntbacken 2
S-592 30 VADSTENA
Tel: 0046 143–109 43
E-Mail: guesthouse@birgittaskloster.se
www.birgittaskloster.se

Gebetszeiten in der Kirche des Birgittenklosters

7.15 Uhr Laudes und Terz
11.15 Uhr Non
16.25 Uhr Vesper
17.15 Uhr Heilige Messe
19.30 Uhr Komplet

Pilgerzentrum in Vadstena

Pilgrimscentrum
Klostergatan 7 (bei der Klosterkirche)
592 30 Vadstena
Tel: 0046 143–105 71
E-Mail: pilgrimscentrum@svenskakyrkan.se
www.pilgrimscentrum.se

Literatur

Bergquist, Lars, Die heilige Birgitta im Spiegel der Offenbarungen, Lindenberg i. Allgäu 2001.
Der Pilgerweg nach Vadstena, Ein Führer für äußeres und inneres Wandern auf dem Klosterweg, Peregrinus Schriftreihe Nr. 5, Pilgerzentrum in Vadstena, Diözese Linköping.
Fontes Christiani, Egeria Itinerarium – Reisebericht, Freiburg i.Br. 2000.
Vadstena, ein Spaziergang durch die Stadt der heiligen Birgitta, Sune Zachrisson, hrsg. vom Verein Gamla Vadstena 2004.
Wimmer, Otto, Kennzeichen und Attribute der Heiligen, Innsbruck-Wien 1995.

Abkürzungen

Rev. = Revelationes (Offenbarungen)
Rev. extravag. = Revelationes extravagantes (beigefügte Offenbarungen)

Uppsala und der heilige Erik

Die Sonnenuhr auf der Kuppel des Gustavianums ist ein Wahrzeichen von Uppsala.

Annäherung an die Stadt

Wer kennt nicht den Schlager »Ein Student aus Uppsala« aus den späten 60er-Jahren? Ja wirklich, Studenten und Uppsala, das gehört unweigerlich zusammen. Uppsala ist eine Studentenstadt. Wer im Sommer kommt, merkt das ganz besonders. Dann ist die Stadt nämlich ziemlich ausgestorben. Nur wenige Menschen sind in den Straßen zu sehen und die sind meist Touristen. Die Studenten kehren erst im Laufe des Augusts zurück. 40 000 an der Zahl!

Nach Stockholm, Göteborg und Malmö ist Uppsala die viertgrößte Stadt Schwedens. Im Jahr 2011 wurde der 200 000ste Einwohner Uppsalas gefeiert.

Von Weitem erkennt man die runden Türme des Schlosses und die beiden Spitztürme des Domes, welche die »Skyline« von Uppsala prägen. Dom und Schloss, Könige und Bischöfe, weltlich und kirchlich, diesem Spannungsbogen begegnet man in der Stadt auf Schritt und Tritt.

Königin Christina (1626–1689) lebte hin und wieder in Uppsala. Sie war die Tochter von König Gustav II. Adolf, der als einer der bedeutendsten Könige in die Geschichte Schwedens einging. Durch den Friedensschluss mit Dänemark und die Modernisierung des Landes durch zahlreiche innere Reformen brachte der sechste König aus dem Hause Wasa Schweden in eine Vorrangstellung gegenüber dem restlichen Nordeuropa. Sein Eingreifen in den Dreißigjährigen Krieg, das letztlich den Sieg der Habsburger verhinderte, war für die gesamte europäische Geschichte eminent, denn es sicherte indirekt die Existenz des Protestantismus in Deutschland und den Erfolg der Reformation. Gustavs Tochter Christina ging in die Geschichte ein, da sie von sich aus die Krone niederlegte (1654), was im heute noch erhaltenen Reichsaal des Schlosses geschah. Sie verließ Schweden und trat ein Jahr später zum Katholizismus über. König Erik (ca. 1120–1160), der spätere Heilige, wurde in Uppsala von den Dänen enthauptet. Nathan Söderblom (1866–1931), der schwedisch-lutherische Erzbischof, lebte und wirkte in Uppsala. Er erhielt 1930 den Friedensnobelpreis wegen seines unermüdlichen Einsatzes für die Ökumene und den Weltfrieden. Dag Hammarskjöld (1905–1961), Friedensnobelpreisträger des Jahres 1961 und Generalsekretär der UNO, verbrachte einen Teil seiner Kindheit in Uppsala. Sein Vater war 1914–1917 Premierminister Schwedens und residierte als Landeshauptmann auf dem Schloss in Uppsala. Dag Hammarskjöld ist auf dem alten Friedhof der Stadt begraben, nicht weit vom Dom. Viele weitere bekannte Schweden, Wissenschaftler, Politiker und Schriftsteller, liegen auf diesem Friedhof begraben. Ein Besuch lohnt sich allemal. Im Dom ruhen die Eltern der heiligen Birgitta von Schweden und die Gebeine des heiligen Erik.

Der Dom ist mit seinen beinahe 120 m Höhe das höchste Kirchengebäude in Skandinavien. Uppsala darf sich zudem als Stadt mit der ältesten schwedischen Universität rühmen. Gegründet wurde sie 1477 von Erzbischof Jakob Ulfsson und dem damaligen Reichsvorsteher Sten Sture dem Älteren.

Zum Stadtbild gehören die vielen Häuser der sogenannten Studentennationen. Eine Nation vereinigt Studenten und Studentinnen mit derselben geografischen Herkunft. So sind die Nationen auch nach der Geografie Schwedens benannt. Es gibt etwa »Smålands nation«, »Västgötas nation« oder »Gotlands nation«. Die Nationen sind vielfach im Besitz von großen und sehr schönen alten Häusern. Sie dienen den Studierenden für ungezwungene Begegnungen und kulturelle Anlässe. Die meisten Nationen betreiben auch Restaurants, Cafés oder Pubs.

Der Höhepunkt des Jahres in den Nationen ist der 30. April. Dieser Tag wird im Schwedischen »Valborg« genannt, nach der heiligen Walburga und der Walpurgisnacht, die auf den 1. Mai begangen wird. Der Tag beginnt mit einem Sektfrühstück. Anschließend messen sich die verschiedenen Nationen mit einem Bootsrennen auf der Fyrisån. Mit selbst gebauten Flößen fahren sie den Fluss hinunter. Dabei gilt es vor allem, heil am Ziel anzukommen! Nachmittags um 15 Uhr tritt der Rektor der Universität auf den Balkon der *Carolina Rediviva*, der Hauptbibliothek der Universität, und winkt mit der typischen weißen Studentenmütze. Dieser Akt symbolisiert die Begrüßung des Frühlings. Die unzähligen Studenten und Studentinnen, die sich dazu vor der Universität sammeln, beantworten den Gruß ihrerseits, indem Tausende von weißen Studentenmützen geschwenkt werden.

Während der wärmeren und hellen Jahreszeit spielt sich das Leben – wie überall im Norden – vor allem draußen ab. Die Lebensader von Uppsala ist das Flüsschen Fyrisån. Acht Kilometer südlich der Stadt mündet der Fluss in den Mälarsee, der sich mit weitverzweigenden Armen bis nach Stockholm erstreckt. An den Flussufern sammeln sich die Menschen. Man trifft dann Gaukler und Musikanten neben Büroangestellten, die ihr mitgebrachtes Essen verzehren, oder Studenten, die sich von Vorlesungen und den langen Nächten in den Nationen erholen. Am Ufer des schmalen Flusses zeigt sich der bunte Mix der Bevölkerung von Uppsala. Ein herrlicher Ort, Leute zu beobachten.

Was mir in Uppsala zuerst aufgefallen ist, sind die vielen Fahrräder. Noch nie habe ich eine Stadt besucht, in der so viel Fahrrad gefahren wird wie in Uppsala. Es gibt in der Innenstadt zwar kaum Parkplätze, aber an Fahrradständern mangelt es ganz und gar nicht … und trotzdem reichen sie oft nicht aus.

Uppsala hieß früher *Aros*, »Flussmündung«, später *Östra Aros*, was so viel wie »öst-

Studenten prägen das Stadtbild. Ihre Mützen schwenkend begrüßen sie an »Valborg« den Frühling.

liche Flussmündung« heißt. Der Fluss Fyrisån mündete nämlich zur Wikingerzeit in den Fjord, der eine Verbindung zur Ostsee herstellte. Boote kamen von der Ostsee her und konnten auf dem Weg durch den Fjord das heutige Gamla Uppsala (Alt-Uppsala) erreichen, das etwas außerhalb von Uppsala liegt und in der Geschichte der Stadt eine zentrale Rolle spielt. Mit der Landhebung jedoch vertrocknete der Fjord. Einen Zugang von Uppsala direkt zur Ostsee kann man sich heute kaum mehr vorstellen.

Gamla Uppsala

Wer sich mit der Geschichte der Stadt Uppsala und dem Wallfahrtsort des heiligen Erik vertraut machen will, sollte zunächst nach Gamla Uppsala fahren. Dieser Ort liegt sieben Kilometer außerhalb von Uppsala.

Mein erster Besuch an diesem geschichtsträchtigen Ort erinnerte mich an Reisen nach Irland. Der Ort wirkt archaisch. Inmitten der Landschaft erheben sich eine Vielzahl von Hügelgräbern. Wenn ich hier von einer Vielzahl spreche, dann meine ich zwischen 2000 und 3000 Hügel! Drei von ihnen, die größten, werden »Königsgräber« genannt. Sie sind zwischen sieben und zwölf Meter hoch und haben einen Durchmesser von 40 bis 55 Meter. Viele Mythen und Sagen ranken sich um diese Gräber. Alten Erzählungen zufolge sollen hier die Götter Odin, Thor und Freya bestattet worden sein. Diese Behauptung geht vor allem auf den mittelalterlichen Geschichtsschreiber Adam von Bremen zurück, der Gamla Uppsala im 11. Jahrhundert als den heidnischen Kultort im Norden schlechthin darstellte. Später wurde die Geschichte erzählt, dass hier die drei Wikingerkönige Adilis, Aun und Egil bestattet seien. Bei Ausgrabungen, die zwischen 1846 und 1874 gemacht wurden, fand man Grabbeigaben, die sich ins 5. und 6. Jahrhundert zurückdatieren lassen. Ob die Gräber direkt etwas mit den drei Königen zu tun haben, kann aber nicht mit Sicherheit gesagt werden. Einen großen Teil der Überlieferung um Gamla Uppsala darf man als Ausschmückung der Geschichte bezeichnen, um dem Ort mehr Bedeutung zu verleihen, als er wirklich hatte.

Gesichert ist allerdings, dass Gamla Uppsala mit der Christianisierung im 11. und 12. Jahrhundert Bischofssitz wurde. Der Erzbischof residierte ab 1164 in Gamla Uppsala und selbstverständlich wurde ihm auch eine Kirche gebaut. Im Gegensatz zu Östra Aros (das heutige Uppsala), das wegen seiner Anbindung an den Seeweg für den Handel sehr bedeutend war, schwand die Bedeutung von Gamla Uppsala mit den Jahren. Schon zu Beginn des 13. Jahrhunderts wurde über eine Verlegung des Bischofssitzes nach Östra Aros nachgedacht. Doch erst die Einwilligung von Papst Alexander IV. machte einen Umzug 1258 möglich. 1260 wird als Jahr der Grundsteinlegung der Kirche bezeichnet. Es sollte

Dazwischen

Vom Staub genommen
zum Staub zurück –
unendlicher Kreislauf
in der Tiefe
der Erde

Dazwischen aber
Keimen
und Blühen;
Wachsen
und Gedeihen
im Licht
der Tage
und
Schatten
der Nächte

Dazwischen bleiben
die inneren Bilder
an zartes Grün
Kindersingen
leuchtende Blütenkelche
Lachfältchen
und der Geschmack von
frischem Gras.

allerdings noch weitere 175 Jahre dauern, bis der Bau eingeweiht werden konnte. Krieg, unfähige Bauleute und Kämpfe um die Krone ließen den Bau immer wieder ins Stocken geraten.

Ich persönlich finde Gamla Uppsala zu jeder Jahreszeit reizvoll. Die hügelige Grablandschaft hat je nach Lichteinfall einen ganz besonderen Reiz. Die im Winter schneebedeckten oder im Sommer moosgrünen Hügel regen die Fantasie an. Mich beeindruckt, wie man Menschen so tief in die Erde hinein bestattet hat. Während ich mir noch die Grabhügel anschaue, kommt mir der Satz aus dem Rituale für die Beerdigung in den Sinn: »Von der Erde bist du genommen und zur Erde kehrst du zurück.« Dieser Satz erinnert uns an das erste Buch der Bibel. Es erzählt davon, dass Gott den Menschen aus Erde geschaffen hat. Und in diese Erde wird der Mensch am Ende des Lebens wieder zurückgelegt. Der Kreislauf schließt sich. Dieses Bild der Natur, in dem wir Menschen in den Schoß der Mutter Erde zurückkehren, wird an diesem Ort besonders greifbar. Der Ort ist nicht verbaut. Man kann die archaischen Formen der Landschaft auf sich wirken lassen.

Ein Besuch der Kirche in Gamla Uppsala lohnt sich, um zu rasten. Beim Umgang entdeckt man an der Südseite der Kirche einen sogenannten Runenstein aus dem Jahr 1000. Die Runensteine stehen in der Region Uppland an vielen Orten, oftmals am Straßenrand oder einfach mitten in der Landschaft. Das

Die zahlreichen Hügel, die das Landschaftsbild prägen, bergen ungeahnte Schätze aus der nordischen Frühgeschichte (oben). Gamla Uppsala ist auch ein beliebtes Ziel für Ausflüge (unten).

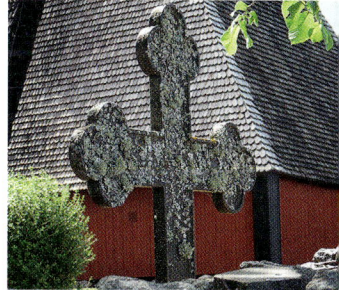

Die Kirche von Gamla Uppsala

Exemplar in der Mauer der Kirche ist ein sehr schönes Exemplar und berichtet von einem gewissen Sigvid, der den Beinamen Englandfahrer bekam. England war ein beliebtes Ziel der Wikinger. Sigvid war offensichtlich einige Male dort, was ihm den Beinamen eingebracht hat. Früher einmal stand dieser Stein in der Kirche als Altartisch. 1856 hat man ihn in die Seitenwand der Kirche eingemauert. Wer den Stein genau betrachtet, wird das Kreuz erkennen, das heute als Logo für den Eriksleden gebraucht wird. Die Kirche ist bald umschritten, denn sie ist nicht sonderlich groß. Das heutige Aussehen des Kirchenbaus stammt aus dem 15. Jahrhundert. Doch gibt es noch einzelne Spuren, die auf das 13. Jahrhundert zurückgehen. An den Außenseiten des ursprünglichen Vierungsturmes etwa kann man noch die Konturen sehen, wo Querschiff und früheres Hauptschiff aufeinandertrafen. Von der einst dreischiffigen Kirche mit ebenso vielen Apsiden ist heute gerade noch eine einschiffige mit einer Apsis übrig geblieben.

Die Kirche ist schlicht und die Malereien sind verblasst. Fenstervergrößerungen und der Einbau der Orgelempore haben Malereien zerstört, wie in vielen alten Kirchen in Uppland. Vielleicht mag mancher Besucher, manche Besucherin ein bisschen enttäuscht sein. Für mich ist es gerade diese Schlichtheit, die mich »ankommen und ausruhen« lässt.

Während meiner Rast fokussiert sich der Blick auf das wunderschöne Altarbild im Chorraum. In der Mitte eine Kreuzigungsdarstellung umgeben von einer großen Anzahl Heiliger, unter ihnen auch die heilige Birgitta, der heilige Erik und der heilige Olav, die Heiligen des Nordens.

Kreuz tragend

Mal wiegt es schwer,
mein eigenes Kreuz,
auf meinen Schultern
liegend;
mal ist es
klein und leicht
hosensackgroß
dreifingerschwer

Ein ständiger Begleiter
mein eigenes Kreuz

Gut zu wissen, dass
neben mir und
vor mir und
hinter mir
ebenfalls
Kreuzesträger
unterwegs sind

Oben (v.l.n.r.): Darstellung des heiligen Erik, des heiligen Henrik, des heiligen Olav und der heiligen Birgitta Altarbild aus dem 14. Jahrhundert mit einer Kreuzigungsszene

Viele Geschichten ranken sich um Gamla Uppsala. Wenige sind beweisbar. Gerne wurden der Geschichte des Ortes Ausschmückungen zugefügt, um ihn attraktiver zu machen. Mir gefällt das Schlichte, Ursprüngliche, auch das Geheimnisvolle. Der Ort gewinnt an Attraktivität, wenn nicht alles erklärt und bewiesen wird. So kann meine Fantasie fließen und ich kann dem Ort Leben einhauchen.

Wer eine Wallfahrt nach Gamla Uppsala unternimmt, wird die Kirche als Wendepunkt erleben. Man kommt von Uppsala nach Gamla Uppsala, kehrt in der Kirche ein, um innezuhalten, bevor man den Heimweg Uppsala entgegen unter die Füße nimmt.

Es ist wie das Gehen in einem Labyrinth: Ein Weg führt zur Mitte, dort wendet man und geht verwandelt wieder den Weg zurück aus dem Labyrinth hinaus. Es ist die Definition des Labyrinths, dass es nur einen Weg zur Mitte gibt. Im Labyrinth kann man nicht falsch gehen. Unweigerlich gelangt man zur Mitte.

Auf dem Eriksweg

Es war eines Sonntagmorgens in der Fastenzeit, als ich mich aufmachte, den Eriksweg zu gehen. Die erste Hälfte der Strecke zieht sich durch Wohngebiet – an diesem Sonntagmorgen recht ausgestorben und nur hie und da werde ich von einem Jogger überholt. Der Eriksweg ist zunächst ein Weg aus der Stadt heraus. Dabei hängt mir ein Satz des Sonntagsevangeliums nach: »… macht das Haus meines Vaters nicht zu einer Markthalle.«

Ich bin sehr dankbar, dass es still ist an diesem Morgen, dass nicht Massen von Menschen unterwegs sind und ich mich ganz in das Gehen hineingeben kann. Was sie wohl tun – gerade jetzt –, die vielen Menschen in den Neubausiedlungen am Stadtrand?

Dann öffnet sich die Landschaft vor mir. Nur noch Wald und Wiesen. Ich atme befreit. Lasse die Stadt hinter mir. Hie und da muss ich meinen Weg suchen, denn es ist noch nicht alles Eis geschmolzen und deshalb sind nicht alle Wege begehbar. Ich muss ausweichen – hinaus auf den Acker –, um vorwärtszukommen.

Wege suchen
vorwärtskommen
Schritt für Schritt –
wohin?

Mein Gehen über die Felder wird eine richtige Fastenmeditation. Und langsam werde ich leer. Unnötige Gedanken ziehen ab und dann ist nur noch das Herzensgebet der Pilgernden da: *Erbarme dich meiner, o Herr, erbarme dich meiner.*

So geht es eine ganze Stunde, dann komme ich an. Nicht am Ziel meines Lebens, aber in

Der Turm der Dreifaltigkeitskirche, die im 13. Jahrhundert errichtet wurde

der alten Kirche von Gamla Uppsala, wo ich mich hinsetzen und ausruhen kann.

Wie gut tut es, nicht nur mit dem Mund zu beten, sondern mit dem Herzen, den Füßen, ja, mit dem ganzen Körper.

Auf dem Rückweg verlasse ich die Felder wieder und tauche ein in die Stadt. Sie ist jetzt – am Nachmittag – voller Leben, voller Töne und warmer Farben. Ich sehe sie in ganz anderem Licht – wie meine Fragen, die ich auf den Pilgerweg mitgenommen habe.

Der heilige Erik

Mit Gamla Uppsala und Uppsala ist die Geschichte des heiligen Erik verbunden. Gemeint ist der König Erik IX., dessen Lebensdaten vage sind. Es wird berichtet, dass Erik 1155 König von Schweden wurde. Der Legende nach war es sein Verdienst, dass sich die Christianisierung in Schweden durchsetzte. König und Bischof verband offensichtlich dasselbe Ziel, nämlich das Christentum in den nordischen Ländern weiter auszubreiten. So erstaunt es nicht, dass Bischof Henrik Erik IX. für einen Kreuzzug nach Finnland gewinnen konnte. Vieles um die Person Eriks liegt im Dunkeln. Genau genommen kann die Wissenschaft nicht einmal bestätigen, dass er wirklich gelebt hat. Das Volk kümmert das allerdings damals wie heute kaum. Der heilige Erik wird als Patron Schwedens und Stadtpatron Stockholms verehrt. Sein Bild schmückt das Wappen der Stadt.

Die Legende um Erik erzählt von seinem gewaltsamen Tod in Uppsala durch die Dänen. Gerade als Erik am Christi Himmelfahrtstag 1160 der heiligen Messe in der Dreifaltigkeitskirche (der damaligen Pfarrkirche) von Uppsala beiwohnte, erhielt er Nachricht davon, dass Dänen, die ihm den Thron streitig machten, in der Stadt seien. Erik allerdings wollte den Kampf erst aufnehmen, nachdem er die Messe zu Ende gehört hatte. Da seine Männer in der Unterzahl waren, hatten die Dänen leichtes Spiel. Erik wurde mit einem Hieb durch den Hals getötet. Der Inhalt und der Aufbau der Erikslegende: Frömmigkeit – Kreuzzug – Tod als Märtyrer folgen dem Inhalt und Aufbau mittelalterlicher Heiligen-

Darstellung des heiligen Erik in Gamla Uppsala

legenden. Im Weiteren erzählt die Legende, dass dort, wo der abgeschlagene Kopf Eriks auf den Boden aufschlug, nämlich zwischen Domkirche und Fluss, eine Quelle entsprang. Das Quellwasser soll verschiedene Wunderheilungen bewirkt haben. Noch heute erinnert in Uppsala eine große Wasserpumpe an das Entspringen der Quelle.

Eriks Gebeine wurden zunächst in Gamla Uppsala beigesetzt. Die Entwicklung des späteren Erikskultes muss im Zusammenhang mit der Verehrung des heiligen Olavs in Nidaros (Trondheim) gesehen werden wie auch dem Bemühen der Könige, die auf Erik folgten, um eine Festigung ihrer Herrschaft. Das Erzbistum Uppsala wurde 1164 gegründet und war somit zehn Jahre jünger als das Erzbistum Nidaros. Zudem bestimmte der damalige Papst Alexander III., dass das Erzbistum Uppsala dem damals noch dänischen Erzbistum Lund untergeordnet bleiben sollte. Mit Blick auf Nidaros und die dort aufblühende Wallfahrt um den heiligen Olav fühlten sich Bischof und Verantwortliche in Uppsala immer hintangestellt. Um sich vom Bistum Lund zu lösen und ein selbstständiges Bistum zu werden, wäre ein Heiligenkult und ein aufblühendes Wallfahrtswesen sehr gelegen gekommen. 1256 schrieb Erzbischof Lars von Uppsala an Papst Alexander IV. und bat um einen Ablass für die Pilger und Pilgerinnen, die das Grab des heiligen Erik besuchten. Das Bemühen, die Wallfahrt in Gang zu bringen, war groß.

Im Zusammenhang mit der Verlegung des Bischofssitzes nach Uppsala wurde Erik zusammen mit dem heiligen Olav und dem heiligen Lars zum Kirchenpatron des Domes gemacht. 1273 wurden die Reliquien von Erik feierlich in die Domkirche nach Uppsala überführt. Viele Jahre lang wurden am 18. Mai, dem Gedenktag Eriks, die Gebeine in einer feierlichen Prozession nach Gamla Uppsala getragen.

Es ist dieser alte Brauch, der dem neu entstandenen Pilgerweg von Uppsala nach Gamla Uppsala seinen Namen gab: Eriksleden (Eriksweg).

Auf dem Weg besteht die Möglichkeit, an zwei Meditationsorten und drei Kirchen Halt zu machen. Der Weg ist gut ausgeschildert.

Heiliger Erik IX.

König von Schweden
* ?, † 1160 in Uppsala, im Kampf gegen die Dänen
Gedenktag: 10. Juli, zusammen mit den nordischen Königen Knud und Olav.
Unternahm der Legende nach 1155 mit Bischof Heinrich von Uppsala einen Kreuzzug gegen die Finnen und förderte deren Christianisierung.
Darstellung: oft bartloser jugendlicher König mit Zepter, Schwert und Banner

Relief mit Schöpfungsdarstellungen

Der Dom von Uppsala

Der Dom prägt das Stadtbild von Uppsala mit seinen zwei mächtigen Türmen und dem durchfensterten Dachreiter. Zu Recht darf er sich die größte Kirche der nordischen Länder nennen. Durch die Jahrhunderte hindurch hat der Bau viele Veränderungen erfahren. Bisweilen erscheinen mir die vorgenommenen Veränderungen am Kirchengebäude fragwürdig. So etwa, dass der Bau nach dem Brand 1702 barockisiert wurde und anstelle der Spitztürme runde Turmkuppeln aufgesetzt wurden. Der Bau, den wir heute bewundern können, ist das Werk des Architekten Helgo Zettervall, der in den Jahren 1885–1893 eine umfassende Restaurierung vornahm und wiederum eine neugotische Kathedrale erbaute. Ich finde: Zum Glück!

Wer vor dem Hauptportal an der Westseite der Kirche steht, wird an die gotischen Kathedralen Frankreichs erinnert. Doch der rote Backsteinbau – wie man sie im ganzen Ostseeraum findet – wirkt schlichter und wärmer als manche der französischen Kathedralen. Die Fassade von unten nach oben betrachtend schweift der Blick zunächst über die Portalfigur des heiligen Erik. Über ihm im Tympanon sind zwei Reliefdarstellungen: Jesus an der Geißelsäule und die Verkündigung an Maria.

Über dem Portal stehen drei Figuren unter kleinen Baldachinen. Es sind Josef, Maria mit Kind und Johannes der Täufer. Wie die Portalfigur wurden sie erst im 18. Jahrhundert geschaffen. Wäre da nicht noch das Rosettenfenster, erschiene einem die Westfassade beinahe leer, zumal in den Gewänden des Portals keine Figuren stehen. Wenn man die Kirche nach rechts umschreitet, kommt man zum Südportal. Im Gegensatz zum Hauptportal ist dieses reich geschmückt. Am Mittelpfeiler des Portals ist der heilige Lars (Laurentius) dargestellt, der dem Portal auch den Namen gab: St.-Lars-Portal. Zusammen mit dem heiligen Erik und dem heiligen Olav ist er Schutzpatron der Kathedrale. Die Steinskulptur stammt ursprünglich aus dem 12. Jahrhundert. Das Original wird heute im Dom ausgestellt. In den Archivolten des Portals sind zwölf Propheten und die zwölf Apostel dargestellt. Es wird vermutet, dass diese Arbeit im 14. Jahrhundert von Handwerkern aus Gotland geschaffen wurde. Mein Blick wandert nach oben. Besonders schön sind die sechs Reliefs am Türsturz, welche die Erschaffung der Welt darstellen.

Hingegen wird mir nicht sogleich klar, was das Relief im Tympanon darstellen soll. In der Mitte vermute ich Gott Vater. Ein älterer Mann mit Bart, der seine Arme über vier Menschen, die zu seinen Füßen sitzen, ausspannt. Links sitzt ein Gefesselter, dann ein Greis und auf der rechten Seite ein müder Mann, der seinen Kopf am Knie Gottes anlehnt, ganz rechts außen schließlich eine Frau, die Gott ihr Kind entgegenstreckt. Ich versuche, das Bild einer Bibelstelle zuzuord-

nen. Aber ich bin irritiert, weil alle Menschen so alt dargestellt sind. Später erfahre ich, dass es Matthäus 11,28 illustriert: »Kommt alle zu mir, die ihr euch plagt und schwere Lasten zu tragen habt. Ich werde euch Ruhe verschaffen.«

Ein besonders schönes Detail sind die sechs Bronzereliefs, die sich links und rechts vom Portal befinden. Man muss schon genau hinschauen, um sie zu sehen. Die drei auf der linken Seite erzählen von der Vertreibung aus dem Paradies und die drei rechten vom Opfer Abrahams.

Wer die Kirche weiter umschreitet, wird bereits von außen erkennen, dass der Chor von einem Kapellenkranz umgeben ist. Die Chorkapellen sind mit zwei oder drei Lanzettfenstern ausgeschmückt. Hin und wieder erblicke ich über dem Chor den Engel, der auf dem Dach des Chores steht und über die Stadt Uppsala zu wachen scheint.

Wenn ich abends nach Hause gehe und mein Blick sich Richtung Dom erhebt, wo sich der Engel gegen das Abendrot abzeichnet, denke ich an die Verse von Psalm 91:

Denn der Herr ist deine Zuflucht,
du hast dir den Höchsten als Schutz erwählt.
Dir begegnet kein Unheil,
kein Unglück naht deinem Zelt.
Denn er befiehlt seinen Engeln,
dich zu behüten auf all deinen Wegen.
Psalm 91,9–11

Das dritte Portal des Domes auf der Nordseite ist das St.-Olavs-Portal. Es ist der älteste Teil des Domes und wird ins Jahr 1290 zurückdatiert. Die Originalfigur des heiligen Olav aus dem 13. Jahrhundert steht heute im Dom. Das Portal ist schlicht und nicht geschmückt. Das Tympanon aus dem 19. Jahrhundert stellt die Anbetung der Hirten dar. Interessant ist, dass dieses Portal auch das »Pilgerportal« genannt wurde. Pilger und Pilgerinnen, denen der lange Pilgerweg nach Nidaros zu beschwerlich war, konnten eine kürzere Wallfahrt nach Uppsala unternehmen, um den heiligen Olav zu verehren.

Du nimmst die Feder – und die Linien tanzen. Du nimmst die Flöte – und die Töne schimmern. Du nimmst den Pinsel – und die Farben singen. So wird alles sinnvoll und schön in dem Raum jenseits der Zeit, der du bist. Wie kann ich da irgendetwas zurückhalten von Dir. So ging ich im Traum mit Gott durch die Wesenstiefe: Wände wichen zurück, geöffnete Tore, Saal nach Saal voll Schweigen und Dunkel und Kühle – von der Seelen Vertrautheit und Licht und Wärme –, bis um mich Grenzenlosigkeit war, worin wir alle zusammenfluteten und weiterlebten wie Ringe nach fallenden Tropfen auf weite, ruhige, dunkle Wasser.

Dag Hammarskjöld

Szenen aus den Heiligenlegenden von Erik und Henrik

Der Kirchenraum

Nach dem Umgang um die Kirche betrete ich den Dom. Wenn ich das Mittelportal durchschreite, befinde ich mich in einem Vorraum. Zur Linken, wo heute Informationsschalter und Souvenirshop untergebracht sind, war einst die Taufkapelle, dem heiligen Johannes dem Täufer geweiht. In der Wand ist noch ein Brunnen zu sehen, der aus elf Metern Tiefe das Wasser emporholen konnte.

Auch wenn die Taufkapelle heute ihrer Aufgabe beraubt ist, will ich hier einen Moment innehalten, bevor ich eintrete in den großen Kirchenraum. Ein Moment des Erinnerns an die eigene Taufe führt mich zurück zu meinem Auftrag als Christin in dieser Welt.

Du hast mich, Herr, zu Dir gerufen
und in der Taufe bekenne ich Dich.
Wie Du gestorben und erstanden,
so sterb und erstehe ich, Herr, mit Dir.
Gib meinem Leben große Freude
und Kraft, für andere da zu sein.
Wenn Angst und Zweifel in mir wachsen,
dann schenke Du mir neuen Mut.
Herr, sende mich wie Deine Jünger
und gehe Du mir selbst voran.
Ich will Dir folgen,
will bei Dir bleiben
und will Dir treu sein;
gib Du mir Kraft.

Nun aber treten wir ein und werden willkommen geheißen von einem hellen, lichtdurchfluteten Raum. Der helle Stein und die Höhe des Mittelschiffs lassen Lichtsymbolik und Höhe und Tiefe wunderbar miteinander harmonieren.

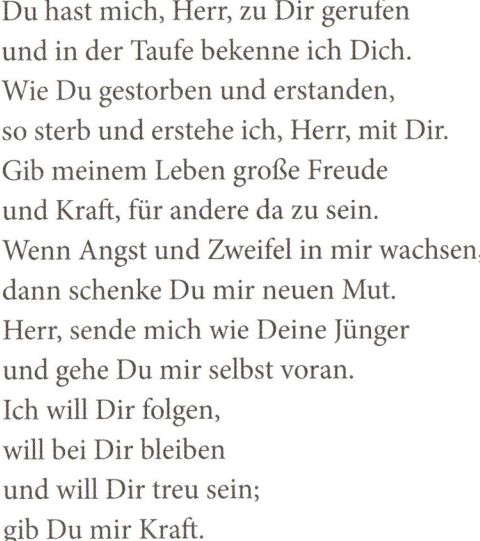

Mein Blick schweift die Wände empor, den Pfeilern mit den schlanken Diensten entlang und bleibt im Rippengewölbe hängen. Es sind die »oberen Sphären«, die mich am Dom von Uppsala faszinieren, sie fesseln meinen Blick. Schaut man von Westen nach Osten zum Chor hin, erkennt man in zunehmendem Maße Malereien in den Gewölben und an den Seitenwänden des Mittelschiffs. Ob wir im linken oder im rechten Seitenschiff dem Chor entgegenschreiten, macht keinen Unterschied.

 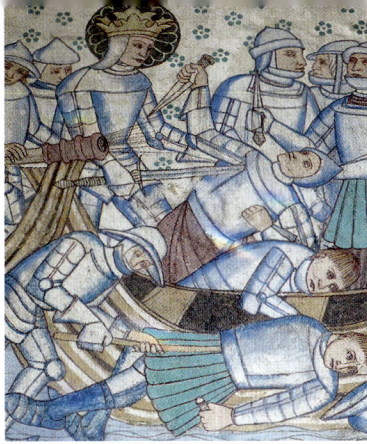  

Der Dom von Uppsala ist vor allem eine »Grabeskirche«. Das stellt man bereits nach wenigen Schritten fest. Grabkapellen so weit das Auge reicht auf der rechten Seite und auf der linken Seite und natürlich auch im Chorumgang. Grund für mich, ein paar besondere Stellen, gewissermaßen die Perlen, auszuwählen und näher zu betrachten.

Der St.-Eriks-Chor

Im südlichen Teil des Chorumgangs liegt der St.-Eriks-Chor und dort befinden sich einige der ältesten Wandmalereien des Domes. Sie entstanden nach einem verheerenden Brand im Jahr 1472. Im 19. Jahrhundert wurden sie im Zuge einer Sanierung des gesamten Bauwerkes vollständig restauriert. Die Wandmalereien zeigen zwölf Szenen aus dem Leben des heiligen Erik und Henrik. Sie erzählen wie Erik und Henrik gemeinsam nach Finnland segelten, um das Christentum zu verbreiten. Ebenso wird die Erikslegende dargestellt.
Nach der Legende des heiligen Erik muss sich sein Tod ziemlich genau an dem Ort ereignet haben, wo die Domkirche heute steht. Seine Gebeine wurden zunächst in Gamla Uppsala beigesetzt. Wie schon erwähnt, wurden sie bei der Verlegung des Bischofssitzes nach Uppsala überführt. So ruhen seine Gebeine heute nahe dem Ort, wo er (möglicherweise) umgekommen ist.

Der Finstachor

Der Schrein des heiligen Erik steht im nördlichen Chorumgang im sogenannten Finstachor. Finsta ist der Ort, aus dem die heilige Birgitta von Schweden und ihre Familie stammten. Der Eriksschrein aus 34 kg Silber, 0,6 kg Gold und 1,4 kg Kupfer steht in derselben Kapelle, wo sich auch das Grab der Eltern Birgittas befindet. Seit 1990 wird im Finstachor auch eine Reliquie der heiligen Birgitta aufbewahrt.
Erik der Heilige, Birger Petterson, Ingeborg Bengtsdotter und die heilige Birgitta – diesen Personen, die eingegangen sind in die Geschichte Schwedens und der Kirche, wird in dieser Kapelle gedacht. Vier Menschen, vier Leben, vier Zeugnisse christlichen Lebens: unvergängliche Vergangenheit!
Die Kapelle ist kein Raum der Stille. Nichts lädt zum Verweilen ein. Wer in den Dom kommt, um dem heiligen Erik seine Referenz zu erweisen, sucht sich besser einen Platz im Schiff des Domes, um Stille zu finden.

Heiliger Erik,
bitte für alle Menschen,
besonders für die
Christen und Christinnen
in Nordeuropa,
die unermüdlich den
Glauben verkünden
in Wort und Tat.

Maria Återkomst

Die Kragsteine »Barmherzigkeit«, »Hoffnung« und »Glaube«

Im Chorumgang fällt mir eine junge Frau auf, die schon seit einer Weile reglos dasteht. Sie ist ganz versunken in Meditation und Gebet. Ihr Blick verliert sich irgendwo am oberen Rand der Chorfenster. Was sie da wohl sieht? Verstohlen hebe auch ich meinen Blick und versuche zu erkennen. Doch ich sehe nichts. Ich trete etwas näher an sie heran, um ihre Perspektive zu haben … und dann erst merke ich: Sie ist eine Skulptur! Nun sehe ich auch das Schild, welches die Besucher darauf hinweist, die Skulptur nicht zu berühren.

Die Figur heißt *Marias Återkomst* – Marias Wiederkunft. Der Künstler, Anders Widoff wollte Maria als eine durch und durch menschliche Gestalt darstellen. Es ist ihm – meine ich – »erschreckend« gut gelungen!

Die Kragsteine der Kapitelle

Die ältesten Kunstwerke im Dom liegen ca. drei Meter über dem Boden. Sie wurden von Künstlern aus Gotland hergestellt: die Kragsteine an den Säulen rund um den Hochchor. Zwölf von ursprünglich vierzehn sind heute noch erhalten. Die Motive gehören wie Bilderpaare zusammen. Dargestellt werden Gegensätze: Glaube und Unglaube, Barmherzigkeit und Hochmut, Hoffnung und Verzweiflung, Liebe und Hass, Gottesfurcht und Eitelkeit, Keuschheit und Unzucht. Eine in Stein gehauene Katechese! Es gibt im Leben eines Christen, einer Christin immer mindestens zwei Wege. Der eine führt uns weiter auf dem Weg des Glaubens, der andere entfernt uns von Gott.

In der Darstellung vom Tod Mariens und ihrer Aufnahme in den Himmel ist die Barmherzigkeit symbolisiert. Das mag zunächst fremd und ungewöhnlich erscheinen. Ein mancher oder eine manche hätte als Steinmetz vielleicht die Szene des verlorenen Sohnes beziehungsweise des barmherzigen Vaters ausgewählt. Maria mit der Barmherzigkeit in Verbindung zu bringen hat reiche Tradition in der Geschichte des Christentums. Diese Steinmetzarbeit verweist uns auf die alten Gebete, welche die Christen heute noch gebrauchen, um Maria zu ehren. Dabei wird sie die Mutter der Barmherzigkeit genannt. Zum Beispiel im *Salve Regina*: »Mutter der Barmherzigkeit, wende deine barmherzigen Augen zu uns.« Maria wurde das Symbol der Barmherzigkeit, indem sie sich ganz für Gottes Wort öffnete und quasi das Eingangstor zur Welt für Gottes Liebe wurde. Barmherzigkeit hat viel mit Verschenken und Dasein für andere zu tun. Dass Maria diese Eigenschaften hatte (und hat), zeigt sich etwa auch in der Lauretanischen Litanei aus dem 16. Jahrhundert. Dort wird sie die »Zuflucht der Sünder«, »Trost der Betrübten« und »Hilfe der Christen« genannt. Auf dem Kragstein der Barmherzigkeit sehen wir die Apostel am Sterbebett Marias. Engel schwenken das Weihrauchfass und Christus nimmt Marias Seele – in Form eines Kindes – auf.

Maria,
du Mutter der Barmherzigkeit,
du offenbarst die göttliche Gnade.
Was du bist,
bist du durch das freie, unbedingte
Entgegen-Kommen Gottes
und durch deinen Glauben,
in dem du dich seinem Erbarmen
hingegeben hast.
In dir hat sein Erbarmen
Gestalt angenommen.
Deine Mütterlichkeit
ist das mütterliche Erbarmen Gottes
für alle Menschen.
Du Mutter der Barmherzigkeit,
du Mutter der göttlichen Gnade,
bitte für mich!

Ähnlich wie bei der Barmherzigkeit ergeht es einem, wenn man die Illustration der Hoffnung betrachtet. Dargestellt ist die Steinigung des heiligen Stefanus. Voller Hass vollziehen die Gegner die Steinigung an Stefanus. Wie kann man in solch einer Situation noch hoffen? Die Szene illustriert die Hoffnung auf das ewige Leben. Dem bedrängten Märtyrer streckt Gott selbst die Hand vom Himmel herab, um ihn bei sich aufzunehmen.

*Hoffe auf den Herrn und sei stark,
hab festen Mut und hoffe auf den Herrn.*
Psalm 27,14

Der Glaube wird als ein Weinstock mit zwölf Blättern dargestellt. Der Weinstock ist das Symbol für Christus. Die zwölf Blätter symbolisieren die zwölf Punkte unseres Glaubensbekenntnisses. Zur Linken sieht man Jesus Christus, die Hand zum Segen erhoben. Rechts steht ein Mann mit einem Krug. Er hat eben begonnen, die sieben Traubenstränge zu lesen. Die Trauben symbolisieren die sieben Gaben des Heiligen Geistes.

Ich verlasse jetzt den Chorumgang und erkunde das Hauptschiff. Noch weiter nach oben, gewissermaßen in himmlische Sphären, müssen wir den Blick heben, um die Malereien an den Chorwänden zu entschlüsseln. Die Malereien entstanden während der umfassenden Domrestaurierung 1885–1893. Ari Lindegren entwarf den Gesamtplan für die Malereien und führte die Pläne zusammen mit einer kleinen Schar Mitarbeiter aus. In den 26 Zwickeln des Hauptschiffes sind singende und musizierende Engel gemalt. Blechbläser, Holzbläser und Streicher, alle sind sie versammelt zum Lob Gottes. Ein ganzes himmlisches Heer hat sich versammelt. Zu gerne möchte man sich einreihen in die Schar der Engel und seine Stimme erheben! Am besten täte man das zusammen mit den acht Engeln, die dem Querschiff am nächsten sind. Sie stehen für den Kirchengesang und halten Spruchbänder mit dem schwedischen Text des Liedes »Macht hoch die Tür, die Tor macht weit« in den Händen.

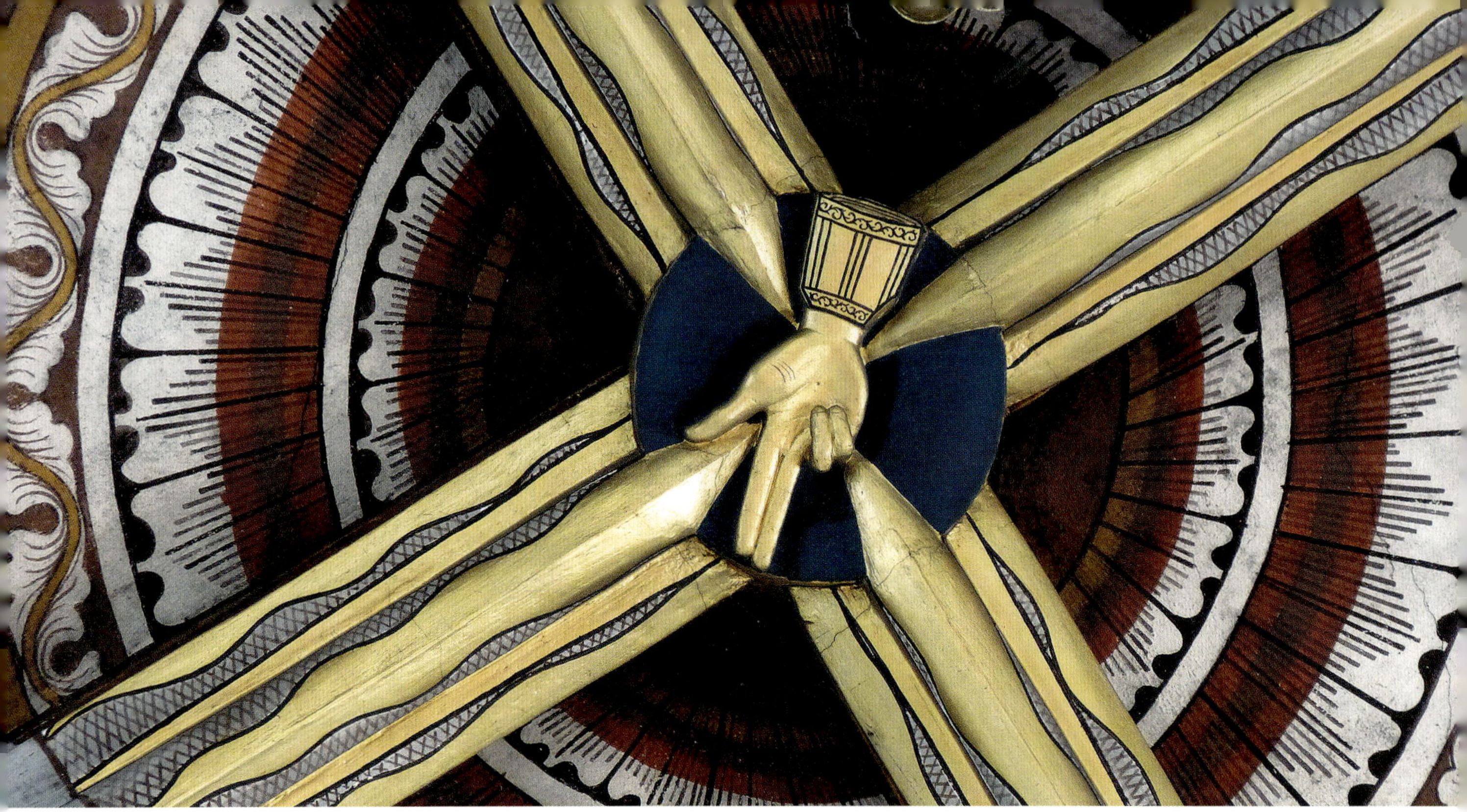

Halleluja!
Lobet Gott in seinem Heiligtum,
lobt ihn in seiner mächtigen Feste!
Lobt ihn für seine großen Taten,
lobt ihn in seiner gewaltigen Größe!
Lobt ihn mit dem Schall der Hörner,
lobt ihn mit Harfe und Zither!
Lobt ihn mit Pauken und Tanz,
lobt ihn mit Flöten und Saitenspiel!
Lobt ihn mit hellen Zimbeln,
lobt ihn mit klingenden Zimbeln!
Alles, was atmet, lobe den Herrn!
Halleluja!
Psalm 150

Vom Schlussstein des zentralen Domgewölbes streckt sich uns die segnende Hand Gottes entgegen. Und unweigerlich erinnere ich mich an die Darstellung der Steinigung des heiligen Stefanus im Chorumgang. In höchster Not kam ihm Gottes Hand zu Hilfe. Ja, es ist Gott, der im Letzten alles zusammenhält. Ob Könige, Pilgerinnen oder Besucher – vor Gott und seiner ausgestreckten Hand sind wir alle gleich.

Ich bin der Herr, dein Gott, der deine
rechte Hand ergreift und der zu dir sagt:
Fürchte dich nicht, ich werde dir helfen.
Jesaja 41,13

Folgt man dem himmlischen Heer der Engel das Kirchenschiff entlang, steht man alsbald unter der Vierung, wo Langhaus und Querschiff aufeinandertreffen. 300 Jahre lang wurden hier Regenten gekrönt. So heißt das Gewölbe denn auch Krönungsgewölbe. Die letzte Krönung war jene von Königin Ulrika Eleonora 1719.

Unter der Vierung hat man einen schönen Blick auf die drei großen Fenster des Domes. Über der Hauptorgel zur Westfassade hin das Fenster des Vaters, über dem südlichen Querschiff das Fenster des Sohnes und über dem nördlichen Querschiff das Fenster des Geistes. Das Fenster des Sohnes ist mit 17 x 7 Meter das größte Glasfenster Schwedens. Die

Fenster wurden gleichzeitig mit dem Gesamtplan der Restaurierung von Ari Lindegren entworfen.

Was wir in den großen Kathedralen erkennen können, dass diese nämlich dem Licht Raum geben, das können wir auch im Kleinen erfahren: dann nämlich, wenn wir uns selbst als Tempel für das Licht, für Gott, seinen Geist erkennen. Durchfenstern wir unsere »Wände«, indem wir alle Sinne öffnen für Gott, damit er in uns einbricht: Dann strahlt Licht auch durch uns in diese Welt.

Je weiter man die Kirche gegen Osten abschreitet, desto reicher ist sie mit farbenfrohen Malereien ausgeschmückt. Üppiges Rankenwerk ziert die vier Gewölbe des Chors – mittendrin die Tugenden.

Wer genau hinschaut, wird auch den in Ketten festgesetzten Teufel zwischen den Blumenranken entdecken!

An den Seitenwänden finden sich biblische Szenen aus dem Leben Jesu, die Apostel und Heilige. In den Zwickeln sind vor allem Kirchenlehrer, Reformatoren und nordische Heilige dargestellt. Auch Martin Luther hat hier seinen Platz.

Wie eine Prozession bewegt sich alles auf Christus hin, der über dem Hochchor auf einem Regenbogen sitzend dargestellt ist. Ja, wenn man in der Domkirche von Uppsala den Blick in die Höhe schweifen lässt, dann tun sich ungeahnte Schätze auf.

Nach dem Besuch des Domes setze ich mich ins Kathedralcafé. Von hier aus habe ich einen guten Blick auf die Hauptfassade des Domes. Abends strahlt die sinkende Sonne sie an und taucht sie in ein warmes Rot.

Ich habe die Kathedrale als Pilgerin besucht. Ich habe versucht, die Spuren des heiligen Erik und die in Stein gehauene und ins Bild gebrachte Katechese zu entschlüsseln.

Doch man muss ehrlich bleiben: Der Dom von Uppsala ist nicht in erster Linie eine Wallfahrtsstätte. Der Dom ist das Nationalheiligtum Schwedens und als solches wird er auch gerne und oft bezeichnet. An prominenter Stelle im Dom, in der zentralen Apsis, dort

Das Fenster des Geistes

wo im Mittelalter der Marienchor lag, liegt Gustav I. Wasa (1496–1560) zusammen mit zwei seiner drei Frauen begraben. Die Wände um sein Grab sind mit sieben Bildern aus seinem Leben geschmückt. Gustav I. Wasa schloss sich schon als junger Mann dem Widerstand gegen den dänischen König an. Zunächst in Gefangenschaft geraten, gelang ihm die Flucht zurück nach Schweden. Als entschlossener Freiheitskämpfer rückte er mit einem Heer von Bauern gegen Stockholm vor, doch die Erstürmung der Stadt erwies sich als unmöglich. Erst mithilfe von Schiffen, die ihm und den Seinen aus Lübeck zu Hilfe kamen, gelang es ihm, 1523 Stockholm einzunehmen. Bald darauf wurde er zum König gewählt. Unter ihm wurde die Reformation der Kirche vorangetrieben. Er nannte sie ein »nationales Projekt«. Der König wurde anstelle des Papstes zum Oberhaupt der schwedischen Kirche. Seine Krönung fand, wie viele andere Königskrönungen, im Dom zu Uppsala statt. Der Wasachor, die pompöse Grabanlage des Reichskanzlers Axel Oxenstiernas, der Seite an Seite mit König Gustav II. Adolf diverse Reformen in Schweden umsetzte, und die zahlreichen Fahnen aus den schwedischen Kriegen lassen den Besucher erkennen, dass er sich an einem Ort von hoher nationaler Bedeutung befindet.

Vor mir erhebt sich die größte Kirche Skandinaviens. Fast kommt einem die Domkirche zu Uppsala wie die kleine Schwester des Trondheimer Domes vor – obwohl sie diesen bezüglich Baumasse übersteigt. Anders als in Trondheim ist der Besuch der Kathedrale von Uppsala und die Wallfahrt zum heiligen Erik weniger hektisch, beschaulicher, weniger kommerziell.

Sind es die vielen ungesicherten Daten und Ereignisse aus dem Leben des heiligen Erik, die ihn immer im Nebel zwischen Historie und Mythos erscheinen lassen?

Oder ist es vielleicht das Unvermögen der Kirchenverantwortlichen vor Ort, die es nie geschafft haben, die Erikswallfahrt zu etablieren? Nach meinem Besuch in Uppsala bleibt in jedem Fall das Wissen um und die Achtung für den heiligen Erik, dessen Anliegen es war, das Christentum auszubreiten und Menschen zum Glauben zu führen. In meine ganz persönliche Kirchengeschichte geht der Heilige als Missionar ein – auch wenn diese Meinung von manchem Historiker so nicht geteilt wird. Und schnell spannt sich der Bogen ins Heute. In einem Land, in welchem Religion und Glaube weitgehend aus dem öffentlichen Leben verbannt sind, wirken Menschen auch heute durch ihr Glaubenszeugnis gewissermaßen als Missionare – Missionare der Neuzeit. Ein nicht einfaches Unternehmen – damals wie heute. Ich stehe vor dem Dom in Uppsala und schicke ein Dankgebet in den Himmel für alle die Menschen, mit denen ich hier in meiner neuen Heimat Schweden den Glauben leben und immer wieder neu entdecken kann.

Schweden

Nützliche Informationen

Gamla Uppsala

Anfahrt

Mit dem Auto: Von der E4 kommend (Stockholm oder Sundsvall) Ausfahrt Gamla Uppsala.
Mit dem Bus: Von Uppsala Hauptbahnhof fahren die Busse Nr. 2 und 110 nach Gamla Uppsala.

Öffnungszeiten des Museums

1.–30. April: jeweils Montag, Mittwoch, Samstag und Sonntag 12–16 Uhr
1. Mai–31. August: täglich von 10–16 Uhr
1. September–30. November: Montag, Mittwoch, Samstag und Sonntag von 12–16 Uhr
Eintritt: Erwachsene 60 SEK, Senioren 50 SEK

Öffnungszeiten der Kirche

Mai bis August: täglich 9–18 Uhr
September bis April: täglich 9–16 Uhr

Uppsala

Dom

Öffnungszeiten: täglich 8–18 Uhr

Literatur

Dählback, Göran, Uppsala, Lexikon des Mittelalters VIII, München 1993, S. 1275–1279.
Franzon, Annika, Nya Guideboken om Uppsala domkyrka, Uppsala 2005
Franzon, Annika, Faltblatt – Kleiner Guide für den Dom zu Uppsala, Uppsala 2009.
Harlin, Tord / Norströrm, Bengt Z., Halvvägs till Himeln, Uppsala 2001.
Hoffmann, Erich, Erich der Heilige von Schweden, in: Die heiligen Könige bei den Angelsachsen und den skandinavischen Völkern, Neumünster 1975, S. 197–204.
Hoffmann, Erich, Politische Heilige in Skandinavien und die Entwicklung der drei nordischen Reiche und Völker, in: Politik und Heiligenverehrung im Hochmittelalter, Sigmaringen, 1994, S. 277–324.
Nerman, Birger, Gamla Uppsala – svearikets hjärtpunkt, Stockholm 1943.
Nyberg, Tore, Erik IX., in: Lexikon des Mittelalters III, München 1993, S. 2143.
Rasmussen, J. N., Erik von Schweden, in: Die Heiligen. Alle Biografien zum Regionalkalender für das deutsche Sprachgebiet, hrsg. v. Peter Manns, Mainz 1975, S. 344–345.

Pilgernd unterwegs sein

Das Vreta-Kloster

Viele Wege führen nach Vadstena, aber drei davon sind besonders, denn sie sind Pilgerwege. Der eine ist der sogenannte Klosterleden (Klosterweg), der an elf Klöstern vorbeiführt. Von diesen sind allerdings nur noch zwei aktiv, nämlich das Benediktinerinnenkloster Heliga Hjärtas und das Birgittenkloster in Vadstena. Der Weg beginnt südlich von Vadstena in Ödeshög. Von dort aus wandert man 63 Kilometer durch wunderbare Landschaften. Dem Klosterleden kann man auch von Osten her folgen. Ausgangspunkt ist dann Kolmården. Von dort sind es allerdings 195 Kilometer bis Vadstena. Wie ein Band zieht sich der Pilgerweg durch Östergötland. Im Mittelalter gab es im westlichen Östergötland die höchste Klosterdichte. Auf dem Pilgerweg trifft man auf fünf Klostertraditionen. Zunächst waren da die Zisterzienser, die in Alvastra und in Askeby ansässig waren. Bernhard von Clairvaux entsandte im 12. Jahrhundert Mönche in den Norden. Sie gründeten bereits 1143 das Kloster Alvastra. In Vadstena begegnet man den Birgitten, über die ich schon ausführlich berichtet habe. Der dominikanischen Tradition begegnet man in Skänninge. Dort wurde im 13. Jahrhundert ein Doppelkloster, ein Kloster für Männer und Frauen, gegründet. In Vreta stößt man auf die Benediktiner, die ebenfalls bereits im 12. Jahrhundert nach Schweden kamen. Das Kloster Vreta dürfte sogar das erste Kloster in Schweden gewesen sein. In Linköping, Söderköping und Krokek schließlich begegnen wir der franziskanischen Tradition. Ein Förderer des Franziskanerordens im ausgehenden 13. Jahrhundert war König Magnus Ladulås. Die Bevorzugung durch den König war ein Grund, warum der Franziskanerorden im Mittelalter der populärste Orden in Schweden war.

»Der Klosterweg ist ein Wanderweg durch eine ausgesprochen schöne Landschaft, die außerordentliche Naturerlebnisse bietet. Zugleich ist er ein Weg durch eine kulturreiche Landschaft voller Spuren des frühen Mittelalters, ein Weg, der die kräftige geistliche Entwicklung widerspiegelt, die die Einführung des Klosterwesens auf schwedischem Boden auslöste, wirksam bis in die Gegenwart. Wer sich heute auf den Klosterweg begibt, darf also in reichem Maße sowohl an Natur als auch an Kultur und geistlichem Leben teilhaben« (Der Pilgerweg nach Vadstena, S. 10). Vom 2. bis 6. Juni 2011 fand die »Eröffnungswanderung« auf dem Birgittaleden (Birgittaweg) statt, dem dritten Pilgerweg nach Vadstena. Der Birgittaleden beginnt in Linköping, führt zum Vreta-Kloster und dann am Göta-Kanal entlang über Borensberg und Motala nach Vadstena. Die Gesamtstrecke beläuft sich auf ca. 78 Kilometer. Zwischen Borensberg und Motala führt der Weg nach Ulvåsa und nach Birgittas Udde (Birgittas Punkt). Dort, ganz am nördlichsten Zipfel der Landzunge, die in den See Boren hineinreicht, sind Ruinen zu sehen, von denen man annimmt, dass sie zum Wohnhaus der heiligen Birgitta gehörten. Auf

Es kommt niemals ein Pilger nach Hause, ohne ein Vorurteil weniger und eine neue Idee mehr zu haben.

Thomas Morus

dem Birgittaleden wandert man durch das Gebiet, in dem die Heilige viele Jahre lebte und arbeitete. Der Weg endet in der »Blauen Kirche« von Vadstena.

Pilgerfragmente

Ich bin unterwegs auf dem Pilgerweg.
Es ist Ende der vierten Woche Fastenzeit.
Wir stehen zwischen dem Laetare –
und Passionssonntag.
Ein Spannungsbogen!
Oft erkannt im eigenen Leben.
Laetare! Freut euch!
Verhalten klingt die Osterfreude an.
Passion! Das Leiden.
Vielleicht auch Leidenschaften,
die leiden lassen.

Anfänglich noch Fragen:
Aufbrechen – frei sein.
Frei sein für etwas?
Frei sein von etwas?
Gelingt es, meinen Rhythmus zu finden?
Fremdbestimmtes Alltagstempo
zu durchbrechen?
Nachdenken.
Meditieren.
Beten.
Im Gehen werde ich es erfahren.
Schritt für Schritt.

Einer der schönsten Abschnitte auf dem Birgittaweg ist jener vom Vreta-Kloster nach Borensberg. Die Teilstrecke ist 22 Kilometer lang und führt den ganzen Tag am Göta-Kanal entlang. Sitzgelegenheiten am Kanal laden immer wieder zum Verweilen ein. Im meditativen Wandern gelingt es bald, die Seele baumeln zu lassen, Gedanken zu ordnen und etwas Distanz zum Alltag zu gewinnen. Allein schon den ganzen Tag am Wasser zu sein, hat etwas Beruhigendes.

Wasser
von der Quelle
bis zur Mündung
in einem Fluss

ein glitzerndes Band
inmitten der Landschaft
und stets bereit
sich zu verschenken

um Durstiges zu tränken
Schmutziges zu reinigen
Mattes zu erquicken
Hitze zu kühlen
Trockenes zu benetzen

Quelle des Lebens
von Gott geschenkt
umsonst.

Ebenso zu empfehlen ist der letzte Streckenabschnitt von Motala nach Vadstena. Er führt durch eine liebliche Landschaft fern der Hauptstraße. Ein erhebendes Gefühl stellt sich ein, sobald am Horizont der Turm der Klosterkirche von Vadstena zu erkennen ist. Ist das Ziel erst mal in den Blick genommen, läuft es sich fast wie von selbst. Die Strecke von Motala nach Vadstena ist 18 Kilometer lang. Und vielleicht kommt dem einen oder der anderen spontan das Gebet der heiligen Birgitta über die Lippen: Herr, zeige mir den Weg und mach mich willig, ihn zu gehen.

Auch wenn die Etappe von Linköping zum Vreta-Kloster unbequem ist, da sie an einer stark befahrenen Straße entlangführt und der Weg von Borensberg nach Motala etwas Kartenlesekunst verlangt, ist der Birgittaweg eine empfehlenswerte Strecke für das Pilgern.

Ich selbst hatte mir vier Tage Zeit genommen für den Birgittaweg. Doch nach 45 Kilometern musste ich aufgeben: meine Füße hatten zu viele Blasen. An ein Weitergehen war nicht mehr zu denken. Es war ein herber Einschnitt in meine Planung. Aber genauso ist das Leben. Man weiß nie, was kommt. Wege muss man gehen, um sie wieder zu verlassen. Und manchmal werden wir auf ganz anderen Wegen ans Ziel geführt.

Wenn du zum Tor des Lebens
gelangen willst,
musst du aufbrechen,
einen Weg suchen,
der auf keiner Karte verzeichnet
und in keinem Buch beschrieben ist.
Dein Fuß wird an Steine stoßen,
die Sonne dich brennen
und dich durstig machen,
deine Beine werden schwer werden.
Die Last der Jahre wird dich
niederdrücken.
Aber irgendwann wirst du beginnen,
diesen Weg zu lieben,
weil du erkennst,
dass es dein Weg ist.
Du wirst straucheln und fallen,
aber die Kraft haben,
wieder aufzustehen.
Du wirst Umwege und Irrwege gehen,
aber dem Ziel näher kommen.
Alles kommt darauf an,
den ersten Schritt zu wagen.
Denn mit dem ersten Schritt
gehst du durch das Tor.

Wolfgang Poeplau

Der Göta-Kanal

Durch meine Blessuren war ich einen Tag früher als geplant in Vadstena. Die Stadt zeigte sich in herrlichem Frühlingskleid und trotz schmerzender Füße konnte ich die geschenkten Stunden am Wallfahrtsort genießen. Die Birgitten waren glücklich, dass ich schon da war. So konnte den eingeplanten Gesprächen mehr Zeit eingeräumt werden. Und ich selbst hatte ein bisschen Zeit, mich mit der so abrupt beendeten Pilgerwanderung zu versöhnen. Obwohl anders verlaufen als geplant, fand meine Pilgerreise letztlich ein glückliches Ende. Die letzte Strecke auf dem Birgittaleden würde ich im Herbst nachholen.

Die meisten Pilgerwege – bis auf den Birgittaweg – sind gut markiert mit Holzpfosten, auf denen das Logo des Pilgerzentrums in Vadstena zu sehen ist. Da das Gelände ziemlich flach ist – mit Ausnahme des Ombergs südlich von Vadstena –, sind die Wege für die meisten Pilgernden mühelos begehbar.

Das Zeichen des Pilgerzentrums, das Birgittasymbol, wurde von Gunnar Grantinger entworfen. Im Symbol ist das weiße birgittinische Kreuz vereint mit den fünf roten Zeichen für die Wundmale Christi und dem offiziellen blauen Zeichen für Sehenswürdigkeiten auf einem gelben Kreis.

»Tote Steine« und »lebendige Steine«

Zu Beginn erwähnte ich schon, dass es mir auf meinen Pilgerreisen ein Anliegen war, Orte von »toten Steinen« und Orte »von lebendigen Steinen« zu besuchen – in Anlehnung an 1 Petrus 2,5: »Lasst euch als lebendige Steine zu einem geistigen Haus aufbauen« – und etwas über sie zu erfahren. Zwei solcher Orte auf dem Klosterweg möchte ich herausgreifen und vertiefend betrachten. Alvastra, einen Ort der »toten Steine«, der heute nur noch durch Ruinen Zeugnis gibt, und das Heliga Hjärtas Kloster der Benediktinerinnen mit seiner bewegten Geschichte. Die Schwestern dort geben als »lebendige Steine« Zeugnis für den Glauben und die katholische Tradition inmitten der Diaspora des Nordens.

Alvastra

Alvastra liegt an der Landstraße zwischen Vadstena und Ödeshög. Es ist ein beschaulicher Ort, der zum Verweilen einlädt. Die Ruinen des ehemaligen Klosters sind gut konserviert und geben einen hervorragenden Eindruck vom ehemaligen Klosterbezirk wieder. Das Kloster Alvastra wurde 1143 von französischen Zisterziensermönchen gegründet, gleichzeitig mit dem Kloster Nydala in Småland. Bernhard von Clairvaux schickte die Mönche auf Bitten der Königin Ulvhild und des Bischofs von Lund in den Norden. Alvastra und Nydala waren die ersten Gründungen der Zisterzienser in Schweden.

Als ich zum ersten Mal nach Alvastra kam, suchte ich so etwas wie einen Eingang zum Klostergelände. Doch den gibt es nicht. Man kann sich den Ruinen problemlos von allen Seiten nähern, indem man einfach über die Wiesen geht. Je nach Blickwinkel sieht man die Ruinen aus Blumenwiesen erstehen oder die ehemaligen Klosterbauten thronen erhaben auf einer kleinen Anhöhe. Die größten Teile der Ruinen stammen von der Kirche, dem zentralen Gebäude jedes Klosters. Noch heute sind die Spitzbögen und Strebebögen der Seitenschiffe gut erhalten und beeindruckend. Auch ein Teil des Tonnengewölbes des Hauptschiffes ist noch sichtbar. Die Höhe des Hauptschiffes und das ebenso hohe Querschiff lassen sich gut erahnen. Und während man mitten in den Ruinen der Kirche steht und den Blick über die Steine schweifen lässt, erkennt man plötzlich in Richtung des Chors romanische Rundbogen. Die erste Kirche wurde 1185 der heiligen Jungfrau Maria geweiht. Die Bauweise der Zisterzienser war damals im Übergang von der Romanik zur Gotik begriffen. Die Rundbogen müssen aus dieser Zeit stammen. Zweimal wurde die Klosterkirche in den späteren Jahrhunderten durch Feuer zerstört. Das erklärt, warum die meisten der heute noch vorhandenen Ruinen gotisch sind. Beim Abschreiten der gut 40 Meter vom Haupteingang zur Apsis, sieht man mit ein bisschen Vorstellungsvermögen die Klosterkirche bald vor dem geistigen Auge. Die Pläne für den Klosterbau folgten im Grundriss, in der Einfachheit und der Funktionalität den Plänen des Mutterklosters in Cîteaux. Das heißt, die Klosterkirche wurde ebenfalls in der Kreuzform von Cîteaux erbaut. Im Querschiff waren einst vier Kapellen, von denen heute leider nicht mehr allzu viel übrig geblieben ist. Der eine oder andere Bogen, die eine oder andere Grundmauer. Und es wird nebensächlich, ob ich lieber die Romanik oder die Gotik mag, denn die Schönheit der Architektur, die aus den Steinen spricht, wird jeden Besucher und jede Besucherin verzaubern und mitnehmen auf eine Zeitreise ins Mittelalter.

Die Mönche von Alvastra errichteten ihr Kloster entlang dieses Idealplans von Bernhard von Clairvaux. Beim Spaziergang in den Ruinen kann man die Spuren dieses idealen

Grundrisses noch immer entdecken. Bernhard von Clairvaux, der bedeutendste Zisterziensermönch in der Geschichte des Ordens, war von der Notwendigkeit einer Einheitlichkeit der Klosterbauten überzeugt. Für ihn war klar, dass im Klosterplan und in der Architektur des Klosters die Ordensregel abgebildet wird. Und diese Ordensregel sollte für alle Zisterzienser gleich sein und einheitlich ausgelegt werden. Die Regel definiert detailgetreu die Anordnung und Nutzung der Räume im Kloster. Darüber hinaus gibt die Regel auch den Geist vor, der aus den Bauten sprechen sollte: Askese und Armut. Dieser Geist drückt sich dann in Steinen gefasst als eine gewisse Schmucklosigkeit aus.

Die Werkstatt aber, in der wir das alles sorgfältig verwirklichen sollen, ist die Abgeschlossenheit des Klosters und die Beständigkeit in der Gemeinschaft.
Benediktsregel 4,78

In Richtung Norden liegt eine Kapelle, deren Grundriss gut erhalten ist. Es ist die Ulf-Gudmarsson-Kapelle. Hier soll der Ehemann Birgittas begraben worden sein, nachdem er nach den Strapazen einer Pilgerreise im Kloster Alvastra verstorben war. Ausgrabungen brachten Skelette von einem Mann und zwei Kindern an den Tag. Man geht davon aus, dass dies Ulf und zwei Kinder des Ehepaars, Gudmar und Bengt, sind. Aus der Kirche heraustretend kommt man an der Sakristei vor-

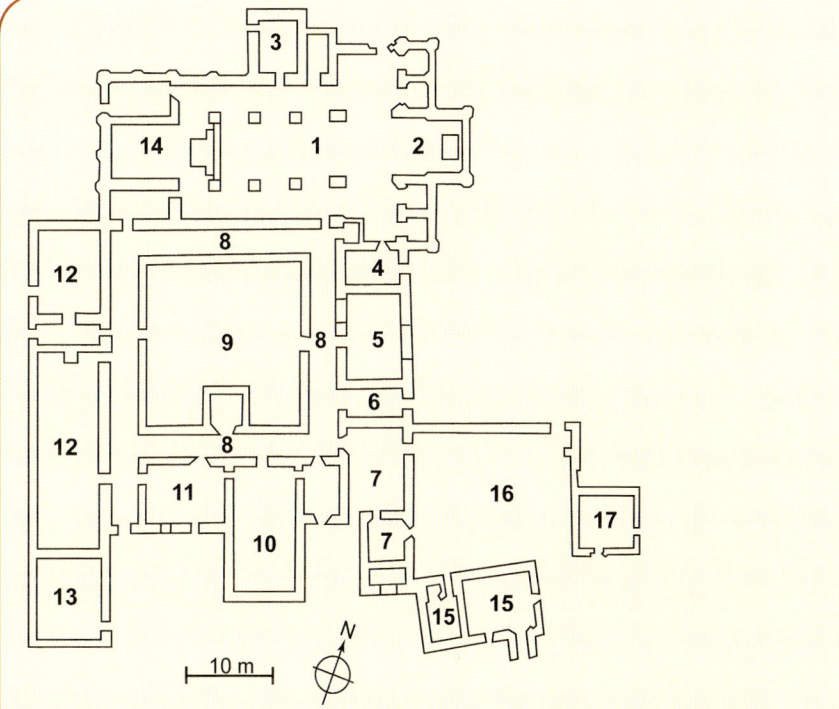

Der Grundriss Alvastras orientierte sich am Idealplan eines Klosters nach Bernhard von Clairvaux: Kirche (1) mit Mönchschor (2) und Ulf-Gudmarsson-Kapelle (3), Sakristei (4), Kapitelsaal (5), der Versammlungsraum der Mönchsgemeinschaft, anschließend der Gesprächsraum der Mönche (6) und das sogenannte scriptorium (7), in dem die Mönche studierten und oft prachtvolle Handschriften erstellten. Darüber befand sich der Schlafsaal der Mönche (dormitorium). An der Südseite des Kreuzgangs (8), der den Klosterhof (9) umgibt, liegt der Speisesaal der Mönche (refectorium; 10).
Durch die Küche (11) gelangt man in die Wohn- und Arbeitsräume der Laienbrüder (12: Arbeitsräume; 13: Speisesaal; darüber: Schlafsaal). Auch in der Kirche gab es einen abgetrennten Bereich für die Laienbrüder, in dem sie dem Gottesdienst beiwohnten, den sogenannten Konversenchor (14).
Die Wohnung des Abtes (15) befand sich in einem gesonderten Bereich im Mönchstrakt mit einem eigenen Garten (16), direkt daneben waren Besucher des Klosters im Gästehaus (17) untergebracht.

bei in den ehemaligen Kreuzgang. Dieser ist heute gut sichtbar und auch begehbar – nur die Überdachung muss man sich dazudenken. Vom Kreuzgang her geht es im Osten in den Kapitelsaal und in den Arbeitssaal der Mönche. Südlich davon lagen die Zimmer des Abtes und das Krankenzimmer. Im ersten Stock über dem Arbeitssaal waren die Schlafräume der Mönche. Eine Treppe von den Schlafräumen im ersten Stock führte direkt zum Mönchschor. So konnten die Mönche, die sich mitten in der Nacht zum ersten Gebet versammeln mussten, auf kurzem Weg in die Kirche gelangen.

Im südlichen Kreuzgang – gegenüber der Kirche – war der Zugang zur Wärmestube, zum Refektorium und zur Küche. Im Westen des Kreuzganges wohnten und arbeiteten die Laienbrüder der Gemeinschaft.

Wer das Geviert des Kreuzganges abgeschritten hat, hat gleichzeitig den Klostergarten einmal umrundet. Hier wachsen heute noch Blumen, Kräuter und Gräser und schwängern die Luft mit ihrem Duft.

Es sind die Formen, Farben und Düfte, welche diesen Ruinen so etwas wie »Leben« einhauchen. Es spricht aus den Steinen! Der Text eines Liedes, den die Schweizer Benediktinerin Silja Walter verfasst hat, lautet: »Folgt ihm nach in sein Reich, wir sein Volk, wir die Seinen; Singen wir nicht unserm König, dann singt's aus den Steinen.« Und hier in Alvastra singt es wahrlich aus den Steinen! Man möchte sich hinsetzen, lauschen, was sie uns zu berichten haben, und die letzten 869 Jahre dieses Ortes vorbeiziehen lassen: der erste Holzbau als Provisorium für die Mönche, der Bau der Kirche mit dem mühevollen Heranbringen der Kalksteine vom Omberg, die Einweihungsfeierlichkeiten, Zerstörung und Wiederaufbau, Ausbau des Klosters, die Hochblüte auch im kulturellen Bereich, schließlich die Aufhebung des Klosters in der Reformation.

Alvastra war eine kleine, abgeschlossene Welt, doch darf der Einfluss des Klosters auf das kulturelle und religiöse Leben nicht unterschätzt werden. Die Zisterzienser waren und sind keine Missionare im eigentlichen Sinne. Doch das geistliche Leben, das Studium der Schriften – Alvastra besaß eine der größten Bibliotheken im Land –, die geistliche Unterweisung und das Vorbild des geistlichen Lebens hatten eine nicht unbedeutende Ausstrahlung. Hinzu kam, dass die Mönche aus ihrem Heimatkloster in Frankreich eine reiche Erfahrung in »Betriebswirtschaft« mitbrachten. Die drei Prinzipien Rationalisierung, Disziplin und Organisation kamen ihnen zugute, um Alvastra rasch wachsen zu lassen. Das Wissen der Mönche war im wahrsten Sinne Gold wert in der Zeit des Übergangs von Natural- zur Geldwirtschaft. So erstaunt es nicht, dass Alvastra bald zum Kloster mit dem größten Güterbesitz in ganz Schweden wurde. Doch von alldem sieht man heute nichts mehr. Man kann es höchstens erahnen.

Das junge Grün
aus dem toten Stein
gleicht dem
Schatz
der im Acker
verborgen war.

Alvastra ist ein Ort, der uns Ruinen, Bruchstücke und Brüche vor Augen stellt. Und trotzdem ist Leben an diesem Ort. Aus den alten Steinen brechen sich Wurzeln, Blumen und Gräser Bahn. Zerbrochenes und neues Leben – sind das nicht die zwei Brennpunkte der einen Ellipse? Wie oft haben wir das erlebt in der eigenen Lebensgeschichte?

Alvastra könnte Anregung sein, darüber nachzudenken, wie wir mit Brüchen in unserem eigenen Leben umgehen. Brüche geschehen – eine Verkettung von unglücklichen Situationen, schmerzhafte Entscheidungen, unwiderrufliche Ereignisse. Wo erkenne ich in meiner Biografie »Brüche«? Bin ich bereit, solche Ereignisse aufzuarbeiten? Gottes unverbrüchliche Zusage kann uns Hilfe sein, damit Abgestorbenes in unserem Leben wieder blühen kann. Setze ich mein Vertrauen auf ihn?

Nützliche Informationen

Anfahrt

Am besten mit dem Auto via E 4 (Ausfahrt 106 Ödeshög). Die Ruinen liegen an der Hauptstraße 50 Richtung Vadstena. Alvastra kann ganzjährig besucht werden. Der Eintritt ist frei.
Wer im Sommer in der Gegend ist, sollte sich das Laienschauspiel »Krönikespel« anschauen, das nachts in den Ruinen aufgeführt wird. Information unter: www.alvastra.com
Kartenmaterial für den Klosterleden und den Birgittaleden erhält man im Pilgerzentrum in Vadstena. Pilgrimscentrum, Klostergatan 7, 592 30 Vadstena, 0046 143–105 71 oder auf der Homepage: www.pilgrimscentrum.se

Literatur

Der Pilgerweg nach Vadstena, Ein Führer für äußeres und inneres Wandern auf dem Klosterweg, Peregrinus Schriftreihe 5, Malmö 2009, S. 10.
Frödin, Otto, Strövtåg i Lysingsbygden, Ödeshög S. Kullerstrand, 1972.
Holzherr, Georg, Die Benediktsregel: Anleitung zum christlichen Leben, Fribourg 2007.
Leroux-Dhuys, Jean-François / Gaud, Henri, Die Zisterzienser. Geschichte und Architektur, Köln 1998.

Heliga Hjärtas Kloster

Am Fuß des Ombergs liegt das Benediktinerinnenkloster Heliga Hjärtas. Von der Hauptstraße her sieht man nur gerade die Spitze des Kirchturms und wenn das Korn auf den Feldern steht, ist das Kloster kaum sichtbar. So geschah es, dass ich zweimal am Kloster vorbeigefahren bin, bevor ich die – unbeschriftete – Abzweigung letztlich doch noch fand. Freunde sagten mir im Voraus schon, es sei ein bisschen schwierig ins Kloster reinzukommen. Ich versuchte es ganz einfach auf gut Glück. Später verstand ich, was die Freunde damit meinten. Aber dazu später.

Das Heliga Hjärtas Kloster ist ein »neues« Kloster, das erst 1997 eingeweiht wurde. Ein mancher und eine manche wird sich fragen: Wie kann das geschehen? Eine Klostergründung in der nordischen Diaspora? Ja, die Geschichte des Klosters und vor allem der Klostergemeinschaft ist für Mitteleuropäer eine Geschichte voller Überraschungen. Viele Katholiken und Katholikinnen, Priester, Bischöfe, Junge und Alte, denen ich hier begegne, sind – wenn sie nicht Immigranten sind – konvertiert. Dass aber eine ganze Klostergemeinschaft konvertiert, das habe ich bis dahin und vor allem in der jüngeren Geschichte noch nicht gehört. So ist es jedoch 1988 mit der heutigen Gemeinschaft der Benediktinerinnen vom Heliga Hjärtas Kloster geschehen. Ich bin sehr gespannt, mehr zu erfahren.

Wie immer versuche ich zunächst um die Kirche herumzugehen. Doch dieses Mal gelingt es mir nicht, da die Kirche an den Wohn- und Gästetrakt angebaut ist. Ebenfalls vergeblich suche ich einen Eingang in die Kirche. Mir bleibt also nichts anderes, als an der Gästetür zu klingen.

Auch als unangemeldeter Gast werde ich sehr herzlich aufgenommen. Sr. Cecilia spricht ein wenig Deutsch und ich etwas Schwedisch. So klappt die Kommunikation ganz gut. Auf meinen Wunsch hin, die Kirche zu besichtigen, führt sie mich durch das Gästehaus zur Kirche. Das Gotteshaus ist lichtdurchflutet und strahlt viel Wärme aus. Das Rostrot der Backsteine harmoniert gut mit dem braunen Holzwerk.

Mir fallen sofort die fantastischen Glasfenster auf. Später erfahre ich, dass diese von einer Benediktinerin aus der Abtei Varensell in Deutschland entworfen worden sind. Die Fenster erzählen in je drei Motiven Evangelienabschnitte aus der Sicht Marias.

Da ich gerne mehr über die Geschichte des Konventes erfahren möchte, ruft man nach Sr. Katarina und Sr. Anna. Sie sprechen fließend deutsch. Ich werde unterdessen in den Salon im Gästetrakt geführt und mit Kaffee und Kuchen verwöhnt. Dann kommt Sr. Katarina flinken Schrittes und mit strahlendem Gesicht – soviel man davon sehen kann, denn die Schwestern tragen zu ihrer Ordenstracht einen Schleier, der tief ins Gesicht fällt. Etwas später folgt Sr. Anna.

Ich freue mich, dass sie sich Zeit nehmen, meine Neugier zu stillen und mir meine vielen Fragen zu beantworten. Natürlich möchte ich wissen, wie es dazu kam, dass eine ganze Schwesterngemeinschaft zur katholischen Kirche konvertierte. Die Schwestern stellen sich als angenehme Gesprächspartnerinnen heraus und bald spüre ich, dass sie mit ihren Antworten Zeugnis geben für einen sehr geerdeten Glauben.

Wie kam es, dass Sie ins Kloster gingen? Gibt es so etwas wie ein Bekehrungserlebnis?
Sr. Katarina: Ich bin in einer Familie groß geworden mit vielen Geschwistern und wir waren keine Kirchgänger. Aber ich habe meinen Weg zu Christus gefunden. Und in der Begegnung mit ihm wurde das Gebet ganz wichtig für mich. So habe ich nach einem Weg gesucht, wie ich mein Leben ganz und gar Christus hingeben könnte. Nach einigen Jahren auf dem Weg bin ich nach Vadstena gekommen und fand da Menschen, die dieselbe Sehnsucht in sich getragen haben wie ich. Da habe ich mich erkannt und wusste, dass ich zu dieser Schwesterngemeinschaft gehöre. Ich war 21, als ich ins Kloster eintrat, und bin jetzt seit 33 Jahren im Kloster. Ich bin noch immer glücklich ... noch glücklicher *(lacht)*.

Sr. Anna: Ich bin auch in einer Familie, die nicht kirchlich war, aufgewachsen. Als ich 14 war, wurde ich zur Vorbereitung auf die Konfirmation eingeladen. Ich nahm die Einladung an und wollte lernen und prüfen, ob Gott etwas mit mir vorhatte. Ich spürte sehr bald, dass er etwas mit mir vorhatte. Aber wie, was und wo, das wusste ich nicht. Ich war während Jahren auf der Suche, hatte Kontakt mit Diakonissen und Frauen in Kommunitäten in Schweden und England. Dann kam ich für ein Osterfest nach Vadstena und da wusste ich, hier muss ich bleiben, um mein Leben zu geben für die Menschen und für Gott. Das war vor 40 Jahren.

Die Geschichte des Heliga Hjärtas Klosters ist eine ganz eigene. Wir kam es dazu, dass eine ganze Schwesterngemeinschaft konvertierte?
Sr. Anna: Das war ein sehr langer Prozess. Da muss man in die 50er-Jahre zurückgehen.

Sr. Anna (o.) und Sr. Katarina gehören der Schwesterngemeinschaft seit mehr als 30 Jahren an.

Unsere Ordensgründerin Paulina Mariadotter wollte ihr Leben ganz Gott weihen. Doch Anfang des 20. Jahrhunderts gab es keine Klöster in Schweden. Sie waren nicht erlaubt – aber klösterliches Leben konnte man nicht verhindern. Es gab wohl katholische Schwestern in Gemeinden und Kindergärten, aber es gab keine Klöster.

Paulina Mariadotter wollte ihr Leben in die Nachfolge Gottes stellen, aber sie war auf der Suche nach dem WIE. In Deutschland besuchte sie Benediktinerinnen in Trier und verschiedene andere katholische Klöster. Immer wieder dachte sie über ein Klosterleben in Schweden nach. Die Schwestern der Gemeinschaft um Paulina Mariadotter lebten damals in verschiedenen Kommunitäten, quasi als Klöster mitten in der Welt. Doch für Paulina Mariadotter war klar, dass dieses »unsichtbare Kloster« einst sichtbar werden sollte.

Die Gemeinschaft der Marientöchter ist wie ein Baum. Er hat Wurzeln, einen Stamm, aber zwei ganz unterschiedliche Zweige: Es gibt nach wie vor das Klosterleben in der Welt für die Marientöchter, die in der schwedischen Kirche verblieben sind, und es gibt die Heilig-Herz-Schwestern, die Benediktinerinnen, die in der katholischen Kirche leben. Für die Gemeinschaft um Paulina Mariadotter war es seit längerer Zeit klar, dass es diese beiden Zweige geben sollte. Und so war es ein organisches Wachsen und eine Teilung in Einheit. 1988 konvertierte die Gemeinschaft in Vadstena zur katholischen Kirche und wurde 1989 in die benediktinische Konföderation aufgenommen. In der Nähe von Uppsala, in Malmö und in Dänemark leben Schwestern des andern Zweiges. Es sind etwa 30 Schwestern. Im Gegensatz zu uns haben sie nicht das Gelübde der *stabilitas loci* (Zugehörigkeit zu einem Kloster).

Warum ist ein Teil der Gemeinschaft konvertiert? Kann man nicht in der schwedischen Kirche als Klostergemeinschaft leben?

Sr. Anna: Man kann wohl klösterlich leben und Gemeinschaft haben. Aber ein Kloster in der schwedischen Kirche, das geht nicht. Ein Kloster muss von der Kirche anerkannt sein. Das war in der lutherischen Kirche nicht möglich. Ein Kloster soll immer auch von der Gesamtkirche empfangen und für die Gesamtkirche da sein. Diese Struktur gibt es in der schwedischen Kirche nicht. Wir merkten, dass unser Glaube schon seit Jahren katholisch war. Aber man muss warten, bis die Stunde da ist, um den ganzen Schritt, das heißt, den Übertritt zu machen.

Für diejenigen, die in den letzten Jahren (vor 1988) zur Gemeinschaft in Vadstena dazugestoßen sind, war es darum klar, dass die Gemeinschaft früher oder später konvertieren würde. Anders der Teil der Marientöchter, die nördlich von Uppsala und Malmö leben. Sie gewichten ihren Auftrag anders.

Sr. Katarina: Dennoch haben die beiden Zweige einen guten Kontakt zueinander. Und der katholische und der evangelische Zweig

der Marientöchter treffen sich. Es ist wichtig, weiter über unsere gemeinsamen »Wurzeln« zu sprechen.

Wie war die Reaktion auf Ihre Konversion bei der schwedischen Kirche?

Sr. Anna: Es gab verschiedene Reaktionen. Alle, die regelmäßig mit uns Gottesdienste feierten, waren traurig. Sie hatten Angst, nach unserer Konversion ein bisschen heimatlos zu sein. Aber der lutherische Bischof aus Linköping hat das ganz gut gemacht. Er ist mit uns von unserer Kapelle in Vadstena zur Blauen Kirche gegangen und hat dort die Messe mit uns gefeiert. Und im letzten Monat vor der Konversion wurde die Messe nur noch dort gefeiert und nicht mehr in unserer Kapelle.

Andere Freunde konnten unsere Konversion verstehen, weil sie ein natürlicher Prozess war. Die Freundschaft ist geblieben.

Als ehemalige Mitglieder der reformierten schwedischen Kirche stellt sich für Sie die Frage nach der heutigen Zusammenarbeit mit der Kirche der Reformation. Gibt es Berührungspunkte oder gemeinsame Projekte?

Sr. Katarina: Es gibt kein konkretes Projekt, aber sie kommen alle zu uns, als Gruppen oder als Einzelgäste. Hier gibt es eine gelebte Ökumene. Wir teilen einfach den Glauben, suchen Gott, beten und reden zusammen! So kommt zum Beispiel der reformierte Pfarrer oft zu uns zur Sonntagsmesse und fährt nachher weiter in seine Gemeinde, um Gottesdienst zu feiern.

Wie muss man sich die Konversion vorstellen? Wurden sie gefirmt?

Sr. Anna: Ja, alle Schwestern wurden gefirmt. Das war notwendig.

Sr. Katarina: … von einem jungen Karmelitenpater: Anders Arborelius, dem heutigen Bischof der Diözese Stockholm.

Sr. Anna: Gefirmt wurden wir in der Kirche der Birgitten in Vadstena. Da es dieses Kloster hier noch nicht gab. Erst 1997 wurde das Heliga-Hjärtas-Kloster eingeweiht. Weil wir in unserem kleinen Klösterchen in Vadstena einfach keinen Platz mehr hatten.

Haben Sie Ihre Namen behalten oder Klosternamen?

Sr. Katarina: Schon vorher, also in der Gemeinschaft der Marientöchter, haben wir unsere neuen Namen bekommen. Wir haben auch keine neue Profess abgelegt. Die Profess wurde nur bestätigt und wir mussten nur die *stabilitas loci* geloben.

Sr. Anna: Die Gelübde haben wir 1990 erneuert.

Was sind die Aufgaben des Klosters?

Sr. Anna: *Ora et labora* ist die erste Aufgabe: Bete und arbeite. Als Marientöchter leben wir zunächst das tägliche Leben. Wir bewältigen das, was auf uns zukommt und was wir mit unserer Hände Arbeit schaffen können. Das Leben ist immer das Erste. Wir haben keinen Betrieb, wir müssen nicht »erschaffen«.

Dann wollen wir ein Refugium sein. Wir bieten Stille an. Und wir erfahren, dass die Stille etwas mit den Menschen macht. Wir

sind da für Gespräche und um Menschen zu begleiten. Indem wir hier unser Leben so leben, bieten wir der Gesellschaft etwas an. Wir laden die Gäste ein, hier mitzuleben. Die meisten Gäste sind Frauen. Viele suchen das Gespräch mit einer Schwester.

Über welche Themen wird da gesprochen?

Sr. Katarina: Da kommen alle Themen. Frauen in Krisen, Glaubensfragen, Lebensentscheidungen.

Zielgruppe Frauen: Was gibt es zum Thema »Frau und Kirche« zu sagen?

Sr. Katarina: Oh, dazu gibt es viel zu sagen: Wir finden es wichtig, dass man nicht in einen Genuskampf kommt in der Kirche, denn das kann nicht Gottes Wille sein. Mann und Frau wurden geschaffen, um sich zu ergänzen. Deshalb ist es in unseren Gesprächen auch wichtig, dass wir über Identität und Auftrag sprechen. Was hat Gott mit uns vor? Hat er uns einen besonderen Auftrag gegeben als Frauen und als Männer in der Kirche? Ich denke, dass es so ist. Den Auftrag zu erfüllen, ist nur gemeinsam mit den Männern möglich. Die Einheit der Kirche muss sich auch im Miteinander der Frauen und Männer in der Kirche zeigen. Es darf keine Separation geben.

Ich war 20 Jahre Gastschwester. Und ich habe gesehen, wenn Menschen ihre Identität verlieren, versuchen die zu sein, die sie nicht sind, dann kommen sie in eine Leere. Und diese Leere wird dann gefüllt mit allem Möglichen, das nicht glücklich macht. Aber Gott will uns ja als glückliche Menschen. Wir müssen also feststehen in unserer eigenen Identität als Männer und Frauen. Diese Komplementarität ist so wichtig.

Sr. Anna: Für uns ist auch Maria ein Vorbild. Sie hat ganz »Ja« gesagt zum Auftrag Gottes. Diese Haltung, Gott und den Menschen ganz zu dienen mit einem immer neuen »Ja«, das ist auch unsere Lebenshaltung. Das heißt auch, das Leben so anzunehmen, wie es ist, auch dann, wenn es sich von unseren Wünschen etwas unterscheidet.

Oft spricht man davon, dass Schweden das am meisten säkularisierte Land Europas ist. Zudem leben Sie als Katholikinnen hier in der tiefen Diaspora. Ist die Gesellschaft ansprechbar für Religiöses?

Sr. Anna: Die Gesellschaft ist ansprechbar, absolut. Viele Leute wachsen ohne Religion auf. Oder mit sogenannten neuen Religionen wie New Age. Aber die jungen Leute sind offen, Religion kennenzulernen. Sie sind nicht »verdorben«. Sie wissen nichts – oder sehr wenig – vom Christentum und sind deshalb unvoreingenommen. Viele kommen, um zu lernen. Sie sind neugierig. Viele haben viele Fragen und sind offen, eine Antwort zu empfangen.

Was ist seit der Konversion anders geworden? Für Sie persönlich und für die ganze Gemeinschaft?

Sr. Anna: Vieles ist, wie es vorher war. Wir wollen Gott dienen und im Gebet leben. Das war schon vorher so. Es hat sich nicht verän-

Heliga Hjärtas Kloster

dert. Und trotzdem ist alles anders! *(lacht herzerfrischend)* Die Kirche hat eine große Bedeutung bekommen. Heute dürfen wir auch der Kirche dienen. Wir leben ein sakramentales Leben in der Kirche. Die Kirche rechnet mit den Klöstern und die Klöster können nicht ohne die Kirche leben. Deshalb war es ja auch nicht möglich, in der lutherischen Kirche als Kloster zu leben. Christus war da – die Kirche nicht.

Sr. Katarina: Ich möchte es in einem einfachen Bild ausdrücken: Vorher schwamm ich in einem kleinen Waldsee, wie wir ihn in Schweden häufig haben. So ein kleiner See mit Seerosen und Tannen am Ufer. Alles war beschaulich. Das Wasser war herrlich und ich habe das sehr genossen. Nachher habe ich mich im großen, weiten Meer wiedergefunden. Alles ist viel größer, viel stärker und es ist eine Herausforderung hinauszuschwimmen. Das Wasser ist dasselbe. Es trägt, wo immer wir schwimmen. Aber Gott hat uns in eine große Gemeinschaft hineingeführt, wo wir auch Verantwortung tragen. Es ist eine große Freude und ein Geschenk, über die ganze Welt verbunden zu sein in der einen Kirche und diese Einheit zu spüren.

Ich verlasse das Heliga Hjärtas Kloster, nicht ohne einen nächsten Besuch ausgemacht zu haben. Zwei Tage buche ich, um mich im Kloster zurückzuziehen. Irgendwie habe ich das Gefühl, heute wirklich Schwestern im Glauben getroffen zu haben.

Nach dem Gespräch habe ich das Bedürfnis, ein wenig in der Stille zu gehen. Und nun bin ich froh, dass dieser Ort der »lebendigen Steine« etwas abseits des Touristenstromes liegt und dass man nicht so einfach in das Kloster hineinkommt. Die kontemplative Stille des Klosters erfüllt die Gegend. Genau so, wie es mir die Freunde im Voraus berichtet haben. Für die Reflexion über das Gehörte und Geschaute bietet sich die Gegend um den Omberg, ein Naturschutzgebiet, geradezu an. Man kann durch einsame Wälder und über sich weitverzweigende Feldwege wandern.

Die Geschichte der Frauen berührt mich. Und immer mehr wird ihre Geschichte mir als Berufungsgeschichte klar.

Die Schwestern wollen in der schwedischen Diaspora Brückenbauer sein. Das Gebet um Einheit und Versöhnung und deren Verwirklichung im eigenen Leben sind ihnen ein wichtiges Anliegen. Sie bieten ihr Gästehaus als einen Ort der Stille und der Begegnung an, der vor allem Frauen Selbstfindung und die Entdeckung der eigenen Berufung in Kirche und Gesellschaft ermöglichen soll.

Die Geschichte der Schwestern vom Omberg kann Anstoß sein, über unsere eigene Berufung als Christen nachzudenken. Wo vernehme ich Gottesworte in meinem Leben? Versuche ich zu horchen? Was sind meine Stärken? Zu was bin ich berufen? Wer oder was steht mir bei Gottes Ruf im Weg?

Rede, denn dein Diener hört.
1 Samuel 3,10

Berufung
Der junge Samuel versah den Dienst des Herrn unter der Aufsicht Elis. In jenen Tagen waren Worte des Herrn selten; Visionen waren nicht häufig. Eines Tages geschah es: Eli schlief auf seinem Platz; seine Augen waren schwach geworden und er konnte nicht mehr sehen. Die Lampe Gottes war noch nicht erloschen und Samuel schlief im Tempel des Herrn, wo die Lade Gottes stand. Da rief der Herr den Samuel und Samuel antwortete: Hier bin ich. Dann lief er zu Eli und sagte: Hier bin ich, du hast mich gerufen. Eli erwiderte: Ich habe dich nicht gerufen. Geh wieder schlafen! Da ging er und legte sich wieder schlafen. Der Herr rief noch einmal: Samuel! Samuel stand auf und ging zu Eli und sagte: Hier bin ich, du hast mich gerufen. Eli erwiderte: Ich habe dich nicht gerufen, mein Sohn. Geh wieder schlafen! Samuel kannte den Herrn noch nicht und das Wort des Herrn war ihm noch nicht offenbart worden. Da rief der Herr den Samuel wieder, zum dritten Mal. Er stand auf und ging zu Eli und sagte: Hier bin ich, du hast mich gerufen. Da merkte Eli, dass der Herr den Knaben gerufen hatte. Eli sagte zu Samuel: Geh, leg dich schlafen! Wenn er dich (wieder) ruft, dann antworte: Rede, Herr; denn dein Diener hört. Samuel ging und legte sich an seinem Platz nieder. Da kam der Herr, trat (zu ihm) heran und rief wie die vorigen Male: Samuel, Samuel! Und Samuel antwortete: Rede, denn dein Diener hört.
1 Samuel 3,1–10

Nützliche Informationen

Anfahrt

Das Kloster liegt 20 Kilometer südlich von Vadstena an der Hauptstraße 50 nach Ödeshög. Es ist nicht mit öffentlichen Verkehrsmitteln erreichbar. Anreisende folgen von der Hauptstraße 50 dem Schild »Ombergsleden«.

Heliga Hjärtas Kloster

59293 Borghamn – Vadstena
Schweden
Tel: 0046 143 210 20
E-Mail: ave.priorinna@vadstenamail.se

Das Gästehaus hat 15 Einzelzimmer. Die Schwestern stehen auch für Gespräche und Begleitung zur Verfügung. Viele der Schwestern sprechen deutsch.
Die Schwestern haben für das Gästehaus keine Preise festgesetzt. Die Gäste geben, was sie für angemessen halten.

Der Omberg ist ein Naturschutzgebiet, in dem viele gut ausgeschilderte Wanderwege zur Erholung einladen. Unter dem Stichwort »Ökopark Omberg« findet man Informationen im Internet auch auf Deutsch.

Albertus Pictor – Meister der mittelalterlichen Malerei

Immer schon waren Bilder da, um biblische Geschichten zu illustrieren. Vor Erfindung des Buchdrucks waren es die Malereien in Kirchen und Kapellen, die den Menschen biblische Geschichten und Legenden nahebrachten. In Frankreich und vor allem in Italien bin ich oft den Fresken der alten Meister nachgereist – Giotto, Cimabue und wie sie alle heißen. Sie illustrieren nicht nur Erzählungen, sondern stellen uns ein Stück Zeitgeschichte vor Augen. Interessant wird es besonders dann, wenn die biblischen Bilder in Bezug zur Zeitgeschichte des Malers gesetzt werden. Wenn sich etwa beim Einzug nach Jerusalem am Palmsonntag Fürsten und Bischöfe in die Prozession einreihen. Oder wenn der Künstler Figuren aus verschiedenen Epochen sich »begegnen« lässt, etwa den heiligen Benedikt (5. Jahrhundert) und den heiligen Dominikus (13. Jahrhundert). Farbe ist gemalt, abgeblättert, übermalt, wieder hervorgeholt, erneut übermalt, abgespitzt und restauriert worden. Viele Bilder zeigen Spuren vergangener Jahrhunderte. Manchmal fehlt ein Teil des Bildes, weil ein Fenster aus der Wand herausgebrochen wurde. Man kann nur erahnen, wie das Gesamtkunstwerk ausgesehen hat. Spruchbänder lassen sich in der alten Schrift nicht immer eindeutig identifizieren. Manche lateinische Nuss wird uns zum Knacken vorgelegt. Und oft stellte ich mir vor, wie die Bilder an die Wände und Gewölbe kamen. So lädt jede bemalte Kirche und Kapelle zu einer eigenen Zeitreise ein.

Weniger bekannt ist, dass Schweden reich an ausgemalten Kirchen und Kapellen ist. Zahlreiche Gemälde blieben erhalten, weil die Reformation im Norden nicht mit einem Bildersturm einherging. Ich freute mich, als ich unterwegs auf Pilgerwegen durch Schweden zufällig auf einen Künstler aus dem 15. Jahrhundert stieß: Albertus Pictor. Es sollte sich herausstellen, dass ich mit ihm eine wahre Perle der Freskomalerei gefunden hatte und einen großartigen Erzähler, der die biblischen Geschichten aus dem Alten und Neuen Testament hervorragend und sehr ansprechend ins Bild gesetzt hat.

Härkeberga

Ein Kleinod des Schaffens von Albertus Pictor ist die Kirche in Härkeberga. Unscheinbar liegt die Kirche ca. fünf Kilometer abseits der Hauptstraße. Ein Wegweiser mit der unaufgeregten Aufschrift »mittelalterliche Kirche« weist den Weg ins Dorf. Härkeberga, das ist eine kleine Ansammlung von typisch schwedischen Häusern – falunrot und weiss. Mittendrin – etwas erhöht – die Kirche aus dem späten 13. Jahrhundert. Die Zufahrt zur Kirche ist für größere Autos gesperrt. Sie könnten auf dem kleinen Parkplatz nicht wenden. Ein verschlafenes schwedisches Dorf, unspektakulär, wenn da nicht Albertus Pictor gewesen wäre und seine Spuren hinterlassen hätte.

Es ist in den nordischen Ländern oft so, dass um Kirche und Friedhof herum eine Mauer gebaut ist. In Schweden nennt man dieses Kirchenareal »Kyrkogård« – Kirchengarten. Mir gefällt dieser Ausdruck. Garten, Garten Eden, Wachsen und Gedeihen, Sterben und Vergehen – solche Begriffe verbinde ich mit dem Begriff Kyrkogård. In einem Kyrkogård anzukommen, heißt immer auch Neues, oftmals Altes zu entdecken und eine Reise in die Vergangenheit zu unternehmen.

Der Glockenturm der Kirche steht frei. Bei manchen Kirchen steht er innerhalb der Umgebungsmauer, manchmal außerhalb. Jedenfalls immer in einer gewissen Distanz zum Kirchengebäude. Dies zur Vorsicht, damit bei einem Brand in der Kirche, aber auch im Dorf, die Glocken geläutet und so um Hilfe gerufen werden konnte.

Durch ein Tor in der Umgebungsmauer mit einer schweren dunklen Holztür betritt man das Kirchenareal und befindet sich auf dem Friedhof, der die Kirche umgibt. Nachdem das Schloss des Tors zugeschnappt ist, atme ich den Duft vergangener Zeit. Ich stehe im Kirchengarten und lasse meinen Blick über die unscheinbare Kirche schweifen. Seit vielen Jahren umschreite ich vor einem Kirchenbesuch die Kirchen zuerst. Ein Ratschlag meines Professors für Kunstgeschichte. Man sollte die Dimensionen der Kirche zunächst »erlaufen«, bevor man den Blick auf die Details richtet.

Durchgang

Durchgehend
von morgens
bis abends
immerzu

Ohne Halt
wie der Wind
das Rad der Mühle
stetig treibt

Wären da nicht
in der Spanne
vom Morgen zum Abend
Augenblicke nur

Vom Reden zum Schweigen
Vom Nehmen zum Geben
Vom Schatten ins Licht
Vom »Um meinetwillen« hin zu

Gott

Offenen Toren gleich
sind Augenblicke
sie laden ein zum
Durchgang auf Neues hin

*Umkreist den Zion,
umschreitet ihn,
zählt seine Türme!
Betrachtet seine Wälle
Geht in seinen Palästen umher,
damit ihr dem kommenden Geschlecht
erzählen könnt:
Das ist Gott, unser Gott für immer und ewig.
Er wird uns führen in Ewigkeit.*
Psalm 48,13–15

Umschreiten,
umkreisen.
Von außen,
nach innen.
Vom Rand,
zur Mitte.
Dann: ankommen

Von außen ist nicht viel an Schmuck oder architektonischer Besonderheit auszumachen. Lediglich das Chorfenster, das aus drei schmalen Spitzbogenfenstern besteht, und zwei weitere Spitzbogenfenster an der Südseite des Chors. Es sind die einzigen Merkmale, die von außen erahnen lassen, dass die Kirche ein gotisches Bauwerk ist. Zudem hat die einschiffige Kirche auf jeder Seite einen Anbau. Nördlich vom Chorraum liegt die Sakristei und südlich, am letzten Drittel der Kirche angebaut, die Vorhalle. Durch diese betreten wir die Kirche.

Die Türen sind niedrig. Man muss sich ducken, um einzutreten, und findet sich sogleich in der reich ausgemalten Vorhalle wieder. Die Darstellung des Lebensrades an der Westseite zieht mich in Bann. Sie illustriert die Vergänglichkeit menschlichen Lebens und dass alles Glück und Hochgefühl nur von beschränkter Dauer sein kann. In der Mitte ist das Rad. Auf dem Rad wird ein Mensch aufgeschwungen zum Zenit des Lebens. Dort sitzt er selbstsicher und zufrieden. Doch die nächste Szene schon zeigt den Lauf der Zeit. Das Rad dreht sich weiter, der Mensch stürzt und stirbt. Begleitet werden die »vier Lebensstationen« von den vier Spruchbändern: *Regnabo* – ich werde regieren (der Aufschwung); *Regno* – ich regiere (im Zenit des Lebens); *Regnavi* – ich habe regiert (das Fallen) und *sum sine regno* – ich bin ohne Reich (der Tod des Menschen).

In der Vorhalle stehe ich nicht nur physisch in einem Durchgang, sondern werde bereits da eingeladen, mich auf die großen Fragen meines eigenen Lebens, meines Lebenswegs einzulassen. Gedanklich durch das eigene Leben gehen! Eine wahrlich spannende Reise.

Mancher Besucher und manche Besucherin wird wohl nicht so schnell die Antwort finden, wo er oder sie sich auf dem Lebensrad gerade befindet. Die Darstellung erinnert uns daran, dass Leben vergänglich und Glück nicht festzuhalten ist.

*Du lässt die Menschen
zurückkehren zum Staub
und sprichst:
»Kommt wieder, ihr Menschen!«
Denn tausend Jahre sind für dich
wie der Tag, der gestern vergangen ist,
wie eine Wache in der Nacht.*
Psalm 90,3–5

Die Tür, die aus der Vorhalle in die Kirche führt, gehört zu den ältesten Teilen der Kirche und stammt zusammen mit der Sakristeitür aus dem 14. Jahrhundert. Mit Ehrfurcht stoße ich sie auf und denke dabei daran, wie viele Menschen während all der Jahrhunderte seit Baubeginn hier ein und aus gingen durch diese kleine, alte Holztür.

Wer in die Kirche eintritt, wird überwältigt sein von den Malereien. Das Auge muss sich zuerst daran gewöhnen, dass da kein Platz ausgelassen wurde. Die Kirche ist ganz einfach ein großes Bilderbuch. Szene an Szene reiht sich da, aus dem Alten und Neuen Testament, aus Legenden und Heiligenberichten. Im Übergang vom Langhaus zum Chor hängt ein großes Triumphkreuz aus dem ersten Viertel des 14. Jahrhunderts.

Die Kirche von Härkeberga ist ein sehr schönes Beispiel frühgotischer Landkirchen. Die Kirche hat drei Gewölbe: das Chorgewölbe und die zwei Gewölbe des Hauptschiffes. Was sich beim Umschreiten der Kirche schon erahnen ließ, zeigt sich im Inneren prächtig: ein gut erhaltenes, dreifaches gotisches Ostfenster und ein restauriertes gotisches Doppelfenster an der Südwand. Die Sternengewölbe im Chor, im Langhaus und in der Vorhalle sind typisch für die Zeit und mit einem reich variierten Rippensystem versehen. Seit dem Ende des 15. Jahrhunderts wurden nur noch wenige architektonische Veränderungen vorgenommen, so etwa die Vergrößerung der Fenster im 18. Jahrhundert. Was der Kirchenbesucher und die Kirchenbesucherin heute sehen, geht zurück auf das 14. Jahrhundert, Vorhalle und Chorbogen auf das 15. Jahrhundert.

Der Maler und seine Kunst

Albertus Pictor war etwa 40 Jahre alt, als er und seine Mitarbeiter die Kirche um das Jahr 1480 auszumalen begannen. Er folgte in seinem Bildprogramm in den meisten Kirchen der *biblia pauperum*, so auch in Härkeberga. *Biblia pauperum* (Armenbibel), so wird eine mittelalterliche Sammlung von Blättern genannt, auf denen Szenen des Neuen Testaments in Beziehung zu Szenen des Alten Testaments gebracht werden. Ein Blatt ist wie folgt aufgebaut: In der Mitte eine Szene aus dem Neuen Testament, oberhalb und unterhalb Bilder von Propheten und Prophetinnen oder von anderen biblischen Personen. Diese sind meist mit Textbändern versehen. Links und rechts der neutestamentlichen Szene sind Bilder aus dem Alten Testament angeordnet, die in ein Verhältnis zum Hauptbild gebracht werden. Meist handelt es sich dabei um eine Szene vor dem Bundesschluss am Sinai und um eine danach. Eine *biblia pauperum* ist somit eine Konkordanz, die Stellen aus dem Neuen Testament mit Stellen aus dem Alten Testament miteinander in Verbindung bringt. Die Gesamtdarstellung nennt man eine Typologie. Die neutestamentliche Szene ist der Typus und die alttestamentliche der Antitypus. Mit der Verbreitung der gedruckten Bibeln im 16. Jahrhundert verlor die *biblia pauperum* an Bedeutung.

Wer in der Kirche von Härkeberga verweilt, wird immer neue Details entdecken. Manche Figuren lassen sich nicht zuordnen und sind bisweilen skurril.

Unter den unzähligen Malereien gehört die Darstellung von Jona sicherlich zu den beeindruckendsten. Jona wird über Bord geworfen, vom Walfisch verschluckt und später kahl und nackt wieder ausgespuckt. Die Geschichte des Jona ist der Antitypus der Auferstehung Christi.

In einer anderen Szene, die sich in einer weiteren von Albertus Pictor ausgemalten

Kirche in Odensala befindet, regnet es Manna in der Wüste und Moses schlägt Wasser aus dem Felsen. – Vorbilder für das Letzte Abendmahl und das Wasser, welches aus der Seitenwunde Christi strömt.

Albertus Pictor

Albertus Pictor stammte aus Deutschland und sein richtiger Name war Albertus Ymmenhausen, benannt nach der Stadt Immenhausen in Hessen. Wie und warum er nach Schweden kam, ist unbekannt. Zum ersten Mal wird er 1465 urkundlich erwähnt als Bürger von Arboga in Västmanland. 1473 übersiedelte er nach Stockholm und übernahm dort, wie es der Sitte seiner Zeit entsprach, die Werkstatt des Malers Johan Målares, dessen Witwe er heiratete. Seine erste Berufung war die Perlenstickerei. In Dokumenten der Stadt Stockholm wird er mal als Maler, mal als Perlensticker oder gar Organist genannt. Zusammen mit seiner Werkstatt schmückte er mehr als 30 Kirchen im Umland von Stockholm und Uppsala mit künstlerisch hervorragenden Kalkmalereien. Etwa ein Drittel der Malereien weist eigenhändige Signaturen auf und ist somit direkt auf Albertus Pictor zurückzuführen. Es wird angenommen, dass Albertus Pictor Lateinkenntnisse besaß. Das war sicher von Vorteil, wenn die Malereien mit Texten versehen werden sollten. Der Künstler starb 1509.

Im Uhrzeigersinn von links unten:
Evangelisten im Chorgewölbe;
ein Kamel – offensichtlich nach Hörensagen gemalt;
Gewölbeschlussstein.
Die Nordseite des Chors ziert eine prachtvolle Weihnachtsdarstellung: Maria und das Jesuskind im Stall, die drei anbetenden Könige, über allem der Stern von Bethlehem.
Zahlreiche Gnome und Fantasiegestalten sind in dem üppigen floralen Schmuck versteckt.
Die Anatomie des Fuchses, der sich eine Gans schnappt, war dem Maler geläufig.
Ob das Bild des orgelspielenden Schweins eine Anspielung auf den Organisten ist? (Detail aus Härnevi)
Als Antitypus der Auferstehung gilt die Himmelfahrt des Elias und des Enoch, die beide im Osten des Langhauses dargestellt sind.
»Während sie miteinander gingen und redeten, erschien ein feuriger Wagen mit feurigen Pferden und trennte beide (Elia und Elischa) voneinander. Elija fuhr im Wirbelsturm zum Himmel empor.«
2 Könige 2,11

Im Uhrzeigersinn von links unten:
»Werft das Netz auf der rechten Seite des Bootes aus und ihr werdet etwas fangen.«
Johannes 21,6 *(Detail aus Odensala)*
»Wer von diesem Wasser trinkt, wird wieder Durst bekommen, wer aber von diesem Wasser trinkt, das ich ihm geben werde, wird niemals mehr Durst haben.«
Johannes 4,13–14a *(Detail aus Odensala)*
»Alle wurden mit dem Heiligen Geist erfüllt und begannen, in fremden Sprachen zu reden, wie es ihnen der Geist eingab.«
Apostelgeschichte 2,4 *(Detail aus Härnevi)*
»Wie Jona drei Tage und drei Nächte im Bauch des Fisches war, so wird auch der Menschensohn drei Tage und drei Nächte im Schoß der Erde sein.«
Antiphon zu Karsamstag
»Da sprach der Herr zu Mose: Ich will euch Brot vom Himmel regnen lassen.«
Exodus 16,4 *(Detail aus Odensala)*
Speisung der 5000, Matthäus 14,13–21
(Detail aus Odensala)
Grablegung Christi, Markus 15,46
(Detail aus Odensala)

Wer sich etwas Zeit nimmt, eine oder mehrere von Albertus Pictor ausgemalte Kirchen zu besuchen, wird mit einem farbenfrohen Gang durch die Bibel und die Frömmigkeitsformen des 15. Jahrhunderts belohnt. Der Zauber der Farben und die Liebe zum Detail mag manche vielfach gehörte biblische Geschichte neu erschließen. Ich rate dazu, eine kleine Taschenbibel mitzunehmen, um vor Ort die Bibelstellen nachschlagen zu können. Im weiteren Umkreis von Stockholm hat Albertus Pictor über 30 Kirchen ausgemalt, besonders sehenswert sind z. B. die in Härkeberga, Härnevi und Odensala.

Nützliche Informationen

Weitere Kirchen befinden sich in:

Almunge (Uppland), Bromma (Stockholm), Bälinge (Uppland), Danmark (Uppland), Dingtuna (Västmanland), Ed (Stockholm), Floda (Sörmland), Helga Trefaldighet (Uppsala), Husby-Sjutolft (Uppland), Håbo-Tibble (Uppland), Kalmar (Uppland), Kumla (Västmanland), Lid (Sörmland), Nederluleå (Norrbotten), St. Per (Uppsala), Sala (Västmanland), Sollentuna (Uppland), Solna (Uppland), Storkyrkan (Stockholm), Torshälla (Sörmland), Täby (Uppland), Uppsala Dom (Uppland), Vadsbro (Sörmland), Vaksala (Uppland), Vansö (Sörmland), Vittinge (Uppland), Vårdinge (Sörmland), Vänge (Uppland), Västerås Dom (Västmanland), Yttergran (Uppland), Ösmo (Sörmland), Österunda (Uppland), Övergran (Uppland).

Interessierte sollten sich vor dem Besuch nach den Öffnungszeiten der Kirchen erkundigen (Homepage der Schwedischen Kirche: www.svenskakyrkan.se).

Der Eintritt in die Kirchen ist meist kostenlos. Eine Spende für deren Unterhalt wird überall sehr geschätzt. In fast allen Kirchen gibt es kleine Kunstführer, oft auch in Englisch.

Literatur

Geijer, Agnes, Albertus Pictor: Målare och pärlstickare, Förlag Statens historiska museum, Stockholm 1949.

Harlin, Tord / Lönnebo, Martin, Pilgrimbok, I Albertus Pictors fotspår, Karen Hallgren Produktion 2009. (Liste der Kirchen mit Bildern Albertus Pictors)

Öberg, Jan u. a., Den mångsidige målaren vidgade perspektiv på Albertus Pictors bild- och textvärld, Sällskapet Runica et Mediaevalia, Stockholms universitet, Stockholm 2007.

DÄNE

Die Pilgertradition sucht neue Wege

Haraldsted

Dänemark wird oft als Eingangstor und Durchgangsland nach Skandinavien angesehen. Reisende mit Ziel Nordeuropa versuchen, möglichst schnell Land zu gewinnen. Ziel sind die Öresundbrücke, die Dänemark mit Schweden verbindet, oder die Fährterminals im Norden des Landes, die einen in kurzer Zeit nach Schweden oder Norwegen bringen. Wer es gemütlicher angehen will, kann in Dänemark auf dem Jakobsweg wandern. Der jütländische Weg der Jakobspilger beginnt in Fredrikshaven an der dänischen Ostsee und führt über Aalborg und Viborg an die dänisch-deutsche Grenze. Dieser Weg ist die älteste Landverbindung von Mitteleuropa nach Nordeuropa. Das Ziel des Pilgers auf diesem Weg ist klar nach Süden ausgerichtet. Zwar kann Dänemark nicht mit den großen Wallfahrtsorten Vadstena oder Nidaros mithalten, aber einen kleinen katholischen Wallfahrtsort gibt es auch im südlichsten der nördlichen Länder: Haraldsted.

Es ist nicht ganz einfach, etwas über den kleinen Wallfahrtsort Haraldsted herauszufinden. Meine diversen Kontakte in Dänemark haben den Ort zwar immer mal wieder genannt, aber längst nicht alle, die ihn nannten, waren auch selbst einmal dort gewesen. Der Ort liegt circa 70 Kilometer westlich der Hauptstadt Kopenhagen im sogenannten Mittseeland.

In Haraldsted wird der heilige Herzog Knud Lavard verehrt. Dieser ist nicht zu verwechseln mit seinem Onkel, dem heiligen König Knud von Dänemark. Knud Lavard lebte im 12. Jahrhundert und wurde zu einem unbestimmten Zeitpunkt Herzog von Dänemark. Im Kampf um den Königsthron fand er 1131 den Tod. Zu Ehren Knuds baute man in Haraldsted eine Kapelle. Seine Gebeine aber wurden in der Kirche von Ringsted, unweit von Haraldsted beigesetzt. Die Kapelle in Haraldsted war während des Mittelalters ein beliebtes Ziel von Wallfahrenden. Der Legende nach soll am Todesort des heiligen Herzog Knud eine Quelle entsprungen sein. Wie bei den Heiligen Erik und Olav wird auch hier in der Legende eine Quelle genannt! Die Erzählung folgt so dem typischen mittelalterlichen Schema der Heiligenlegenden. Wahrheit und Mythos sind schwer auseinanderzuhalten!

Die Kapelle aus dem 12. Jahrhundert wurde zerstört und die Wallfahrtstradition in Dänemark geriet mit der Reformation fast gänzlich in Vergessenheit. Erst im 19. Jahrhundert wurden die Ruinen der Kapelle ausgegraben. Seit Beginn des 20. Jahrhunderts versucht die katholische Kirche, die Wallfahrt wieder neu aufleben zu lassen. Jedes Jahr am Sonntag nach dem 25. Juli, dem Gedenktag des heiligen Herzog Knud, begeben sich die Katholiken auf Wallfahrt nach Haraldsted.

Die heutige Kirche in Haraldsted

Dänemark

Das Kloster St. Lioba

Da ich in diesem Buch nicht nur von historischen Orten berichten will, möchte ich gerne die St. Marienkirche in Fredriksberg bei Kopenhagen vorstellen. Die Kirche gehört zum Benediktinerinnenkloster St. Lioba. Sie ist Kloster- und Pfarrkirche in einem. Der Schatz der Kirche sind die sieben Glasfenster, welche die Erschaffung der Welt darstellen. Etwas außerhalb von Kopenhagen gelegen, mag das Kloster Raststätte sein für manchen Reisenden Richtung Norden – oder gen Süden. Bei meinem ersten Besuch im Kloster ist die Kirche geschlossen. So entschließe ich mich, bei der Klosterpforte zu klingen und um Einlass zu bitten.

Von der Klosterpforte her hat man direkten Einblick in die Klosterküche, die im Untergeschoss liegt. So werde ich alsbald bemerkt und die Schwestern winken mir freundlich zu. Da ich kein Dänisch spreche, gebe ich – mehr oder weniger – in Zeichensprache zu verstehen, dass ich gerne die Kirche besuchen würde. Kein Problem, sagt die Schwester, beziehungsweise interpretiere ich ihre Geste. Sie führt mich durch die Sakristei in die Kirche und lässt mich dort allein zurück.

Die Kirche ist nicht groß und das Holz der Einrichtung vermittelt Wärme – nicht nur an kühlen Herbsttagen. Die bunten Glasfenster ziehen meinen Blick fast magisch an. Sie wurden von Maja Lisa Engelhardt geschaffen, einer zeitgenössischen dänischen Künstlerin. Der Zyklus stellt die Erschaffung der Welt dar. Ich setze mich in eine Bank und lasse die Farben und Formen auf mich wirken. Doch allzu lange hält die Stille nicht. Von der Sakristei her höre ich flinke Schritte und bald kommt eine Schwester, die mich auf Deutsch begrüßt. Sie ist sichtlich erfreut, dass eine Durchreisende den Weg in die Klosterkirche gefunden hat. Unangemeldeter Besuch kommt wohl nicht allzu oft vor im St. Lioba-Kloster. Mit Sr. Hildegard komme ich sehr bald ins Gespräch über den Fensterzyklus. Die Künstlerin hat zunächst ein Glasmosaik geschaffen, das einen Engelsflügel darstellt. Dieses Fenster befindet sich an der Ostseite der Kirche. Das Morgenlicht streut rosafarbene, gelbe und weiße Farbsplitter an die Wand des Chorraumes.

Ein Engel ist jemand,
den Gott dir ins Leben schickt,
unerwartet und unverdient,
damit er dir, wenn es dunkel ist,
ein paar Sterne anzündet.
Phil Bosmans

Die dänische Künstlerin Maja Lisa Engelhardt bekam den Auftrag, die sieben Glasfenster in der Kirche zu gestalten. Die Zahl Sieben ist ein Symbol für so vieles im christlichen Glauben und in der christlichen Tradition. Für die Künstlerin war schnell klar, dass

Schwestern des Klosters St. Lioba

sie die sieben Tage der Schöpfung nach dem Alten Testament darstellen wollte. In den Erklärungen zu ihren Fenstern schreibt die Künstlerin:

»Ich fühle, dass der Kern künstlerischer Arbeit immer wieder die Frage nach dem Mysterium der Schöpfung stellt. Gerade wenn man vor einer weißen Leinwand steht und noch nichts angefangen hat; wenn man noch nicht zur Lehre der Perspektive Stellung genommen hat – oben und unten – Licht und Schatten – Elemente, die dazu beitragen, einer Malerei Ausdruck zu verleihen, wenn all das noch nicht registriert und festgelegt ist, dann empfinde ich in aller Demut die weiße Leinwand wie den Anfang, der so kraftvoll im Text der Genesis beschrieben ist.

Die alten Griechen (vor allem Platon) meinten, dass die Wirklichkeit von einem Künstler genauso reproduziert werden sollte, dass er die Wirklichkeit nachbilden sollte. Für Platon konnte ein Kunstwerk nur eine Reproduktion von etwas Vorhandenem sein. Der eigenständigen kreativen Fantasie des Künstlers wurde kein Platz eingeräumt. Die nachgeplapperte Wirklichkeit zeigt, was wir sehen, während die Fantasie zeigt, was wir nicht sehen.

Der Schöpfungsbericht und das Schaffen eines Kunstwerks (über die Schöpfung) ist meines Erachtens nicht vereinbar mit Platons Theorien.«

Mit ihrer Fantasie und ihrem Glaubensverständnis vom Schöpfungsbericht hat Engelhardt ein »neues Konzept« für die sieben Schöpfungstage entworfen und in Glas umge-

setzt. Die Technik der Glasmosaiken bringt eine kraftvolle Komponente in das Schaffen der Künstlerin. Sie benennt es wie folgt:

»Das Kunstwerk lebt und stirbt durch das Kommen und Gehen des Lichtes. Diese Gezeiten des Lichtes (Ebbe und Flut), die Wechselwirkungen zwischen Morgen und Abend haben so viel mit dem zu tun, was der Genesistext ausdrückt.«

Der Schöpfungszyklus

Ich beginne mit der Betrachtung der Glasfenster hinten in der Kirche. Die Farben und die abstrakten Formen wecken so viel Fantasie und so viele Gedanken in mir.

Zum Schluss werfe ich noch einmal einen Blick auf das Fenster mit dem Engelsflügel und bitte, dass mein Schutzengel mich auf meiner weiteren Fahrt nach Norden begleite!

Nach der Meditation über die Glasfenster werde ich von der Schwester zum Kaffee ins Kloster eingeladen. Dabei beginnt sie, über die Geschichte des Klosters zu erzählen.

1920 wurde die Föderation der Benediktinerinnen der heiligen Lioba von Maria Benedikta Föhrenach als eine Kongregation in Freiburg im Breisgau errichtet. In den Jahren nach dem Ersten Weltkrieg war Maria Zeugin des Elends vieler Familien. Dies gab ihr den Anstoß zur Gründung des Ordens. Maria Benedikta wählte die heilige Lioba zur Schutzpatronin. Ich frage, warum ausgerechnet die heilige Lioba? Lioba stammte aus einer angelsächsischen Familie und trat in England in ein Kloster ein, erzählt die Schwester. Bald wurde sie vom heiligen Bonifatius, der mit ihr verwandt war, nach Deutschland berufen, um ihm bei der Missionsarbeit zu helfen. Als Benediktinerin war sie der Regel des heiligen Benedikt verpflichtet. In dieser betont der Mönchsvater immer wieder die Einheit von Wort und Tat. Diese Einheit war Liobas Richtschnur. Sie war stets darauf bedacht, andere nichts zu lehren, was sie nicht selbst vorlebte.

Maria Benedikta wählte für die neue Kongregation den Wahlspruch: »Nach innen ein Mönch, nach außen ein Apostel«. Das gibt sehr schön wieder, wie die Schwestern heute leben: kontemplativ und apostolisch. Noch heute engagieren sich einzelne Schwestern in der St.-Marien-Pfarrei – mit der sich das Kloster die Klosterkirche teilt. Bereits im Jahre 1935 wurde der Orden nach Dänemark berufen und errichtete ein Kloster in Kopenhagen. Heute sind die Benediktinerinnen der heiligen Lioba in Deutschland, Indien, Österreich und Dänemark zu Hause.

Der kurze Aufenthalt im Lioba-Kloster war ein wahres Rasten auf meinem Weg nach Norden – ich bin gesättigt von Begegnung und Eindrücken.

Die Kloster- und Pfarrkirche St. Marien

Der Schöpfungszyklus

Tag 1

Im Anfang schuf Gott Himmel und Erde; die Erde aber war wüst und wirr, Finsternis lag über der Urflut und Gottes Geist schwebte über dem Wasser. Gott sprach: Es werde Licht. Und es wurde Licht. Gott sah, dass das Licht gut war. Gott schied das Licht von der Finsternis und Gott nannte das Licht Tag und die Finsternis nannte er Nacht. Es wurde Abend und es wurde Morgen: erster Tag.
Genesis 1,1–5

Auf dein Wort hin
ein Anfang.

Der Anfang
aller Anfänge
lichterfüllt
sich verströmend
bis hinein in
die Ewigkeit

Auf dein Wort hin

Tag 2

Dann sprach Gott: Ein Gewölbe entstehe mitten im Wasser und scheide Wasser von Wasser. Gott machte also das Gewölbe und schied das Wasser unterhalb des Gewölbes vom Wasser oberhalb des Gewölbes. So geschah es und Gott nannte das Gewölbe Himmel. Es wurde Abend und es wurde Morgen: zweiter Tag.
Genesis 1,6–8

Lebendiger Gott,
ein Stück Himmel auf die Erde zu holen,
bedarf nicht viel.
Ein aufmunterndes Lachen,
ein Händedruck,
eine zärtliche Umarmung,
ein bisschen Zeit.
Gib uns die Kraft
für die kleinen Dinge des Alltags,
wenn wir müde werden,
damit durch uns für andere
ein Stück Himmel auf Erden werden kann.
Amen

Tag 3

Dann sprach Gott: Das Wasser unterhalb des Himmels sammle sich an einem Ort, damit das Trockene sichtbar werde. So geschah es. Das Trockene nannte Gott Land und das angesammelte Wasser nannte er Meer. Gott sah, dass es gut war. Dann sprach Gott: Das Land lasse junges Grün wachsen, alle Arten von Pflanzen, die Samen tragen, und von Bäumen, die auf der Erde Früchte bringen mit ihrem Samen darin. So geschah es. Das Land brachte junges Grün hervor, alle Arten von Pflanzen, die Samen tragen, alle Arten von Bäumen, die Früchte bringen mit ihrem Samen darin. Gott sah, dass es gut war. Es wurde Abend und es wurde Morgen: dritter Tag.
Genesis 1,9–13

ein grüner Spross nur
himmelwärts
bis ohne Hast
die Knospen springen
Gott zum Lob
erblühend

Tag 4

Dann sprach Gott: Lichter sollen am Himmelsgewölbe sein, um Tag und Nacht zu scheiden. Sie sollen Zeichen sein und zur Bestimmung von Festzeiten, von Tagen und Jahren dienen; sie sollen Lichter am Himmelsgewölbe sein, die über die Erde hin leuchten. So geschah es. Gott machte die beiden großen Lichter, das größere, das über den Tag herrscht, das kleinere, das über die Nacht herrscht, auch die Sterne. Gott setzte die Lichter an das Himmelsgewölbe, damit sie über die Erde hin leuchten, über Tag und Nacht herrschen und das Licht von der Finsternis scheiden. Gott sah, dass es gut war. Es wurde Abend und es wurde Morgen: vierter Tag.
Genesis 1,14–19

Sternetrilogie

I.
Sterne
weisen
Wege

II.
durch Sterne
den Weisen
die Wege

III.
Stern Gottes
den Weg
vom Himmel
zur Erde gegangen
und
Licht der Welt
geworden

Tag 5

Dann sprach Gott: Das Wasser wimmle von lebendigen Wesen und Vögel sollen über dem Land am Himmelsgewölbe dahinfliegen. Gott schuf alle Arten von großen Seetieren und anderen Lebewesen, von denen das Wasser wimmelt, und alle Arten von gefiederten Vögeln. Gott sah, dass es gut war. Gott segnete sie und sprach: Seid fruchtbar und vermehrt euch und bevölkert das Wasser im Meer und die Vögel sollen sich auf dem Land vermehren. Es wurde Abend und es wurde Morgen: fünfter Tag.
Genesis 1,20–23

Allmächtiger Gott,
in den schnatternden Gänsen
höre ich dein Lachen,
in den schwimmenden Fischen
sehe ich dein Tanzen,
in den pfeifenden Spatzen
vernehme ich dein Singen.
Wo ich gehe und stehe,
erkenne ich dich in
tausend Weisen.
Dafür mein Dank
heute und immer. Amen

Tag 6

Dann sprach Gott: Das Land bringe alle Arten von lebendigen Wesen hervor, von Vieh, von Kriechtieren und von Tieren des Feldes. So geschah es. Gott machte alle Arten von Tieren des Feldes, alle Arten von Vieh und alle Arten von Kriechtieren auf dem Erdboden. Gott sah, dass es gut war. Dann sprach Gott: Lasst uns Menschen machen als unser Abbild, uns ähnlich. Sie sollen herrschen über die Fische des Meeres, über die Vögel des Himmels, über das Vieh, über die ganze Erde und über alle Kriechtiere auf dem Land. Gott schuf also den Menschen als sein Abbild; als Abbild Gottes schuf er ihn. Als Mann und Frau schuf er sie. Gott segnete sie und Gott sprach zu ihnen: Seid fruchtbar und vermehrt euch, bevölkert die Erde, unterwerft sie euch und herrscht über die Fische des Meeres, über die Vögel des Himmels und über alle Tiere, die sich auf dem Land regen. So geschah es. Gott sah alles an, was er gemacht hatte: Es war sehr gut. Es wurde Abend und es wurde Morgen: der sechste Tag.
Genesis 1,24–31

Gott des Lebens, nach deinem Abbild hast du den Menschen geschaffen; jeder und jede einmalig und unverwechselbar. Lass uns immer gewahr sein, dass du selbst es bist, der uns in unendlicher Vielfalt in den Mitmenschen begegnet. Amen

Tag 7

So wurden Himmel und Erde vollendet und ihr ganzes Gefüge. Am siebten Tag vollendete Gott das Werk, das er geschaffen hatte, und er ruhte am siebten Tag, nachdem er sein ganzes Werk vollbracht hatte. Und Gott segnete den siebten Tag und erklärte ihn für heilig; denn an ihm ruhte Gott, nachdem er das ganze Werk der Schöpfung vollendet hatte.
Genesis 2,1–3

Geheiligt
wird jeder siebte Tag
eine Quelle des Ruhens
auf der dein Segen liegt,
mein Gott

Über die Künstlerin

Maja Lisa Engelhardt

wurde 1956 in Frederiksberg, Dänemark geboren. Erstmals stellte sie ihre Werke 1985 in Kopenhagen aus. Seither folgten zahlreiche weitere Ausstellungen der Künstlerin. Seit 1994 hat sie 20 Kirchen in Dänemark ausgeschmückt. Sie lebt in Dänemark, Irland und Frankreich.

Das Werk Maja Lisa Engelhardts ist von der norwegischen Mythologie und den Texten der Bibel inspiriert. Vor allem die Schöpfungsgeschichte setzt die Künstlerin immer wieder in starken, leuchtenden Farben um. Doch auch neutestamentliche Bibelstellen sind häufige Motive ihrer religiösen Arbeiten. In ihren expressionistischen Werken vermittelt sie die Sehnsucht nach dem Göttlichen und stellt dar, was eigentlich nur geglaubt und nicht gezeigt werden kann. Viele von Engelhardts Bildern befinden sich in mittelalterlichen Kirchen, sind z.T. in die alten Rahmen von Altaraufsätzen eingefügt. Einen besonderen Eindruck hinterlassen ihre Fensterbilder, bei denen sie es meisterhaft versteht, die Farben und das Licht der Natur zu vereinen und den Bildern eine Vielschichtigkeit und Tiefe zu verleihen. Die Darstellung des Menschen dagegen meidet Engelhardt. Sie zieht die »Vögel unter dem Himmel und die Lilien auf dem Feld« (Matthäus 6) den Menschen vor. Eine weitere Inspirationsquelle findet sie in den Texten des dänischen Philosophen und Theologen Søren Kierkegaard.

Mitglieder der Gemeinde Christkönig

Die katholische Kirche in Dänemark

Dänemark ist das größte Bistum der Welt. Erstaunlich, nicht? Die Fläche des Bistums beträgt stattliche 2.160.570 km² – inklusive der Faröer Inseln und Grönland. Den flächenmäßig größten Teil nimmt Grönland ein. Die dortige Pfarrei Christkönig vereinigt 60 Katholiken und Katholikinnen unter ihrem Dach. Zwei Priester und drei Ordensfrauen sind für die Seelsorge im Auftrag des Bischofs zuständig. Die Pfarrei Christkönig ist eine der 46 Pfarreien des Bistums Kopenhagen. Und dieses ist ein verhältnismäßig junges Bistum. Es wurde erst 1953 gegründet. Vorher – seit 1892 – war es ein Apostolisches Vikariat. Während der Reformation konvertieren alle katholischen Bischöfe in Dänemark zur lutherischen Kirche. Erst im 19. Jahrhundert kamen katholische Missionare nach Dänemark zurück. Es ist also eine verhältnismäßig junge katholische Kirche, die sich in Dänemark sammelt. Obwohl sich die Mitgliederzahl der katholischen Kirche in Dänemark seit 1950 verdoppelt hat, sind nur gerade 0,7 % aller Einwohner Dänemarks katholisch. Das bischöfliche Ordinariat gibt die Zahl von 44000 Katholiken und Katholikinnen an. Für die Seelsorge stehen dem Bischof 72 Welt- und Ordenspriester zur Verfügung. Bischof Czeslaw Kozon benennt drei Herausforderungen für die kleine Diasporakirche in Dänemark: zum Ersten die Zerstreutheit der Katholiken. Katholische Kinder haben oft keine katholischen Schulkameraden. Wenn man Katholiken begegnen will, geschieht das meist nicht im Alltag, sondern am Sonntag in und nach dem Gottesdienst. Zum Zweiten die Herausforderung, dass die Menschen immer mehr versucht sind, sich der Gesellschaft anzupassen und die Glaubenspraxis aufzugeben. Das kann man vor allem bei aus dem Ausland zugezogenen Katholiken beobachten. Diese sich einschleichende Mentalität ist eine große Herausforderung für die Seelsorgenden. Schließlich gibt es, drittens, für die katholische Kirche in Dänemark eine ökonomische Herausforderung, denn neben Finnland ist Dänemark das einzige europäische Land, in dem die katholische Kirche keine finanziellen Zuschüsse vom Staat erhält. Bischof und Seelsorger versuchen, die Katholiken dafür zu sensibilisieren, dass die Kirche auf materielle Unterstützung angewiesen ist, und zu freiwilligen Spenden zu motivieren. Doch die dänische katholische Kirche könnte finanziell kaum überleben ohne die Unterstützung aus dem Ausland – vor allem aus Deutschland.

Die Menschen in der katholischen Kirche im Norden sind dankbar für jede materielle Unterstützung aus anderen katholischen Ortskirchen. Dieser Haltung bin ich in den nordischen Ländern immer und immer wieder begegnet. Ich habe auf meinen Wegen im Norden auch festgestellt, dass es oftmals an vielem fehlt. Unvorhergesehene, aber nötige Reparaturen, etwa an einem kaputten Dach,

Die Pfarrkirche Christkönig

oder ein Wasserschaden können eine Pfarrei oder ein Kloster schon mal in große Nöte bringen. Liturgische Gewänder, die nicht mehr gebraucht werden, bringen in mancher Pfarrei im Norden große Freude und neue Farbakzente in die Liturgie. Nie habe ich im Norden ein Klagen gehört, nie einen neidvollen Blick gesehen – stets aber Zufriedenheit, Gastfreundschaft und Interesse an den Besuchenden. Und oft sehe ich in den Augen meiner Gesprächspartner und Gesprächspartnerinnen ein Glimmen, ein Funkeln – das Feuer für das Evangelium Jesu Christi!

Pilgern in einem säkularen Umfeld

Wenn man in Dänemark, Norwegen und Schweden Kirchen – vor allem lutherische – besucht, sieht man im Aushang oft Anzeigen für Angebote zum Thema Pilgern. Es gibt da zum Beispiel Pilgerzirkel, Pilgerspaziergänge, Pilgertreffen und Pilgerpicknicks. Der Begriff wird manchmal sehr weit gefasst. Mich hat das anfänglich ein bisschen verwirrt. Ich fand, der Begriff der Pilgerschaft wird hier inflationär gebraucht. Im Gespräch mit Seelsorgenden der lutherischen und der römisch-katholischen Kirche habe ich gelernt, wie diese heute den Begriff des Pilgerns verstehen. Immer wieder wurde in den Gesprächen das Wort des heiligen Augustinus zitiert: »Unruhig ist mein Herz, bis es ruht in dir.« Nach diesem Wort ist jeder Mensch, der sich die Frage nach Gott und dem Sinn des Lebens stellt, bereits ein Pilgernder. Er wird unterwegs sein und Suchender sein, bis sein Herz ganz in Gott ruht.

Die nordischen Länder gelten als sehr säkularisiert. Das Religiöse kommt im öffentlichen Leben nicht vor. Ob die Talsohle der Säkularisierung bereits erreicht ist, vermag ich nicht abschließend abzuschätzen. Doch es gibt so etwas wie eine »Suchbewegung«. Menschen machen sich auf die Suche nach dem Sinn des Lebens. Sie beginnen, nach den letzten Dingen zu fragen und nach Gott. Diese »Suchbewegung« versucht man, im besten Sinne des Wortes, auszunutzen und bietet den Menschen Begleitung an bei ihrer Suche.

Die dänische Pilgerpastorin Elisabeth Lidell.

Ganz allgemein liebt man in den nordischen Ländern in der kurzen Zeit des Jahres, in der es mehr Licht als Dunkelheit gibt, die Bewegung in der freien Natur. Mit der Einrichtung von Pilgerwegen und -kursen versucht man, die Menschen religiös und spirituell zu begleiten. Im Wandern, alleine oder mit Gleichgesinnten, ergibt sich die Chance, sowohl durch äußere Einwirkung (Austausch, Gespräch) wie auch durch Meditation und Zwiesprache mit Gott Antworten auf existenzielle Fragen zu finden. Katechese unter freiem Himmel! Ein zweiter, nicht unwesentlicher Punkt ist die Suche nach einer neuen religiösen Sprache. Es ist richtig, man könnte die Geschichte der Klöster oder das Leben der Heiligen in einem Vortrag abhandeln. Ist es aber nicht verlockender, unter Einsatz seines ganzen Körpers diese Geschichten zu »erlaufen« und sich dabei die Frage zu stellen, was diese oder jene Geschichte mit dem eigenen Leben zu tun hat? In einem Gespräch mit einem katholischen Erwachsenenbildner nennt dieser die Pilgerbewegung eine »Bewegung von unten«. Pilgern meint schlicht das Unterwegssein zu Gott. Viele Pfarrer, vor allem jene, die in Pilgerzentren arbeiten, betonen, dass das innere Unterwegssein genauso wichtig sei wie das äußere.

In vielen Pfarreien (katholische und lutherische) haben sich heute Pilgergruppen gebildet. Sie treffen sich (besonders in der kalten und dunklen Jahreszeit) zu sogenannten Pilgerzirkeln. Das sind Gesprächsabende über religiöse und spirituelle Themen. Bildung, Katechese, Glaubensvertiefungen gehen Hand in Hand und versuchen, den einzelnen Suchenden auf seinem Weg zu Gott weiterzubringen. Dabei ist den Seelsorgenden die innere Pilgerreise besonders wichtig. Denn so sind auch jene eingeschlossen, die sich z. B. wegen körperlicher Gebrechen nicht auf den Wanderweg begeben können. Ebenso schließt dieses Verständnis von Pilgern die Ordensleute ein, die durch die *stabilitas loci* an ein Kloster gebunden sind.

Während meiner Recherchen über das Pilgern in Dänemark habe ich Elisabeth Lidell kennengelernt. Sie ist Pastorin der Lutherischen Volkskirche und die erste Pilgerpastorin im Land. Sie erzählte mir von ihren Aufgaben, Erfahrungen und Chancen, die das Pilgern beinhaltet.

Was ist Ihre Aufgabe als Pilgerpastorin in Dänemark?

Es ist dieselbe Aufgabe, die andere Pastoren auch haben: das Evangelium zu verkünden. Mit der Form des Pilgerns wähle ich ganz einfach eine andere pädagogische Methode.

In meiner Aufgabe als Pilgerpastorin biete ich Pilgerwanderungen an. Meine Intention ist, einen Raum zu schaffen dafür, dass Menschen ein Treffen mit dem lebendigen Gott haben können. Wir hören »alte« Worte in »neuer Umgebung«, wandern in Stille, feiern Abendmahl und Buße in der freien Natur oder in den Kirchen am Weg. Ich versuche, dem Glauben Beine zu machen.

Gibt es eine bestimmte Zielgruppe, an die Sie sich wenden?

Alle sind willkommen! Viele Menschen haben heute nichts mehr am Hut mit der Kirche. Dennoch haben sie existenzielle und religiöse Fragen. Viele von ihnen kommen aber gerne in die Natur und lieben die Bewegung. Auf dem Pilgerweg bekommen sie ein Wort Gottes mit auf den Weg. Mit Menschen zu pilgern, ist Missionsarbeit.

Andere wollen durch das Pilgern ihren Glauben vertiefen. Ich sage immer, die Natur ist die Kathedrale Gottes. In dieser Umgebung feiern und hören wir gemeinsam.

In welchem Alter sind die Teilnehmenden der Pilgerwanderungen?

Die meisten sind zwischen 50 und 70 Jahre alt. Jedes Jahr biete ich aber auch spezielle Pilgerwanderungen an für Konfirmanden und einmal im Jahr für ein Altersheim. Die Pilgerwanderungen mit den Konfirmanden sind für mich eine wunderbare Erfahrung.

Im Jahr 2000 machte ich meine erste Pilgerfahrt nach Spanien auf dem Camino. Als ich nach Hause kam, habe ich meinen Konfirmanden davon erzählt, habe Bilder gezeigt und war selbst so froh und enthusiastisch. Ein Junge hat dann den Finger gehoben und gefragt: »Wann werden wir mit dir pilgern gehen?« Ich wurde so von seinem Interesse ergriffen, dass ich gesagt habe, im Frühjahr könnten wir einen Tag in den Bergen von Mols machen – einen Samstag. Das wäre dann freiwillig. »Wir werden 25 Kilometer laufen, Abendmahl im Freien haben, eine Mittelalterkirche besuchen und auch eine Strecke in der Stille, in Gebet und Meditation gehen.« 40 Konfirmanden haben sich gemeldet. Wir gingen in der Stille, eine lange Reihe

wie die Gänse über das Gebirge. Ich dachte für mich: Das ist die erste post-reformatorische Pilgerfahrt in Dänemark und es wird nicht die letzte sein. Diese Pilgerwanderung war für die Jugendlichen ein Ruhepunkt. Die Worte, die ich erzähle, die Bibelgeschichten, die verschiedenen Sachen, sie gehen ja oft in das eine Ohr hinein und aus dem anderen wieder heraus. Aber die Jugendlichen lernen, während sie in Bewegung sind. Das Wort wird Körper, es geht in den Körper über. Sie erinnern sich, dass wir am See Abendmahl gefeiert haben. Sie erinnern sich, dass wir in der Stille durch den Wald gegangen sind und darüber nachgedacht haben, wofür wir Gott danken können. Deshalb habe ich dann die Praxis weiterentwickelt. Seit diesem ersten Mal gibt es die Pilgerwanderung für die Konfirmanden jedes Jahr.

Arbeiten Sie auch ökumenisch?
Leider gibt es bei uns in Dänemark nicht so viel ökumenische Zusammenarbeit. Aber immer wieder kommt es vor, dass Katholiken und Katholikinnen auf einen Pilgerweg mitkommen. Ich finde das wertvoll, denn wir können so viel voneinander lernen.

In den vergangenen Jahren war ein richtiger »Pilgerboom« zu beobachten. Viele Menschen, auch weniger religiöse, entdecken das Pilgern neu. Worauf ist das Ihrer Meinung nach zurückzuführen?
Ich denke, es sind die sieben Pilgerwerte: Freiheit, Einfachheit, Langsamkeit, Stille, Unbekümmertheit, Teilen und Gemeinschaft, welche uns im Alltag oft fehlen. Wir sind ständig im Kreislauf von Stress, Materialismus, Oberflächlichkeit und vielem mehr. Die Menschen sehnen sich zunehmend nach Natur, Einfachheit, Spiritualität und Gemeinschaft – oder eben den sieben Pilgerwerten. Da ist das Pilgern ein Alternativangebot zum täglichen Leben.

In der Vergangenheit haben wir uns so viel auf das »Wort« fokussiert, also auf den Intellekt, auf den Kopf, sodass wir »Wortverstopfung« bekommen haben. Schon Martin Luther hat davor gewarnt, aber jetzt sind wir irgendwie so weit, und wir vermissen die Inkarnation – dass das Wort im Körper Fleisch wird. Das Evangelium ist ja nicht nur eine Lehre, eine Dogmatik, sondern Leben, Erfahrung, praktizierte Spiritualität. Das vermissen so viele Menschen, und deshalb erfährt die Glaubenspraxis und das Pilgern als ein Teil dieser Praxis überhaupt eine Renaissance.

Sie sagten, dass viele Menschen mit der Kirche nicht mehr viel anfangen können. Ist es so, dass Einzelne durch die Pilgererfahrung den Weg zurück in die Kirche finden?
Ja, viele! Das kann man wirklich sagen. Sie beginnen, ihren Glauben auszufalten, lesen geistliche Literatur, beten und finden in Gemeinden hinein. Ein Pilger sagte mir, dass er sich künftig gerne im Pfarrgemeinderat engagieren möchte.

Welche Pilgerwege gibt es in Dänemark?
Es gibt den Heerweg, auch Ochsenweg genannt. Das ist eigentlich der dänische Cami-

no. Er verbindet den Norden mit dem Süden. In Deutschland schließt er an den Camino de Santiago an und nach Norden geht die Verbindung nach Vadstena und Nidaros.

Zu allen Zeiten ist man zu Orten gepilgert, die mit Heiligen in Verbindung gebracht werden. Zum Beispiel die heilige Birgitta in Vadstena oder der heilige Olav in Nidaros. Gibt es solche heiligen Orte in Dänemark?

Nein, in Dänemark haben wir keine solchen Orte. Aber wir nutzen die Kirchen am Weg als heilige Orte. Zudem denke ich, dass Gottes Natur ebenfalls ein heiliger Ort ist. Wichtig ist, auf dem Weg zu sein.

Was bedeutet Pilgern für Sie persönlich?

Pilgerin zu sein, ist meine wichtigste Identität. Pilgern bedeutet für mich Friede, Gemeinschaft und Nähe zu Gott und den Mitmenschen. Für mich ist auch die Sehnsucht wichtig. Denn Sehnsucht führt zu Aufbruch.

Arbeiten Sie in einem Pilgerbüro?

Nein, ich arbeite von zu Hause aus. Jedes Jahr wandere ich ca. 1000 Kilometer durch Norwegen, Dänemark, Schweden, Spanien, Italien … Dann arbeite ich auch jeden Sommer für einige Zeit als Pilgerpastorin im Pilgerzentrum in Nidaros. Über meine Homepage kann man mich aber gut erreichen.

Nützliche Informationen

Anfahrt

Nach Haraldsted gelangt man von Kopenhagen her am besten über die E 20 in Richtung Odense. Bei Ausfahrt 35 Ringsted abfahren und weiter auf die Straße Nr. 14, dann den Schildern Ringsted oder Haraldsted folgen.

St. Lioba-Kloster und Marienkirche

Jens Jessensvej 5–7
2000 Fredriksberg (Kopenhagen)
Tel: 0045 38714872
Fax: 0045 38711296
E-Mail: sankt-lioba-kloster@mail.dk
www.sankt-lioba-kloster.dk

Um die Glasmosaiken zu sehen, kann man zwischen 10:00 und 12:00 Uhr und zwischen 14:00 und 18.00 Uhr an der Klosterpforte klingeln. Die Schwestern öffnen dann die Kirche für Besucher.
Die Schwestern vermieten auch Gästezimmer.

Homepage der Pilgerpastorin Elisabeth Lidell: www.elisabethlidell.dk

Literatur

Intus monarchus et foris apostolus, Festskrift i anleding af Benediktinerindere af den helige Liobas 75 år grundlaeggelsesjubilaeum i Danmark 7. Juni 2010, Udgivet af Sankt Lioba Kloster 2010.

Island – Gottes Farbpalette

Heiße Quellen, aktive Vulkane und Ascheregen, diese Stichworte fallen im Gespräch mit meinen Freunden und Freundinnen sehr schnell, wenn ich von Island zu erzählen beginne. Nach kurzem Überlegen werden dann Geysire, Schafe und Islandpferde noch nachgeschoben. Doch auch jenseits der phänomenalen Naturschauspiele gibt es über Island und seine reiche Geschichte und Gegenwart Interessantes zu berichten, z. B., dass von Island aus die erste Europäerin nach Amerika aufbrach – gut 400 Jahre vor Christoph Kolumbus! Und dass Island heute die Vorreiterrolle in der nordischen Diasporakirche übernimmt, mit über 3 % Katholiken und Katholikinnen. Es ist sehr spannend, den Spuren der Christianisierung in diesem Land nachzugehen. Die Insel bietet Pilgernden einige interessante Orte und noch viel mehr Geschichten.

Wer sich nicht für die beschwerliche Reise mit dem Schiff nach Island entscheidet, der oder die wird vermutlich am Flughafen Keflavik zum ersten Mal isländischen Boden betreten. Keflavik ist etwa 50 Kilometer von Reykjavík entfernt. Die Fahrt in die Hauptstadt führt durch eine bisweilen öde Lavalandschaft. Schwarz und braun sind die dominierenden Farben. Wären da nicht die neongrünen Moose und Flechten, könnte man die Landschaft fast schon als deprimierend bezeichnen. Immer wieder sieht man Dampfsäulen in den Himmel steigen. Sie zeigen von ferne an, wo heißes Wasser an die Erdoberfläche drängt. Je mehr man sich der Hauptstadt nähert, desto klarer erscheinen am Horizont die schneebedeckten Berggipfel. Im Abendlicht scheinen sie rosa: eine weitere Farbnuance in der großen Farbpalette, die Island zu bieten hat.

Reykjavík empfinde ich als eine quirlige Stadt. Das mag daran liegen, dass viele junge Leute die Stadt bevölkern. Das Durchschnittsalter beträgt in Island gerade mal 35 Jahre. Das Stadtbild ist geprägt von vielen Kneipen und Kaffeehäusern, einheimischen Designerläden und den allgegenwärtigen Souvenirshops mit ihrem breiten Angebot vom Islandpullover bis zum Lavaschmuck. Der Veranstaltungskalender der Stadt weist eine Fülle von Festivals, Ausstellungen und Konzerten aus. Das neue Konzerthaus, die Harpa, ein faszinierender Glasbau, der nachts mit einem gekonnten Lichtspiel in Szene gesetzt wird, zeugt von einem Neuaufbruch Islands nach der schweren Finanzkrise der vergangenen Jahre. Ansonsten wird das Stadtbild durch zwei Kirchen geprägt, die sich auf je einem Hügel gegenüberstehen. Die eine ist die Hallgrimskirkja, die evangelisch-lutherische Pfarrkirche der Stadt, die andere die römisch-katholische Christ-König-Kathedrale.

Wer Ruhe und Erholung sucht, schlendert die Promenade am Meer entlang oder findet etwas Beschaulichkeit im Hljómskálagarður

Park (mit dazugehörigem See) im Zentrum der Stadt. Fährt man nur wenige Kilometer aus der Stadt hinaus, lässt man das besiedelte Gebiet bald hinter sich. Es sind nicht mehr Häuser, die die Straßen säumen, sondern Holzgestelle, auf denen Fische – manchmal auch nur die Köpfe – zum Trocknen aufgehängt werden. Und immerzu blubbern die heißen Quellen in der Landschaft vor sich hin. Island ist nicht nur ein Land der Farben, sondern auch der Düfte: mal riecht es nach Schwefel, mal nach Fisch!

Eine kleine Rundfahrt – nicht weit außerhalb der Stadt – entführt mich in eine atemberaubende Landschaft. Zerklüftete Felsen, Seen, schwarze Sandstrände und unzählige Wasserfälle. Mit etwas Fantasie wird aus dem Felsblock im Meer eine uneinnehmbare Burg und der Berg mit seinem Zackengrat gleicht einer überdimensionalen aufgestellten Säge. Sagenhaft! Und dies meine ich wörtlich. Denn die Natur Islands ist Kulisse für die vielen isländischen Sagas. Die Sagas prägten und prägen die isländische Kultur. In ihnen verbinden sich Geschichte und Geschichten.

Sagas und Aberglaube

Die archäologischen Funde in Island sind, trotz der reichen Geschichte, von geringer Zahl. An ihre Stelle treten die literarischen Denkmäler, die zahlreichen Sagas Islands, in denen die Landschaften, Familien und bedeutende Orte verewigt sind. Eine Saga ist eine künstlerisch anspruchsvolle Erzählung mit verschiedenen Charakteren und Thematiken. Die ersten Sagas wurden im 12. Jahrhundert verfasst, der Höhepunkt dieser literarischen Gattung wurde im 13. Jahrhundert erreicht. Die Handlung einer Saga kann nicht kurz zusammengefasst werden, denn sie umspannt oft mehrere Jahrhunderte, erzählt von Dutzenden Generationen und vielen Nebenhandlungen. Ein isländischer Literaturwissenschaftler fasste eine Saga einmal ironisch und kurz und bündig als »Bauern im Kampf« zusammen. In der Tat kommt diese Beschreibung vielen Sagas sehr nahe, denn meistens handeln sie von Kampf und Mord im einfachen Bauernvolk.

Die Sagas werden in unterschiedliche Gattungen eingeteilt, von denen die bedeutendsten die folgenden sind: Isländersagas, Vorzeitsagas, Königsagas und die Märchensagas. Die Isländersagas berichten über wichtige Ereignisse der isländischen Geschichte oder die Besiedelung der Insel. Gewisse Teile der Isländersagas sind Auftragswerke von Bischöfen, deshalb ist es verständlich, dass in ihnen nichts aufgeschrieben wurde, was der Kirche in irgendeiner Art hätte schaden können. Interessant sind die Vorzeitsagas, es sind Abenteuergeschichten, die in den skandinavischen Ländern – aber nie in Island – spielen. Die Königsagas sind Erzählungen über skandinavische Fürsten und Könige in der Zeit zwi-

Die Christ-König-Kathedrale in Reykjavík, darunter die in wechselnden Farben beleuchtete Harpa

schen dem 9. und 13. Jahrhundert. Schließlich die Märchensagas. Sie kommen den Volksmärchen im mitteleuropäischen Raum sehr nahe. Es sind Fantasiegeschichten von unzähligen Arten von Gespenstern und Geistern. Da gibt es die Elfen, die als verborgenes Volk noch heute in Island leben sollen, die Trolle, Zwerge, Gnome und die Riesen. Besonders unangenehm zeigen sich die sogenannten Wiedergänger (*Afturganga*). Dies sind Tote, die keine Ruhe finden, ihr Unwesen treiben und oft Menschen durch offene Gräber verschleppen. Welche Bedeutung die Protagonisten der Sagas auch heute noch haben, zeigen die Ergebnisse einer jüngst durchgeführten Umfrage. Auf die Frage: »Glauben Sie, dass es Elfen, Trolle und anderes *Huldufolk* gibt?« antworten 650 Befragte folgendermaßen: 31 % halten dies für möglich, 8 % sind sich gar sicher und 16,5 % halten es für wahrscheinlich; 21,5 % beziehungsweise 13,5 % halten es für unwahrscheinlich beziehungsweise für unmöglich. 8,5 % geben an, dazu keine Meinung zu haben.

Ein großer Teil der altisländischen Literatur kann keinem Verfasser zugeordnet werden. Ein »Autor« ist jedoch bekannt und soll hier erwähnt werden. Er ist für die Geschichtsschreibung Nordeuropas von nicht geringer Bedeutung: Snorri Sturluson Er lebte von 1179–1241 und war ein angesehener Gode, was so viel wie ein Häuptling ist. Von Snorri Sturluson sind wahrscheinlich folgende drei Werke überliefert: die Snorra-Edda (ein Handbuch der Dichtkunst in Prosa), die Heimskringla (biografische Sagas der norwegischen Könige) und (vielleicht) die Egilssaga (veranschaulicht die Liebe Egils, eines Vorfahren Snorris, zur Poesie).

Wie das Christentum nach Island kam

Bei so viel Sagenhaftem fragt man sich, wie das Christentum nach Island gekommen ist. Die Geschichte erzählt, dass in Island – wie im gesamten Europa – Ende des 9. Jahrhunderts irische Mönche lebten. Es gibt einige Ortsbezeichnungen, welche diese Vermutung naheleben. Ansonsten allerdings deutet kaum etwas auf die Existenz der irischen Mönche hin. Wohl aber scheinen viele Siedler Christen gewesen zu sein, vor allem jene, die von den britischen Inseln kamen.

Vieles um die Christianisierung Islands liegt im Dunkeln. Man darf annehmen, dass Missionsreisen nach Island sowohl von Norddeutschland wie auch von Norwegen aus unternommen wurden. Der norwegische König Olav Tryggvason (968–1000) schickte zwischen 980 und 1000 Missionare nach Island, denen es gelang, einige einflussreiche Häuptlinge und ihre Gefolgsleute zum Christentum zu bekehren. Den Isländern jedoch wurde das Christentum nicht durch Kampf und Blut aufgedrückt – wie in so vielen anderen Län-

dern –, sondern durch eine Gesetzesentscheidung im Jahr 1000.

Die Überlieferung berichtet Folgendes: In Thingvellir, wo das isländische Parlament (*Althing*) jährlich tagte, standen sich im Sommer 1000 zwei Parteien gegenüber. Die eine war christlich, die andere heidnisch. Beide Parteien waren entschlossen, einen eigenen Staat zu gründen und dafür zu kämpfen. Doch zum Blutvergießen sollte es dank Thorgeir, des weisen Häuptlings der heidnischen Partei, nicht kommen. Nach einer Zeit des Rückzugs und der Besinnung hielt Thorgeir vor der Versammlung eine kurze Rede. Er betonte, dass es in Island nicht verschiedene Gesetze für verschiedene Gruppierungen geben könne, da ansonsten der Friede in Gefahr sei. Alle sollten unter dem einen Gesetz stehen. Diese Meinung erhielt Zuspruch von den Versammelten. Nach der grundsätzlichen Zustimmung durch das Althing schlug Thorgeir folgende Lösung vor. Alle sollten sich taufen lassen und Christen werden. Gleichzeitig sollten die »alten« Gesetze bezüglich der Aussetzung von Kindern, dem Essen von Pferdefleisch und dem privaten Götterkult in Kraft bleiben. So einigten sich die Parteien.

Durch diese Beschlussfassung wurden die Isländer ein christliches Volk, ohne dass auch nur ein Schwert erhoben wurde. Wie im Beschluss vereinbart, sollten die Anwesenden als erstes Zeichen der Bekehrung getauft werden. Eine gute Möglichkeit ergab sich am Fluss, der durch Thingvellir fließt. Doch die Überlieferung berichtet, dass das Flusswasser den Menschen zu kalt war und man deshalb auf die heißen Quellen in der näheren Umgebung ausgewichen ist. Die Massentaufe kann als eine formelle Bestätigung angesehen werden, das Christentum in Island zu verankern.

In den folgenden Jahrzehnten wurde die Ausbreitung des Christentums in Island vor allem von ausländischen Missionaren vorangetrieben. Erst um das Jahr 1055 wurde der erste isländische Bischof Isleifur Gissurarson geweiht. Doch erst sein Sohn Gissur Isleifsson, der auch sein Nachfolger im Bischofsamt wurde, legte den Grundstein für eine strukturierte Kirche – im wahrsten Sinne des Wortes. Er baute in Skálholt eine Domkirche und erhob den Zehnten, der für die finanzielle Unabhängigkeit der jungen Kirche wichtig war. Bereits im Jahr 1106 errichtete man einen zweiten Bischofssitz in Hólar. Die beiden Bistümer bestanden bis zur Reformation, die ebenfalls durch Dekret eingeführt wurde. Das heißt allerdings nicht, dass die Reformation ganz ohne Kämpfe in Island durchgeführt wurde. Ein Zeuge dafür ist der letzte katholische Bischof Jon Arason Hólar. Er starb den Märtyrertod am 7. November 1550 in Skálholt.

Thingvellir (oben). An diesem Ort fanden bereits im 10. Jahrhundert regelmäßig gesetzgebende Versammlungen statt.

Wallfahrt nach Maríulind auf Snæfellsnes

Kaum jemand weiß, dass es in Island einen katholischen Wallfahrtsort gibt. Wie auch? Es gibt ja kein von der Kirche approbiertes Wunder in Maríulind. Keine Wallfahrtskirche, nicht einmal eine Kapelle, kein steinerner Altar und auch kein Kreuz, die da im Westen der Insel auf Snæfellsnes in Hellnar stehen. Eine kleine Marienstatue und eine Quelle nur – das ist Maríulind. Inmitten einer wunderbaren Landschaft unweit des Meeres.

Es ist der Ort, an dem nach mündlicher Überlieferung im Jahr 1230 die Gottesmutter dem Bischof Gudmundur dem Guten erschienen sein soll. Der Bischof ist an diesem Ort auf die Quelle gestoßen. Die Gottesmutter in Begleitung dreier Engel gebot ihm, die Quelle zu segnen. Seither ist sie nie versiegt und ihr Wasser soll bei Augenkrankheiten helfen. Es ist der einzige Erscheinungsort Marias in den nordischen Ländern, abgesehen von der Offenbarung Marias an Birgitta von Schweden. Heutzutage pilgern nicht nur Katholiken an diesen Ort. Es war ein lutherischer Priester, der vor einiger Zeit eine Marienstatue aufgestellt hat.

Von Bischof Peter Bürcher, dem Bischof Islands, habe ich zum ersten Mal von Maríulind gehört. Nicht ohne Stolz meinte er, es sei seines Wissens die einzige Erscheinung der Gottesmutter, die an einen Bischof erging. Zu gerne würde er ein Wunder von Maríulind in Rom kirchlich approbieren lassen, und so dem Wallfahrtsort mehr Aufmerksamkeit zukommen lassen. Bischof Bürcher ist es auch, der im Jahr 2011 die Diözesanwallfahrt nach Maríulind initiiert hat. Auf Anhieb haben mehr als 100 Leute daran teilgenommen, was, gemessen an der Anzahl der Katholiken und Katholikinnen in Island, eine beachtliche Zahl ist. Die Freude und Begeisterung ist ihm anzumerken, wenn er von Maríulind spricht. Schon der Weg beziehungsweise die Fahrt an den Ort auf der westlichen Halbinsel Snæfellsnes sei ein Erlebnis, berichtet er. Aber, so gibt er auch unumwunden zu, als er das erste Mal zur Wallfahrt nach Maríulind aufgebrochen sei, hätte er diesen Ort fast nicht gefunden, so unscheinbar sei die Stelle. Ich bin sehr gespannt und freue mich, den Ort mit der wundersamen Quelle selbst entdecken zu können. Bevor ich aufbreche, sagt mir der Bischof, ich solle dann aber nicht enttäuscht sein. Der Ort sei halt ziemlich unspektakulär. Mir ist es eigentlich nicht wichtig, wie der Ort aussieht. Vielmehr interessiert mich der Weg dorthin und welche Überlieferung mit dem Ort verbunden ist.

Mit einer guten Wegbeschreibung ausgerüstet mache ich mich an einem wolkenverhangenen Septembermorgen auf nach Maríulind. Der Ort ist nur per Auto erreichbar und die Fahrt von Reykjavík nach Hellnar dauert gut drei Stunden. Von Hellnar geht man dann circa 15 Minuten zu Fuß.

Ich verlasse die Hauptstadt und fahre am Meer entlang auf die hohen Berge zu. Dort, wo man zunächst kein Durchkommen vermutet, schlängelt sich die Straße am Wasser entlang nach Westen.

Links von der Straße Wasser und rechts davon Berge. Lässt man den Blick von links nach rechts wandern, so erkennt man die ganze Farbpalette von Tiefblau über Rotgolden bis Neongrün. Es ist, als hätte der liebe Gott mit viel Dynamik alle Farben der Farbpalette ausgegossen über Island! Immer wieder zeigen sich Fotomotive, die ich so gerne mit der Kamera einfangen will. Aber ich will zunächst vorwärtskommen und vor dem Mittag Maríulind erreichen. Nach einer knappen Stunde erreicht man den Hvalfjördur (Walfjord). Obwohl die Gegend wunderschön ist, benütze ich den schnellen Weg: einen Tunnel, der mich unter dem Fjord hindurch auf die andere Seite bringt. Dann beginnt sich die Landschaft zu verändern. Die Straße führt durch eine Ebene und die Berge treten etwas in den Hintergrund. In der Weite sieht man die kräftigen Islandpferde weiden. Ich halte an und stelle mich an den Zaun. Schon galoppieren mir die Pferde entgegen. Mir gefallen ihre (oft) blonden Mähnen, die ein Auge verdecken. Sie kommen mir vor wie Teenager, die ihre langen Strähnen absichtlich ins Gesicht fallen lassen – um möglichst cool zu wirken.

Aber auch andere Lebewesen machen sich – ein bisschen unangenehm – bemerkbar. Die Schafe! Sie sehen zu dieser Jahreszeit aus wie Wollknäuel auf vier Beinen und springen un-

Unscheinbar

Nicht messbar in Dezibel
ohne Lightshow
nicht Glanz und Glamour
kein Feuerwerkkrachen
aufdringlicher Parfumduft nicht
noch gefüllte Champagnergläser

Vielmehr sind
Spektakel Gottes
kühlender Windhauch
erfrischendes Rinnsal
fröhliches Funkensprühen
aufleuchtendes Morgenrot
benetzender Tau
glitzerndes Sternenzelt

Unscheinbar offenbart sich Gott
für den, der seine Sinne offen hält

Selig sind, die nicht sehen und doch glauben.
Johannes 20,29

vorbereitet aus dem hohen Gras auf die Straße und riskieren dabei einen Zusammenstoß mit den vorbeifahrenden Autos. Bisweilen spazieren sie auch ganz gemütlich auf der Fahrbahn. Am Abend werde ich mich glücklich schätzen können, kein unangenehmes Zusammentreffen mit den Tieren gehabt zu haben.

Nach einer weiteren Stunde Autofahrt erreiche ich die Halbinsel Snæfellsnes. Man könnte sie »Island en miniature« nennen. So abwechslungsreich präsentiert sie sich dem Besuchenden. Ein Vulkan mit Gletscherhut, Lavalandschaften, steil abfallende Küsten und gespenstisch anmutende Felsformationen, Seen und unzählige Wasserfälle gehören ebenso zum Landschaftsbild wie liebliche Fischerdörfer und verstreut stehende Häuser.

Die Landschaft inspiriert. Vor allem die von Wind und Wetter geformten Lavaformationen, die durch überwucherndes Grün einen Pelz zu tragen scheinen. Richtige Fantasiegeschichten entstehen in meinem Kopf, während ich durch die Landschaft fahre. Und irgendwie denke ich, es fehlen nur noch die Elfen und Trolle, damit das Unwirkliche wirklich wird.

Der berühmte französische Schriftsteller Jules Verne lässt seinen Roman »Reise zum Mittelpunkt der Erde« auf Snæfellsnes beginnen. Genauer gesagt: der Vulkankrater Snæfellsjökull soll der Eingang zum Erdmittelpunkt sein. Ich hab's nicht ausprobiert!

Die Schönheit der Schöpfung ist mit den Augen nur bis zum Horizont fassbar.

Das Wissen, dass es dahinter weitergeht bis in die Unendlichkeit, möge uns demütig und dankbar werden lassen vor unserem Schöpfer.

Nach gut drei Stunden Autofahrt gelange ich zur Abzweigung nach Hellnar. Die Straße führt direkt zum Meer hinunter und endet auf einem Parkplatz. Hellnar war im 18. Jahrhundert ein Fischerdorf mit mehr als 200 Einwohnern. Heute besteht das Dorf aus einigen Bauernhöfen, einem Hotel, einem Bistro und den Ausstellungsräumen für den Snæfellsjökull-Nationalpark. Zum Fischen fährt heute niemand mehr.

Die zerklüfteten Felsen, die vom Wasser unterspült werden, bieten eine prächtige Kulisse für die Touristen, die von der Terrasse des Bistros aufs Meer schauen. Ich steige hinunter fast bis ans Meer, gehe am Bistro (vorerst) vorbei und folge einem schmalen Pfad durch eine kleine Schlucht. Schon von Weitem erkenne ich das Haus mit dem blauen Dach, das mir der Bischof beschrieben hat. Von dort ist es nicht mehr weit bis zum Wallfahrtsort.

Nach circa 200 Metern erkenne ich am Rand eines natürlichen Platzes eine weiße Marienstatue. Und auch die Quelle »spüre« ich ziemlich rasch. Der Boden ist nass, um nicht zu sagen sumpfig. Hügel umgeben den Platz und schaffen so etwas wie einen Schutz – Sichtschutz und Windschutz. Ich fühle mich vom ersten Augenblick an »geborgen« an diesem Ort. Mein Blick versucht aufzunehmen, was da alles ist.

Mein erster Gedanke: Die Marienstatue könnte kitschiger sein! Sie ist schlicht weiß und zieht den Blick auf sich inmitten der dominierenden gold-roten Herbsttöne. Sie »stört« nicht, obwohl die Landschaft ansonsten unberührt ist. Es ist ein schöner Ort – Maríulind. Der Ort erzählt Geschichten. Ich »sehe« Bischof Gudmundur – vielleicht war er zu Fuß unterwegs an der Küste, um Fischer zu besuchen –, der hier rastet, sich an der Quelle erfrischen will. Und plötzlich, inmitten unberührter Landschaft, berührt ihn die Gottesmutter mit ihrer Gegenwart und ihrem Auftrag, die Quelle zu segnen. Ich stelle mir die Pilger und Pilgerinnen vor, die alleine zur Quelle kommen, hoffend, in ihren Gebrechen Heilung zu erfahren. Dort die Gruppen, die singend und betend zur Quelle ziehen: Lutheraner, Katholiken, Bischöfe und Kirchenvolk, bunt zusammengewürfelt – alle Konfessionen, Nationen und Sprachen. So entstehen Wallfahrtsorte. Nicht in erster Linie durch approbierte Wunder, sondern durch die Menschen, die an einem solchen Ort die Gegenwart Gottes und seiner Heiligen in besonderer Weise erfahren und in ihrem Glauben gestärkt werden. Und ich denke einen beinahe »ketzerischen« Gedanken: Die Begegnung zwischen Bischof und Maria mag sich an die-

sem Ort zugetragen haben – oder nicht. Aber die Gebete, die von so vielen Menschen hier gesprochen wurden, sie sind irgendwie spürbar. Und durch mein Gebet an der Quelle verbinde ich mich mit den Pilgernden, die vor mir waren. Das tut gut.

Schöpft voll Freude Wasser, halleluja, aus den Quellen des Heiles. Halleluja.
Antiphon in der Osterzeit

Ich bin sehr vorsichtig mit dem Begriff Kraftort. Er wurde in den vergangenen Jahren und Jahrzehnten beinahe inflationär gebraucht. Und doch, das Wissen darum, dass so viele Menschen durch fast neun Jahrhunderte an diesen Ort gepilgert sind mit Bitt- und Dankgebeten, das macht Mut, die eigenen Bitten auf die Fürsprache Mariens vor Gott zu legen. Das Wissen, dass viele Pilger und Pilgerinnen den Weg hierher unter die Füße nahmen, gibt Kraft, den eigenen Weg weiterzugehen. So verweile ich eine geraume Zeit ganz alleine in Maríulind. Nur das Plätschern der Quelle und das Tosen der Wellen vom Meer her begleiten mich.

Bischof Bürcher bat mich, ein Gebet zu sprechen für die katholische Kirche im Norden und für die Bischöfe der nordischen Länder. Ich tue es gerne.

»Geht hinaus in die Welt
und verkündet das Evangelium
allen Menschen«,
diesem Auftrag folgend stellen
Menschen ihr Leben
in deinen Dienst,
guter Gott.
Stärke sie immer neu
mit Einsicht und Weisheit,
Rat und Erkenntnis,
damit durch ihr Zeugnis
dein Reich wachsen kann.

Was mir oft gesagt wurde, bestätigt sich vor Ort: Es gibt nicht viel zu sehen. Doch der Ort ist Erholung für Leib und Seele. Selig sind, die nicht sehen und doch glauben. Das erinnert mich an die Geschichte vom zweifelnden Thomas.

Der Ort Maríulind lehrt mich einmal mehr, dass nicht alles im Leben sichtbar und greifbar ist. Auch in Zeiten, in denen fast alles machbar zu sein scheint, finde ich es hilfreich, hin und wieder auf die innere Stimme zu hören – und ihr zu folgen, dieser Melodie zu vertrauen, die mich zum inneren Schauen führen will.

Wie steht es um meine Offenheit Neuem, Anderem, Fremdem gegenüber?

Bin ich jemand, der sehen muss, kleingläubig, jemand, der Beweise braucht? Wie steht es mit meinem Vertrauen anderen Menschen gegenüber? Fällt es mir leicht, Vertrauen zu schenken?

Vom Sehen und Glauben

Thomas, genannt Didymus (Zwilling), einer der Zwölf, war nicht bei ihnen, als Jesus kam. Die anderen Jünger sagten zu ihm: Wir haben den Herrn gesehen. Er entgegnete ihnen: Wenn ich nicht die Male der Nägel an seinen Händen sehe und wenn ich meinen Finger nicht in die Male der Nägel und meine Hand nicht in seine Seite lege, glaube ich nicht. Acht Tage darauf waren seine Jünger wieder versammelt und Thomas war dabei. Die Türen waren verschlossen. Da kam Jesus, trat in ihre Mitte und sagte: Friede sei mit euch!
Dann sagte er zu Thomas: Streck deinen Finger aus – hier sind meine Hände! Streck deine Hand aus und leg sie in meine Seite und sei nicht ungläubig, sondern gläubig!
Thomas antwortete ihm: Mein Herr und mein Gott! Jesus sagte zu ihm: Weil du mich gesehen hast, glaubst du. Selig sind, die nicht sehen und doch glauben.
Johannes 20,24–29

Peter Bürcher, der Bischof Islands, bei der Diözesanwallfahrt nach Maríulind

*Selig die Menschen,
deren Stärke in dir gründet,
die Pilgerwege in ihrem Herzen haben.
Ziehen sie durch das Tal der Dürre,
machen sie es zu einem Quellgrund,
ja, mit Segen bedeckt es der Frühregen.
Sie gehen von Kraft zu Kraft,
bis sie schauen den Gott der Götter in Zion.*
aus Psalm 84

Über die katholische Kirche Islands

Bischof Peter Bürcher ist Schweizer, aufgewachsen im Fieschertal im Kanton Wallis und am Genfer See. 1971 wurde er zum Priester und 1994 zum Bischof geweiht. 13 Jahre war er Weihbischof des Bistums Lausanne-Genf-Fribourg. Bischof Peter Bürcher schildert im Gespräch die Situation der katholischen Kirche Islands und benennt ihre Herausforderungen.

Im Jahr 2007 wurden Sie vom Papst zum Bischof von Island ernannt. Was war Ihre erste Reaktion?

Ja, das war für mich eine Überraschung, als mich Papst Benedikt XVI. zum Bischof von Reykjavík ernannt hat. Die Katholische Presseagentur der Schweiz (Kipa) schrieb damals: »Peter Bürcher wird Bischof der größten Vulkaninsel der Welt.« Ich habe nicht gezögert dieses Hirtenamt anzunehmen. Das *Duc in altum*! (Fahre ins Weite!), welches Jesus zu meinem Namenspatron sagte, ist für mich plötzlich sehr konkret geworden.

Was wussten Sie damals über Island?

Diese Insel aus Eis und Feuer war mir total unbekannt!

Was war das Schwerste beim Neubeginn?

Die schwierige Sprache und die langen Winternächte …

Sie waren vorher Weihbischof von Lausanne, Genf und Fribourg in der Schweiz. Was mussten Sie als Bischof von Island neu lernen?

Mehr als 13 Jahre war ich Weihbischof von Lausanne, Genf und Fribourg. Ich bin jetzt der sechste Bischof von Reykjavík nach der Reformation. Ein einziger war Isländer. Auf 18 Priester gibt es auch heute nur einen einzigen Isländer. Alle anderen sind Ausländer, wie der Bischof. Ich musste vieles neu lernen in Island. Aber wir beten und arbeiten miteinander in Zufriedenheit und haben Mut für die Evangelisierung unseres Volkes.

Was konnten Sie von Ihren Erfahrungen aus der Schweiz hier in Island einsetzen?

Seit meiner Kindheit bin ich ein Migrant. Vom Oberwallis kam ich in die Westschweiz und dann mit mehr als 60 Jahren noch in den hohen Norden. Die Erfahrung der Migration beinhaltet beide Seiten der Medaille: ihre Schwierigkeiten und ihre Freuden. Ich habe beides erlebt, das kommt mir heute zugute. Die katholische Kirche in Island zählt ungefähr 10.000 Mitglieder. Die meisten sind Einwanderer, hauptsächlich aus Polen und aus

den Philippinen. Es ist eine lebendige Gemeinschaft und viele praktizieren ihren Glauben. Auch in der Schweiz hatte ich jahrelang mit vielen Immigranten zu tun. Auch die Jugendpastoral in der Schweiz war eine meiner interessanten pastoralen Erfahrungen.

Können Sie die katholische Kirche in Island charakterisieren?

Das Bistum Reykjavík umfasst die nahe am Polarkreis gelegene Insel. Sie bildet den zweitgrößten Inselstaat Europas. Sie ist zweieinhalb Mal so groß wie die Schweiz. Unter den 319.000 Einwohnern Islands sind offiziell 10.455 katholisch, also 3,27 % der Bevölkerung. Sie werden von 15 Priestern in fünf errichteten Pfarreien (14 Kirchen und Kapellen) in allen Teilen der großen Insel betreut. Ebenso arbeiten 33 Ordensschwestern in Island. Wir sind keine Staatskirche, wie es hier die lutherische Kirche ist. Wir sind in Island eine kleine, arme, aber junge und lebendige Kirche.

Was bezeichnen Sie als die größte Herausforderung der katholischen Kirche in Island?

In den letzten Jahren stieg die Anzahl der Katholiken von 5.775 im Jahr 2004 auf über 10.000. Arbeitssuchende und eine hohe Geburtenrate machen diesen Anstieg aus. Im Jahr 2011 etwa wurden 168 Kinder getauft und es gab nur 13 Beerdigungen.

Die junge, wachsende katholische Kirche in Island hat mit den gleichen Problemen zu kämpfen wie die übrige Bevölkerung. Die Wirtschaftskrise und als Folge die Rezession betrifft die junge katholische Kirche in Island sehr direkt. Das Ergebnis ist Armut, Arbeitslosigkeit und auch Auswanderung. Neue und oft schwierige Probleme entstehen daraus. Viele Menschen kehren zurück zu herkömmlichen Einnahmequellen und lernen zu sparen. Sie entdecken auch, wie wichtig es ist, eine neue Werteskala zu schaffen, auf welcher der wahre Sinn des Lebens hervorgehoben sein sollte. Als katholische Kirche müssen wir uns in den wichtigen Fragen um Migration engagieren.

Wie begegnen Sie dieser Herausforderung?

Es braucht Hoffnung und Einsatz. Unsere Priester und die meisten Ordensleute sind jung und in der missionarischen Pastoral auch sehr kreativ. Sie tragen dazu bei, der katholischen Kirche in Island einen neuen Schwung zu geben. Dabei hat die religiöse Bildung sowohl der Jungen wie auch der Erwachsenen ihren unentbehrlichen Platz.

Sie sind als Bischof berufen, den Glauben der Ihnen anvertrauten Menschen zu stärken. Was ist Ihnen bei dieser Aufgabe besonders wichtig?

Allein kann ich nichts. Das Gebet und die Zusammenarbeit sind wichtig. Die Kirche ist ja *communio*. Die fünf Pfarrzentren bieten tägliche Messfeiern an sowie andere Formen unseres reichen Gebetslebens. Außerhalb dieser Zentren beschränkt sich die Pastoral auf gelegentliche Messfeiern und Hausbesuche. Der persönliche Kontakt zwischen dem Priester und den zerstreuten Katholiken

und Katholikinnen ist äußerst wichtig. Dabei helfen auch die Ordensschwestern, die oft sehr viele Anstrengungen auf sich nehmen, um entfernt wohnende Gemeindemitglieder zu besuchen und den Kontakt aufrechtzuerhalten. Wir kommunizieren auch über das Kirchenblatt, das allen Katholiken und Katholikinnen regelmäßig zugeschickt wird, und über unsere Webseiten.

Gibt es etwas, was die katholische Kirche in den deutschsprachigen Ländern von der katholischen Kirche in Island lernen kann?

Vielleicht ist es die Tatsache, dass die katholische Kirche in Island größtenteils aus Immigranten besteht, die sich gut angepasst haben und in guter Einheit mit den Einheimischen leben. In den nördlichen Ländern katholisch zu sein bedeutet, nicht zu der Mehrheit zu gehören. Das bedeutet, dass die Leute ihre Treue zur Kirche bewusster bezeugen und dass sie sich z. B. sehr anstrengen, um die heilige Messe besuchen zu können.

Island ist ein Land mit einer reichen Geschichte. Die Christianisierung begann zur Jahrtausendwende. Im Mittelalter gab es zahlreiche Klöster auf der Insel. Auf der anderen Seite gibt es viele Sagen und Sagengestalten und die Insel besteht aus einer Vielfalt von imposanten Landschaften, in denen die Trolle leben. Vermischt sich in Island christlicher Glaube und »Aberglaube«?

Es muss bezweifelt werden, dass sich in Island der christliche Glaube mit dem Aberglauben vermischt. Durch die ganze Geschichte der Christenheit im Lande, sowohl in der katholischen Ära als auch seit der Reformation, haben die Obrigkeiten der Kirche und des Landes, z. B. per königlichen Erlass, stets und sogar mit großer Kraft gegen den Aberglauben gekämpft.

Gibt es isländische Heilige?

Es gibt offiziell nicht viele Heilige, da die Heiligsprechungsprozesse nicht durchgeführt oder nach kurzer Zeit abgebrochen wurden. Dennoch werden einige Frauen und Männer in Island als Heilige verehrt. Allen voran der heilige Thorlak, der Bischof in Skálholt war. Der selige Papst Johannes Paul II. hat ihn im Jahr 1984 sogar zum Schutzpatron Islands ernannt.

Was möchten Sie in Ihrem Bistum noch umsetzen? Wovon träumen Sie?

Unsere Neuevangelisierung in Island bedeutet hauptsächlich Glaubensbildung, Kate-

chese und Liturgie. Das ist unser heutiges Mandat. Die großen Entfernungen und die oft schlechten Wetterverhältnisse besonders im langen Winter erschweren beträchtlich unsere Mission. Neue und moderne Initiativen finden aber ihren Weg, wie z. B. die Katechese durch Skype. Dadurch ist es möglich, Kinder, die mehr als 400 Kilometer von ihrer Pfarrkirche entfernt wohnen, in ihrem Glauben zu unterrichten. Mein Traum ist die Errichtung eines kontemplativen Klosters in Island. Wer weiß!

Was ist Ihr liebster Ort auf Island?
Reykjavík, wo ich jetzt wohne.

Gibt es auch etwas, was Sie vermissen?
Natürlich. Meine Familie und Freunde, die Wälder und die Schweizer Züge!

Isländische Heilige

Ich bitte den Bischof, mir mehr über die isländischen Heiligen zu erzählen. Obwohl sie von der Kirche offiziell nie zur Ehre der Altäre erhoben wurden, werden manche Frauen und Männer in Island als Heilige verehrt. Die Zusammenstellung ist beindruckend.

Ísleifur Gissurarson (1006–1080), der erste Bischof von Skálholt, und *Gissur Ísleifsson* (1042–1118), sein Sohn und zweiter Bischof von Skálholt, werden auch in heutigen deutschen Schriften als heiligmäßige Leute erwähnt. Dafür fehlen aber in Island jegliche Anzeichen einer Verehrung.

Gudrún Ósvífursdóttir († 1008?). Sie ist die Hauptperson in der längsten und größten Islandsaga *Laxdaela*. Nachdem sie fünf Ehemänner überlebt hatte, bekehrte sie sich zum Christentum und ließ sich taufen. Sie verbrachte die letzten Jahre ihres Lebens in der Nähe des heutigen Stykkishólmur und widmete sich völlig dem Gebet. Sie gilt als erste Nonne und Eremitin Islands. Ihr Grab in Helgafell ist Ziel vieler Pilger und Touristen.

Gudrídur Thorbjarnardóttir lebte ebenfalls im 10./11. Jahrhundert. Als erste Europäerin reiste sie zu Beginn des 11. Jahrhunderts mit einer Schar von 160 Wikingern nach Amerika (Vínland). Nach ihrer Rückkehr berichtete sie dem Heiligen Vater in Rom über die erste Missionsreise in die Neue Welt. Anschließend zog sie sich nach Nordisland zurück, wo sie als Eremitin ihren Lebensabend in Gebet und Askese verbrachte.

Jón Ögmundarson (1052–1121) war der erste Bischof von Hólar in Nordisland. Er wurde im Jahre 1200 beim Parlament in Thingvellir heiliggesprochen. Seine Heiligsprechung wurde vom Erzbischof in Trondheim nicht anerkannt. Daher hat sich seine Verehrung viel weniger verbreitet als beim heiligen Thorlak. Seine Gedenktage sind der 3. März (Todestag) und der 23. April (*Translatio*). Die Christ-König-Domkirche zu Reykjavík wurde 1929 von Kardinal Wilhelm Van Rossum geweiht und unter den Schutz des heiligen Thorlak und des heiligen Jón gestellt.

Thorlak Thorhallsson (1133–1193), geboren in Hlidarendi in Südisland, wurde bei einem Priester namens Eyjólfur ausgebildet und mit 19 Jahren zum Priester geweiht. Er studierte in Paris und Lincoln. Nach seiner Rückkehr nach Island gründete er ein Augustiner-Chorherren-Kloster in Thykkvibaer und wurde dessen erster Abt. 1178 wurde er zum sechsten Bischof von Skálholt gewählt. Er zeichnete sich durch einen heiligen Lebenswandel aus, kämpfte unter Einsatz seines Lebens für die Freiheit der Kirche, reformierte das Leben des Klerus und setzte sich für die Heiligung der Laien, besonders im Sakrament der Ehe, ein. 1193 starb er in Skálholt. Beim Parlament in Thingvellir 1198 wurde er heiliggesprochen und seine Gebeine wurden feierlich in einem Schrein auf dem Hochaltar der Kathedrale von Skálholt aufgestellt. Der 20. Juli, der Tag der Überführung seiner Reliquien, wurde zum Hauptfest des Heiligen und zog im Mittelalter Tausende von Pilger an. Gedenktag ist auch der 23. Dezember, der Tag seines Todes. 1984 ernannte Papst Johannes Paul II. ihn zum Schutzpatron Islands.

Gudmundur Arason der Gute (1161–1237), Bischof von Hólar, war der populärste Heilige der Isländer, obwohl er nie formell heiliggesprochen wurde. Er setzte sich besonders für die Armen ein und ist dafür bekannt, dass er unzählige Quellen sowie gefährliche Landstriche und Felsen gesegnet hat. Er war ein großer Verehrer des heiligen Thorlak und Jón. Der Heiligsprechungprozess wurde im 16. Jahrhundert eingeleitet, aber wegen der Reformation nie zu Ende geführt.

Hrafn Sveinbjarnarson (1166–1213) war ein Arzt und Freund der Bedürftigen. Kranke und Arme fanden immer Zuflucht und Hilfe bei ihm. Als Pilger war er unterwegs nach Santiago de Compostela und Rom.

Jón Arason (1484–1550) war der letzte katholische Bischof in Island zurzeit der Reformation. Sein Märtyrertod in Skálholt am 7. November 1550 verlieh ihm den Ruf der Heiligkeit und machte ihn zum Nationalhelden der Isländer. Sein Heiligsprechungsprozess wurde im 20. Jahrhundert von Bischof Meulenberg angetragen, in Rom aber abgewiesen.

Thórdur Jónsson (1340–1385) war ein einfacher Bauer aus Westisland, der zum Tod verurteilt wurde. Vom Volk wurde er als heiligmäßiger Mann angesehen. 1389 wurden seine Gebeine ausgegraben und in Stafholt in Borgarfjördur kirchlich beigesetzt.

Nützliche Informationen

Wallfahrt nach Maríulind

Der Ort ist nur mit dem eigenen Auto erreichbar. Man folgt der Straße Nr. 1 (Ringstraße) von Reykjavík nach Norden. Nach dem Tunnel unter dem Fjord folgt man der 1 weiterhin, die Straße heißt hier »Borgarbraut«. Nach einigen Kilometern verlässt man die Nr. 1 und folgt der Nr. 54 »Snæfellsnesvegur« nach Westen. Bei Budir verlässt man die Nr. 54 und folgt für das letzte Stück dem Ùtnesvegur bis nach Hellnar. Ab Budir ist Hellnar gut ausgeschildert. Am besten parkt man den Wagen auf dem Parkplatz am Meer. Von dort sind es ca. 15 Minuten zu Fuß nach Maríulind. Am besten steuert man das Haus mit dem blauen Dach an. Vor dem blauen Haus gibt dann ein Wegweiser die richtige Richtung an.

Übernachtungen

Für Auskünfte zu Pilger-Unterkünften in Island wendet man sich am besten an folgende Adresse:
Bishop's Office
Hávallagata 14, 101 Reykjavík, Island
Tel: 00354 552 5388
E-Mail: catholica@catholica.is

Literatur

Gudmundsson, Gunnar F., 1000 Jahre Christentum in Island, übersetzt von Jürgen Jamin, in: Informationen zur katholischen Kirche in den nordischen Ländern, hrsg. vom Vorstand des Ansgar-Werkes im Bistum Osnabrück und Hamburg, 1/2000, S. 6–7.
Island, Geo Special, 4/2012
Jonsson, Jon Gauti u. a., The Sagas – Die Sagas – Les Sagas, Published in Iceland by © JPV 2007.
Seelow, Hubert, Sagen und Märchen aus Island, Reykjavík 2010.

Trondheim / Nidaros – das Jerusalem des Nordens

Gnade

Nicht immer
kommen
wir an
wenn wir
aufbrechen

Erwartungen
werden enttäuscht
Träume
zerrinnen

Abbrechen,
unterbrechen
oft und
immer
wieder

Ein Leben lang

Einen Weg
gehen,
ein Ziel
vor Augen,
ankommen
dürfen,
das ist Gnade

Als ich in den Norden kam, hörte ich viel über Trondheim, wo das Grab des heiligen Olav liegt, den bedeutendsten Wallfahrtsort in Skandinavien. Die Anziehungskraft des Ortes im Norden ist vergleichbar mit jener von Santiago de Compostela. Umso mehr erstaunt es, dass der heilige Olav über Skandinavien hinaus so wenig bekannt ist. 2010 wurde der Pilgerweg zum heiligen Olav zum zweiten europäischen Kulturweg deklariert. Es gibt das Bestreben, die Pilgerwege nach Trondheim mit jenen nach Santiago de Compostela zu verbinden. Der Olavsweg ist eigentlich ein ganzes Netzwerk von Wegen. Verschiedene Routen führen zum Grab des Heiligen. Insgesamt sind es 5.000 Kilometer Wege, 2.000 davon auf norwegischem Boden. Einige Pilgerwege führen von Schweden aus bis nach Norwegen.

Wer zu Fuß nach Trondheim kommt, sieht den Dom zum ersten Mal vom »Feginbrekka« (Freudenberg) aus. Der Anblick ist atemberaubend! Mitten aus der Stadt heraus erhebt sich der Dom mit seiner breiten Westfassade und der grün bedeckten Turmspitze, die im Licht wie eine Nadelspitze glänzt. Im Hintergrund vermag man die Pfahlbauhäuser zu erkennen, die sich wie bunte Perlen entlang des Flusses Nidelva aneinanderreihen. Am Horizont die norwegischen Berge, die steil in den Fjord abfallen. Vom Freudenberg her sieht man sehr schön, wie die Stadt am Fjord im Bezirk Sør-Trøndelag gelegen ist – circa 70 Kilometer vom offenen Meer entfernt. Für

die Pilgernden muss es ein Anblick sein, der das Herz vor Freude übergehen lässt.

Es ist ein alter Pilgerbrauch, dass man an dem Ort, von dem aus man die Pilgerstätte zum ersten Mal sehen kann, innehält. Zeit für eine letzte Rast, bevor die Pilgernden ins Heiligtum einziehen. Für die Fußpilgernden ist es der Ort und der Zeitpunkt, zu danken für eine gelungene Pilgerschaft – meist verbunden mit vielen Entbehrungen. Auf dem Feginbrekka zu stehen und auf den Dom zu blicken heißt, das Ziel unmittelbar vor Augen zu haben. Ich habe manche Pilger und Pilgerinnen beobachten können, die nach immenser körperlicher Anstrengung mit Blick auf den Dom von Freudengefühlen übermannt wurden. Die Erfüllung, die die Pilgernden empfinden, drückt sich sowohl im stillen Verweilen wie auch im Freudengesang aus.

Ich selbst stehe an diesem Morgen nicht als Fußpilgerin auf dem Freudenberg. Dennoch versuche ich, die Momente der Freude mit den anderen, mir unbekannten Pilgern zu teilen. Und während mein Blick über die Stadt schweift und am Dom hängen bleibt, formuliere ich meine ganz persönlichen Fürbitten, die ich mitnehmen will – hinein in den Dom, zum heiligen Olav.

Nidaros oder Trondheim?

Im Zusammenhang mit dem Walllfahrtsort gab es eine Sache, die mir auch nach der Ankunft vor Ort noch nicht ganz klar war: Wie heißt nun die Stadt des heiligen Olav? Trondheim oder Nidaros? Zwei Namen für eine Stadt? Manchmal sprach ich von »Trondheim« und mein Gegenüber fuhr dann korrigierend fort mit »Nidaros«. Es kam aber auch vor, dass meine Gesprächspartner im selben Satz die Namen synonym verwendeten. Letztlich, so schien es mir, meinten sie dasselbe. Aber seltsam war es allemal. So versuchte ich, Licht in dieses Namensdunkel zu bringen.

Wie viele andere Städtenamen geht der Name der drittgrößten norwegischen Stadt auf den Namen einer Flussmündung zurück. An der Mündung des Flusses Nid (heute Nidelva) gelegen, hieß die Stadt im Mittelalter Nidaros.

Im Spätmittelalter verbreitete sich der Name *Kaupangen i Trondheimen* (»Handelsplatz in Trondheim«). Aus dieser Bezeichnung wurde bald in der damals gesprochenen dänischen Sprache »Trondhjem«. Als Norwegen 1905 vollständig unabhängig wurde, gab es – vor allem seitens nationalistischer Kreise – zahlreiche Bemühungen, die dänischen Namen durch mittelalterliche norwegische zu ersetzen. Das norwegische Parlament verabschiedete 1930 ein Gesetz, wonach die Stadt in »Nidaros« zurückbenannt werden

sollte. Doch da dieser Beschluss ohne die Anhörung der Stadtbewohner gefällt wurde, erntete die Regierung einen regelrechten Proteststurm. Die Einwohner Trondhjems verlangten, den Beschluss rückgängig zu machen. Ob des anhaltenden Protestes sah sich die Regierung zum Handeln gezwungen. Schließlich einigte man sich auf die norwegisierte Form Trondheim. Dieser Name gilt offiziell seit dem 6. März 1930. Eingebürgert hat er sich aber noch längst nicht. Zwar ist der Flughafen von Trondheim der »Trondheim Airport Vaernes«, ebenso kauft man sich eine Zugfahrkarte von oder nach »Trondheim Sentralstasjon« und Karten bekommt man von »Trondheim und Umgebung«. Die Kathedrale allerdings heißt noch heute der »Dom zu Nidaros« und die Pilgerwege durch Norwegen führen alle nach Nidaros und nicht etwa nach Trondheim. Wie in anderen skandinavischen Ländern sind auch die Norweger und Norwegerinnen ein Volk, das sich stark mit seiner Geschichte identifiziert. So erstaunt es nicht, dass in der Geschichte der Stadt vieles, was älter als 100 Jahre ist, unter dem Namen Nidaros, erscheint. Für meine Beschreibung in diesem Kapitel versuche ich mich dieser Gewohnheit anzupassen.

Wie das Christentum nach Norwegen kam

Das Christentum verbreitete sich in Norwegen sowohl vom Süden her über Dänemark wie auch von den Britischen Inseln her. Vor allem der britische Einfluss war wichtig für Norwegen. Die ersten christlichen Könige Norwegens waren in England getauft werden. Auch die ersten Priester kamen aus England. Håkon der Gute, er war der erste christliche König Norwegens, ließ 960 die ersten christlichen Kirchen bauen. Aber erst unter König Olav I. (um 1000) fasste das Christentum richtig Fuß im Land. Der König gründete 997 Trondheim und ließ dort die erste Kirche bauen. Doch es brauchte noch gut 20 Jahre und einen Heiligen, König Olav II., damit das

Christentum sich als dauernde Religion Norwegens durchsetzen konnte. Der Einfluss aus England und Schottland blieb viele Jahrhunderte beachtlich, vor allem in Kunst und Architektur. (Das beste Beispiel ist der Dom von Nidaros, auf den ich noch ausführlich zu sprechen komme.) Ebenso auf die ersten Klöster, die von englischen Mönchen gegründet wurden. Das Christentum breitete sich in der zweiten Hälfte des 11. Jahrhunderts rasant aus. In Bergen, Oslo und Stavanger wurden Bischofssitze errichtet. Dies war auch ein Mittel, die angestrebte kirchliche Unabhängigkeit voranzutreiben. 1153 wurde die Erzdiözese Trondheim errichtet. Ihr waren Grönland, Island, die Färöer-Inseln, die Orkney Inseln, die Shetland-Inseln, die Hebriden und die Isle of Man unterstellt. Die Erzdiözese bestand 384 Jahre und wurde erst während der Reformation 1537 aufgehoben. Der letzte katholische Erzbischof Olav Engelbrektsson feierte am Ostersonntag die letzte Messe und floh am 13. April 1537 aus dem Land.

Der heilige König Olav II. Haraldsson

Das Leben des heiligen Olav, über den in Mitteleuropa nur weniges bekannt ist, spannt einen Bogen vom plündernden Wikinger zum im Volk glühend verehrten Heiligen. Meistens wird er im Zusammenhang mit den heiligen Königen Knut und Erik genannt.

Olav Haraldsson wurde um das Jahr 995 geboren, sein Vater Harald Grenske war ein dänischer Unterkönig, seine Mutter hieß Åsta. Über die Familie und seine frühen Jahre ist wenig bekannt. Gesichert ist allerdings, dass er um 1008 an einem Wikingerfeldzug nach England teilnahm. Als die Wikinger England verließen, zog es Olav nach Spanien und Frankreich. In dieser Zeit lernte der junge Olav das Christentum kennen. Er wurde 1014 in Rouen getauft. Ein Jahr später – vielleicht auch zwei, die Quellen widersprechen sich – kam Olav nach Norwegen zurück und wurde alsbald König.

Auch hier variieren die Erzählungen. Die legendarische Olavssage berichtet, dass Olav nach seiner Ankunft die Kleinkönige zusammenrief und sie vor die Entscheidung stellte, ihn entweder als König zu akzeptieren oder getötet zu werden. Gemäß der Sage beugten sich die meisten. Andere Quellen berichten von bitteren Kämpfen, die Olav ausfechten musste, bevor er König wurde. Wie auch immer: Einig sind sich alle, dass König Olav II. das Reich innerhalb kürzester Zeit einen und das Christentum als einzige Religion im Reich verankern konnte. Möglich war das nur, weil er ein sehr striktes und strenges Regime führte. Dies wiederum brachte ihm viele Neider und Feinde im norwegischen Adel ein. Ein Teil des Adels verbündete sich mit König Knut dem Großen von Dänemark, der 1028 den Anspruch auf die Königskrone Norwegens erhob. Olav II. flüchtete nach Russ-

Er einte Norwegen und führte das Christentum ein: König Olav II. Haraldsson, hier auf einem Glasfenster in der Kapelle der Dankbarkeit im Dom zu Nidaros.

Der letzte Teil ihrer Reise führt die Pilgernden immer am Fluss Nidelva entlang nach Nidaros hinein. Ihr Ziel ist die Kathedrale und das Grab des heiligen Olav.

Heiliger Olav

Olav II. Haraldsson König von Norwegen *um 995 in Vestfold, † 29. Juli 1030 in der Schlacht bei Stiklestad. Gedenktag: 10. Juli zusammen mit den nordischen Königen Knud und Erik (in Norwegen Gedenktag am 29. Juli). Als König gelang es ihm, sein Reich zu einen und zu christianisieren. Darstellung: In vornehmer Kleidung, bisweilen auch in Rüstung mit Mantel und Krone, mit Reichsapfel und Zepter; mit Hellebarde oder Streitaxt (durch die er den Tod fand), mit Humpen (Weinwunder); mit gekröntem Drachen (besiegtes Heidentum). Wenn Olav mit den nordischen Königen Knud und Erich dargestellt wird, trägt er immer die Streitaxt.

land zu seinem Schwager. Doch sich im Exil zu begnügen war nicht Olavs Sache. Bereits 1030 machte er sich zusammen mit einer kleinen Armee auf, den Thron wieder zurückzuerobern. Über Schweden gelangte er nach Norwegen, wo ihn seine Gegner mit einer großen Armee erwarteten. Am 29. Juli fiel Olav II. in der Schlacht bei Stiklestad. Ein Bauer nahm sich des Leichnams an, brachte ihn nach Trondheim und bestattete ihn am Ufer des Flusses Nidelva. Bald darauf machten in Nidaros Gerüchte über Wunder die Runde, die Olav II. zugeschrieben wurden. Ein Jahr nach seinem Tod wurde sein Sarg gehoben und geöffnet. Man fand den Leichnam Olavs unversehrt. Die Heiligsprechung durch das Volk war nur mehr eine Frage der Zeit und der Bischof – in dessen Kompetenz die Heiligsprechung damals lag – bestätigte diese bald darauf. Der Leichnam Olavs wurde in die St. Klemens-Kirche im nördlichen Stadtteil überführt. Über seinem ersten Grab baute man eine kleine Holzkapelle. Wie bei zahlreichen anderen Heiligenlegenden, besagt auch die Erzählung über Olav, dass neben der Kapelle eine Quelle entsprang, die heilende Wirkung hatte. Unzählbar war die Anzahl der Wunder, die sich in der Folge durch dieses Wasser ereignet haben sollen. Die Pilgernden ließen nicht lange auf sich warten. Im Volk erfreute sich der heilige Olav schon zu Lebzeiten enormer Beliebtheit, weil er zugänglich war für die Bedürfnisse aller sozialen Gruppen in der damaligen Gesellschaft. Es war

nicht anders nach seinem Tod. Er wurde zum Helden der Bauern, zum Schutzheiligen der Seefahrer und fahrenden Kaufleute, eine stützende Kraft für Sesshafte und das Königshaus und galt als Beschützer der kleinen Leute.

Es war Olav III. Kyrre, der die erste Steinkirche über dem Grab des heiligen Olav bauen ließ. Damit beginnt die Geschichte des Domes zu Nidaros.

Stadt der Pilger

Gott, wir danken dir, dass du die beschützt, die dich suchen. Wir danken dir, dass du die leitest, die auf dich hoffen. Wir bitten dich um deinen Segen, wenn wir jetzt aufbrechen zu unserem Pilgerweg. Bewahre uns vor allem Übel, dass kein Schaden uns treffe. Behüte du unsere Körper und Seelen. Hilf uns, mit offenem Blick loszuziehen für das, was du uns auf dem Weg zeigen willst. Und wenn wir unser Ziel erreichen, hilf uns, deine Stimme zu hören. Gott segne und behüte uns. Amen.
Aus der norwegischen Pilgerliturgie

Nachdem die Frage des Städtenamens geklärt war, war ich sehr gespannt auf das »Jerusalem des Nordens«. Dieser Vergleich mit der heiligen Stadt weckte große Erwartungen in mir.

Zum ersten Mal besuchte ich Trondheim Ende Juli 2011 zu den Olavs-Festtagen. Mit einem zehntägigen Programm wird der Heilige der Stadt und des Landes gefeiert.

Konzerte, Lesungen, Theater, ein mittelalterlicher Handwerkermarkt, Podiumsdiskussionen werden ebenso angeboten wie ein umfangreiches gottesdienstliches Programm. Nicht zu vergessen die unzähligen Verpflegungsstände, an denen sich Pilgernde und andere Besucher stärken können. Die Stadt gleicht während dieser Tage einem großen Marktplatz. Und man stellt sich vor, dass es schon vor Hunderten von Jahren so oder ähnlich zu- und hergegangen ist. Dann nämlich, wenn sich zu den Festtagen große Pilgerströme in die Straßen und Gassen Nidaros ergossen.

Der Gedenktag des heiligen Olav ist der 29. Juli (im deutschen Sprachraum 10. Juli). Die Nacht vom 28. auf den 29. Juli wird jeweils mit einer Vigil, einer Gebetsnacht, gefeiert. Sie ist der Höhepunkt für alle Pilger und Pilgerinnen. Sie beginnt mit einer Pilgerwanderung. Man kann schlecht sagen, sie beginne mit Einbruch der Dunkelheit, denn Ende Juli wird es in Trondheim nie richtig dunkel. Dadurch verliert man jegliches Zeitgefühl und fühlt sich, wie wenn man zu einem nachmittäglichen Spaziergang aufbrechen würde. Ein Stück des Pilgerweges nach Nidaros wird also in dieser hellen Nacht gemeinsam begangen.

Die Wanderung beginnt in einem Vorort von Trondheim bei der Lo Kirche (nahe beim Sverresborg Volksmuseum). Von dort geht es weiter zur Ilen Church, dann zur Spitalkirche und schließlich zur Vår Frue Kirke, die mitten in der Stadt liegt. An jedem Ort stoßen mehr Pilger und Pilgerinnen dazu. Die Stationen in den verschiedenen Kirchen sind »Raststätten« für Leib und Seele. Eine kurze Andacht lädt ein zum Verweilen, bevor das nächste Stück Pilgerweg unter die Füße genommen wird. Lieder, Bibellesung und ein Abschnitt aus der Olavssage regen zur persönlichen Betrachtung an. Erfrischend ist, dass auch Lieder aus dem Liedgut von Taizé gesungen werden, die den meisten Pilgernden bekannt sind. So vereinen sich die Stimmen zu einem großen Lobgesang. In dieser Nacht Ende Juli 2011 wird eine Pilgergruppe ganz speziell begrüßt. Sie war fast vier Wochen unterwegs zu Fuß von Oslo nach Trondheim. Das ist eine beachtliche Leistung! Ich schätze, sie haben an die 650 Kilometer zurückgelegt.

Unser abendlicher Pilgerzug wird von einigen Priestern und Priesterinnen der norwegischen lutherischen Kirche angeführt. Sie gestalten auch die einzelnen Stationen mit Lesung, Gebet, Stille und Gesang. Sie tragen die gleiche liturgische Kleidung, wie sie die katholische Kirche kennt – Albe und Stola –, weshalb nicht zu erkennen ist, ob auch katholische Priester mitwandern. So oder so ist es nicht einfach, die Vertreter der Kirchen den verschiedenen Konfessionen zuzuordnen, denn die meisten tragen ein sogenanntes Klerikerhemd. Und ich ertappe mich dabei, wie ich hin und wieder schaue, ob der Priester einen Ehering trägt.

Während wir den Texten lauschen, versuche ich mir ein Bild von den Pilgernden zu machen. Es sind Menschen aller Generationen, Frauen und Männer, Einheimische und Fremde. Menschen mit Wanderschuhen und Pilgerstab, aber auch solche mit Sandalen oder Alltagsschuhen. Es ist Gottes Volk, das sich hier versammelt. Eine große Familie über alle Sprachgrenzen, Nationalitäten und Generationen hinweg, so sammelt es sich zum gemeinsamen Gebet. Es ist ein gutes Gefühl, sich in dieser Menge von Menschen – von Schwestern und Brüdern im Glauben aufgehoben zu wissen.

Ich kenne meine Pläne, die ich für euch habe – Spruch des Herrn –, Pläne des Heils und nicht des Unheils; denn ich will euch eine Zukunft und eine Hoffnung geben. Wenn ihr mich ruft, wenn ihr kommt und zu mir betet, so erhöre ich euch. Sucht ihr mich, so findet ihr mich. Wenn ihr von ganzem Herzen nach mir fragt, lasse ich mich von euch finden – Spruch des Herrn. Ich wende euer Geschick und sammle euch aus allen Völkern und von allen Orten, wohin ich euch versprengt habe. Ich bringe euch an den Ort zurück, von dem ich euch weggeführt habe.
Jeremia 29,11–14

Die letzte Station auf dem nächtlichen Pilgerweg ist der Dom von Nidaros. Der Einzug der Pilger ist für 23 Uhr vorgesehen. Doch wegen der vielen Teilnehmenden an der Pilgerwanderung verzögert sich der Einzug immer wieder. Diejenigen, welche die Pilgernden vor dem Dom mit einem Fackelspalier begrüßen wollen, tun mir leid, denn als die Pilger schließlich ankommen, halten sie nur mehr abgebrannte rauchende Stäbe in den Händen! Dennoch: Es tut der andächtigen Stimmung keinen Abbruch. In einem schier unendlichen Strom schreiten die Pilgernden durch das Hauptportal in den Dom hinein.

Ich freute mich, als man mir sagte: »Zum Haus des Herrn wollen wir pilgern.« Schon stehen wir in deinen Toren, Jerusalem: Jerusalem, du starke Stadt, dicht gebaut und fest gefügt. Dorthin ziehen die Stämme hinauf, die Stämme des Herrn, wie es Israel geboten ist, den Namen des Herrn zu preisen.
Psalm 122,1–4

Viele Menschen erwarten die Pilgernden, kaum ein Platz bleibt frei. Die Gebetsnacht wird ökumenisch gefeiert. Anwesend ist nicht nur der Bischof der norwegischen lutheri-

schen Kirche, sondern auch der katholische Bischof von Oslo. Der ökumenische Gottesdienst im Dom dauert etwa zwei Stunden. Er wird bereichert von viel Gesang und Musik. Der Dom ist nur spärlich beleuchtet. Es sind Kerzen, unzählige Kerzen, die ein warmes Licht verbreiten. Im Anschluss an den ökumenischen Pilgergottesdienst bleibt die Kirche die ganze Nacht über geöffnet für die Betenden. Jeweils zur vollen Stunde gibt es einen Impuls mit anschließender Musik und Stille.

Ich muss gestehen, dass mich die vielfältigen Aktivitäten bereits ein bisschen müde gemacht haben, und weil ich am nächsten Tag bereits um 8:00 Uhr zur katholischen Messe im Dom zurück sein will, verlasse ich die Vigil gegen 1:30 Uhr morgens. Draußen empfängt mich so etwas wie Dämmerung.

Obwohl ich zum ersten Mal hier in Mittelnorwegen bin, obwohl mir die Sprache wenig verständlich ist, fühle ich mich in diesem Unterwegssein zu Hause.

Die Baugeschichte des Doms in Nidaros

Der Dom von Nidaros ist ein »Flickenteppich der Baugeschichte«. Unzählige Male wurde er erweitert, zerstört, wieder aufgebaut und renoviert. Ich versuche, einen kurzen Abriss der Baugeschichte wiederzugeben, und beschreibe im Folgenden, wie der Dom vom 11. Jahrhundert bis heute verändert wurde.

11. Jahrhundert

König Olav III. Kyrre (1066–1093) ließ zu Ehren des heiligen Olav im 11. Jahrhundert die erste Steinkirche erbauen. Der Altar soll genau über der Stelle errichtet worden sein, wo der Geschichte nach der heilige Olav begraben worden war. Mit einer Länge von gut

Jedes Jahr wird die Olavsstatue an der Westfassade bekränzt. Damit werden die Olavstage eröffnet.

Trondheim / Nidaros – das Jerusalem des Nordens

50 Metern war diese Kirche die größte des Landes. Sie besaß einen Chor, ein Schiff und einen Westturm. Obwohl der Heiligen Dreifaltigkeit geweiht, wurde sie umgangssprachlich meist Christuskirche genannt.

Wer unter dem Vierungsturm des heutigen Domes steht, kann sich diese erste Kirche ganz gut vorstellen. Hier stand der Westturm der Christuskirche, das heutige Mittelschiff zum Oktogon hin war einst das Kirchenschiff und unter dem Oktogon war der Chor. Dort befand sich der goldene Schrein mit den Gebeinen des heiligen Olav. In einem kleinen Raum an der Südseite des Chores befand sich die Olavs-Quelle. Der Bauplan von damals lässt sich im heutigen Bau recht gut ablesen.

12. Jahrhundert

Die Bestrebungen des Heiligen Stuhls, im Norden Europas Erzdiözesen zu errichten, um die Unabhängigkeit der Kirche vom Staat voranzutreiben, brachte auch die Planung zur Vergrößerung der Christuskirche mit sich. Eine große Kirche im Stil der englischen Kathedralen sollte errichtet werden! Zum einen sollte damit die Macht der Kirche demonstriert und zum andern sollten die größer werdenden Pilgerströme aufgenommen werden. So wurde Mitte des 12. Jahrhunderts eine Bauhütte in Nidaros errichtet. Der Plan sah vor, die Christuskirche stehen zu lassen beziehungsweise an ihre Bauform anzuschließen und die Kirche zu erweitern. Vom Westturm ausgehend baute man das Querschiff nach Norden und nach Süden, und nach Westen hin entstand das neue große Kirchenschiff. Zu dieser Zeit kamen die meisten Bauarbeiter aus England, wo sie bereits an verschiedenen Kathedralen mitgebaut hatten. Deren Einfluss zeigte sich in der Architektur. Zickzackfries, Würfelkapitelle und Kragsteine mit Tierköpfen zeugen von dieser Zeit.

Ebenfalls im 12. Jahrhundert wurde das Kapitelhaus erbaut, eine Kapelle, die im Norden des Chorraumes angrenzt. Es war, nach englischem Vorbild, frei stehend und nur durch einen Gang mit der Kathedrale verbunden. Wahrscheinlich wurde das Kapitelhaus zur Aufbewahrung von Reliquien und anderen Kunstgegenständen benutzt.

Grundriss des Doms zu Nidaros

Norwegen

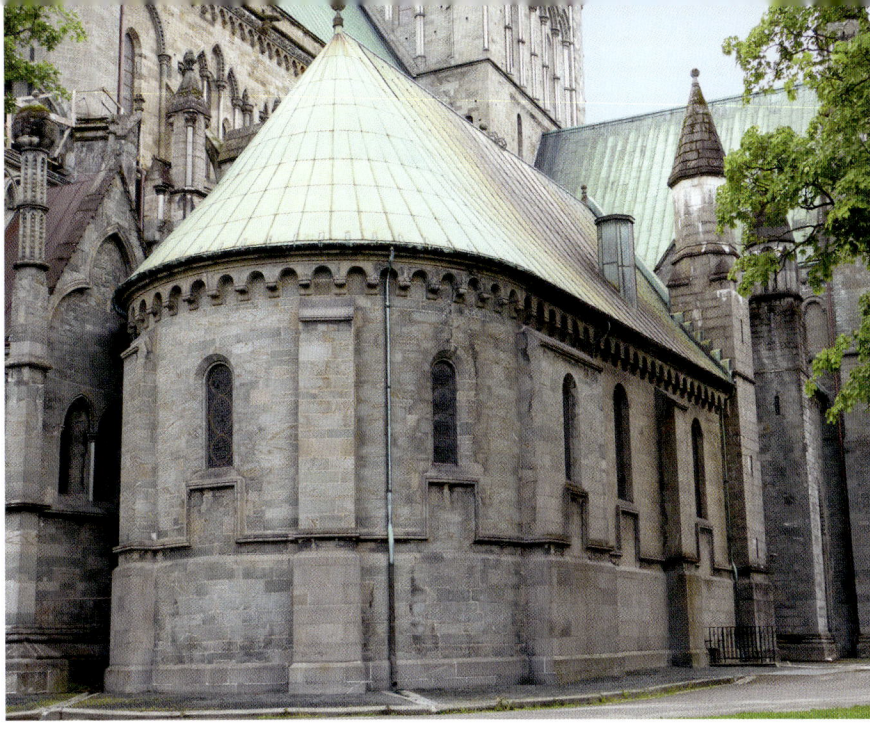

Erzbischof Eystein Erlendsson plante in der zweiten Hälfte des 12. Jahrhunderts einen neuen, größeren Chorraum für die Kathedrale. Der alte war angesichts der vielen Pilger zu eng geworden. Zudem wollte der Erzbischof eine Architektur schaffen, die den heiligen Ort schon von Weitem sichtbar machte. Ein Oktogon sollte es sein für die Gebeine des heiligen Olav!

Diese Form war wahrscheinlich eine Inspiration aus der Grabeskirche in Jerusalem oder der Kapelle Karls des Großen im Dom zu Aachen. In vielen Religionen gibt es das Pilgerritual des Umschreitens des Heiligtums. Ein solcher Umgang wie in Jerusalem und Aachen sollte nun auch in Nidaros möglich sein. Vom Oktogon gingen Kapellen nach Norden, Osten und Süden weg. In diesem Kapellenumgang konnten die Pilgernden das Grab des Heiligen umschreiten. Anfang des 13. Jahrhunderts gerieten aufgrund von Konflikten zwischen der Krone und der Kirche die Bauarbeiten ins Stocken, sodass der Bau nicht zu Lebzeiten von Erzbischof Eystein vollendet werden konnte.

13. Jahrhundert

Um das Jahr 1220 wurde das Oktogon vollendet und die Gebeine des heiligen Olav kamen im Chor der Kirche zu liegen. Doch die Baugeschichte der Kathedrale nahm indes unvermindert ihren Lauf.

Schon wurden neue Pläne für eine Vergrößerung der Kathedrale geschmiedet. Die Gotik breitete sich über Westeuropa aus und der Dom von Nidaros sollte Zeuge dieser Baukunst werden. Merkmale der Gotik waren unter anderem die gewaltige Längenausdehnung der Kathedralen, der Vierungsturm, Westtürme, die nicht Teil der Fassade sind, sondern neben oder hinter der Fassade stehen, und wuchtige Schirmfassaden. Diese Eigenheiten wurden auch am Bau in Nidaros sichtbar. Allein das Kirchenschiff war 50 Meter lang und 21 Meter hoch, als die Kirche am Ende des 13. Jahrhunderts eingeweiht wurde. Die mächtige Westfassade, die wie ein Schirm vor dem Kirchenschiff steht, ist ebenfalls in dieser Epoche entstanden und bis zum heutigen Tag eine Sehenswürdigkeit von Nidaros geblieben. Ebenfalls aus diesem Jahrhundert stammt das »Königsportal« auf der Südseite des Chors. Dieser Eingang wurde vor allem für Prozessionen benutzt. Die Anlehnung an die englische Hochgotik ist frappant. Vorbilder mussten Lincoln Cathedral und die Westminster Abbey gewesen sein.

14. Jahrhundert

Das 14. Jahrhundert ist als »schwarzes Kapitel« in die Baugeschichte des Domes und des

Das Kapitelhaus an der Nordseite des Domes. Von außen ist gut erkennbar, dass es einst ein eigener, nur durch einen Gang mit dem Dom verbundener Bau war.

Landes eingegangen. Am 4. April 1328 zerstörte ein gewaltiges Feuer große Teile des Doms. Fast zwanzig Jahre war man anschließend mit dem Wiederaufbau beschäftigt, dann musste der nächste Rückschlag verkraftet werden. Es war ein »Unglück der anderen Art«, das den Bau beinahe zum Stillstand brachte: der *svartedauden*, der Schwarze Tod. Die Pestepidemie von 1348/49 breitete sich rasend schnell von Mitteleuropa nach Norden aus und erreichte Nidaros den historischen Quellen nach im Jahr 1349. 50 bis 60 % der Bevölkerung des Landes wurden regelrecht dahingerafft – Arbeiter fehlten, nichts ging mehr.

15. Jahrhundert

Über die Arbeiten in der zweiten Hälfte des 15. Jahrhunderts weiß man nur wenig, doch die Quellen berichten von weiteren Bränden, die großen Schaden am Turm sowie am Inneren und Äußeren der Kathedrale anrichteten. Mit unermüdlichem Einsatz versuchten die zuständigen Bischöfe, die Kirche immer wieder neu aufzubauen. Doch erst in der zweiten Hälfte des 15. Jahrhunderts, als sich die Wirtschaft in Norwegen von den Auswirkungen der Pest erholt hatte, war ein effizientes Weiterbauen an der Kathedrale möglich.

16. Jahrhundert

Zu Beginn des 16. Jahrhunderts wurde das Oktogon restauriert und obwohl der Baustil der Renaissance in Europa Einzug gehalten hatte, restaurierte man im »alten« gotischen Stil. So sah das neue Oktogon aus wie das vormalige alte.

Der 5. Mai 1531 war ein rabenschwarzer Tag in Nidaros. Der größte Teil der Stadt und mit ihm die Kathedrale brannten bis auf die Grundmauern nieder. Der Wiederaufbau ließ ein neues, ebenfalls 21 Meter hohes Kirchenschiff entstehen. Dieser Kirchenneubau war der letzte vor der Reformation in Norwegen.

Politische und religiöse Kämpfe störten in der ersten Hälfte des 16. Jahrhunderts den Frieden in den nordischen Ländern. Die Reformation breitete sich schnell auch im Norden Europas aus. König Christian III., der Martin Luther 1521 persönlich begegnet war, führte 1536 in Norwegen und Dänemark die Reformation ein. Die Bischöfe wurden inhaftiert oder vertrieben, ihr Besitz konfisziert.

1537 stand das Schiff der Kathedrale quasi als Ruine da, der Olav-Schrein war zerstört, die Pilgernden kamen nicht mehr und auch das Olavsfest wurde nicht mehr begangen. Der letzte katholische Bischof musste das Land verlassen. 1564 wurde die Kathedrale von schwedischen Soldaten geplündert. Zwanzig Jahre später wurde sie zur Pfarrkirche für die Hälfte der Stadt Nidaros bestimmt. So fand die Kirche eine neue Bestimmung. Bis heute ist unklar, wo genau die Gebeine des heiligen Olav nach der Zerstörung des Schreins beigesetzt wurden. Man vermutet, dass sie »irgendwo« im Bereich des heutigen Kirchenraumes zu liegen kamen.

17. Jahrhundert

Als der dänische Adlige Oluf Parsberg von König Christian IV. zum Herzog von Trøndelag eingesetzt wurde, war die Kathedrale in einem erbärmlichen Zustand. Zwischen 1633 und 1638 nahm sich der Herzog selbst der Restaurierung an. Es war inzwischen die Zeit des Barock.

18. Jahrhundert

1708 und 1719 zerstörte zum wiederholten Mal ein Feuer die Stadt Nidaros und die Kathedrale. Die ausgebrannte Ruine wurde nach dem Feuer von 1719 nur in einfacher Weise wieder aufgebaut. So erhielt der Bau einen pyramidalen Turm, das Oktogon wurde barockisiert und große Teile wurden aus Holz erbaut und anschließend bemalt, um ihnen den Anschein von Marmor oder Seifenstein zu verleihen. 1741 kam die erste Orgel in die Kathedrale.

19. Jahrhundert

Mit dem 19. Jahrhundert begann eine neue Kulturepoche: die Romantik. Es war die Zeit, in welcher das Mittelalter nicht mehr als »finster« angesehen wurde, sondern in einem positiveren Licht. Viele Menschen fragten sich, wie die Kathedrale während der »goldenen Jahrhunderte«, also im 13. und 14. Jahrhundert, ausgesehen hatte. Zu gerne hätte man die Kirche wieder in den Originalzustand zurückversetzt. Doch was war der Originalzustand?

Nach einer so bewegten Baugeschichte war dieser nicht einfach auszumachen. Als sich schließlich im Jahre 1833 ein Stein aus dem Gewölbe löste und auf den Altar krachte, nahm man das zum Anlass, das Bauwerk von einem Architekten gründlich untersuchen zu lassen. Spuren der Vergangenheit sollten gefunden und so gut wie möglich interpretiert werden. 1860 wurde der deutsche Architekt Schirmer mit der Generalrestaurierung der Kathedrale beauftragt. Ziel war es, die Kathedrale im Originalzustand wieder aufzubauen.

Der Wiederaufbau des Domes zwischen 1869 und 1969

Zunächst wurde das Kapitelhaus restauriert und in den Originalzustand des 12. Jahrhunderts versetzt. Anschließend machte man sich an die Restaurierung der Chorwände. Dabei folgte man einer »neuen« Bauweise. Man versuchte, möglichst viel von der alten Baumasse zu erhalten, das heißt, nur einzelne Steine zu ersetzen, anstatt ganze Wände von Grund auf neu zu bauen. Alle Bauteile wurden untersucht und nur die völlig zerstörten wurden ersetzt. Alles, was zur Barockzeit hinzugefügt wurde, wurde jetzt entfernt. Die Baumeister wollten zurück zur mittelalterlichen Gestaltung des Chores. Außerdem entstand die Überdachung des Oktogons, wie sie noch heute zu sehen ist. Dort, wo ganz neu gebaut werden musste, war man bedacht, die mittelalterliche Bauweise nachzuahmen.

Christus, Mose und Elia: Darstellung der Verklärung des Herrn nach Markus 9,2–9, ein Sinnbild für den Alten (Elia und Mose) und den Neuen Bund (Jesus)

Um die Jahrhundertwende wurden das Querschiff und der Glockenturm restauriert. Die Höhe des heutigen Turmes misst 91 Meter. Viele alte Steine, die unter den eingestürzten Mauern begraben waren, konnten hier als Baumaterial verwendet werden. Das südliche Querschiff musste ganz neu errichtet werden, da es seit dem 16. Jahrhundert zerstört war. Da dieses Querschiff nie steinüberwölbt war, entschied man sich für die Überdachung mit einem Holzgewölbe. Das Gewölbe war inspiriert durch die lokale Bauweise und gewisse Elemente aus dem Bau von Stabkirchen, wie sie in Norwegen üblich waren.

Das Kirchenschiff blieb zunächst von der Restaurierung ausgenommen, da niemand wusste, wie das Schiff im Original ausgesehen hatte. Bei der Spurensuche an den Wänden wurden allerdings so viele Anhaltspunkte gefunden, dass der Architekt sich zutraute, die Wände des Kirchenschiffes zu restaurieren.

Als Norwegen 1905 unabhängig wurde, beschloss das Parlament die Gesamtrestaurierung des Kirchenschiffes. Die Kirche sollte 1906 provisorisch so weit hergerichtet sein, dass die Krönung von König Haakon VII. und Königin Maud in der Kirche stattfinden konnte. Es war das erste Mal seit dem Mittelalter, dass die Kirche in ihrer gesamten Länge benutzt werden konnte. 1930, gerade zum 900-jährigen Jubiläum der Schlacht von Stiklestad, konnte die Kirche eingeweiht werden – die Westfassade war allerdings zu diesem Zeitpunkt noch nicht fertig. Ihre Fertigstellung sollte einer der aufwendigsten Prozesse der Gesamtrestaurierung werden. Da nur das untere Drittel der Fassade standgehalten hatte, musste alles andere nachgebaut werden. Vorbilder für den Wiederaufbau waren die englischen Kathedralen. Die Vorlagen zum Neubau der Westfassade mussten 1948 vom Parlament verabschiedet werden. 1968, nach 100-jährigen Restaurierungsarbeiten am Dom, wurde der Südturm vollendet. Die letzte Statue an der Westfront – der heilige Johannes der Evangelist – fand seinen Platz allerdings erst 1983 und das letzte Gewölbe im Nordturm wurde im Jahr 2001 eingezogen. Nach 132 Jahren Restaurierung kamen die Arbeiten zu einem vorläufigen Abschluss. Der Dom von Nidaros ist die nördlichste mittelalterliche Kathedrale und der zweitgrößte Sakralbau Skandinaviens.

Bevor ich die Kirche betrete, umschreite ich sie. Immer neue Perspektiven tun sich auf. Bisweilen folgt mein Blick den Strebebögen, die die immensen Kräfte des gewaltigen Kirchenbaus tragen, manchmal verweilt mein Blick auf einem kleinen Detail. Die Schönheit der Architektur breitet sich vor mir aus. Formen und Figuren nehmen mich mit auf einen Spaziergang durch die Jahrhunderte.

Die Westfassade

Die Westfassade des Domes zu Nidaros lässt mich innehalten. In ihr ist das Leben der Welt eingezeichnet. Geschichten von Liebe und Verrat, Geburt und Tod, Mut und Krieg, Gerechtigkeit, Glaube, Hass, Lob, Gottvergessenheit, Freundschaft, Versöhnung, Vergebung, Befreiung, Heimweh, Hoffnung, Träumen und Leidenschaft. Das Leben vieler Generationen wird hier in einer großen Vielfalt abgebildet und mittendrin steht Gott, der dieses ganze Leben umarmt. Vor uns steht steingewordene Geschichte!

Wer auf dem Platz vor der Kathedrale steht, wird erst einmal überwältigt sein von der Schirmfassade, die sich vor ihm aufbaut. Sie ist das bedeutendste Merkmal, das auf die englische Gotik verweist. Erst auf den zweiten Blick wird man erkennen, dass die Fassade nicht wirklich alt ist. Sie wurde erst im 20. Jahrhundert errichtet. Aus derselben Zeit stammen die meisten Statuen, welche die Fassade schmücken. Sie wurden von norwegischen Künstlern geschaffen. Nur fünf der insgesamt 59 Statuen sind im Original aus dem Mittelalter erhalten geblieben. Diese Originale stehen heute im Dommuseum. Aber eigentlich interessiert das Alter der Statuen weniger als das Bildprogramm, das auf der Fassade gezeigt wird.

Dem ikonografischen Programm der Westfassade ist das Bild von einem Baum zugrun-

de gelegt. Stamm des Baumes ist Jesus Christus: der Gekreuzigte über dem Mittelportal (10; die Nummerierung bezieht sich auf die Darstellung der Fassade in Abb. 5, S. 138), am Tag des Jüngsten Gerichtes über der Rosette (58) zusammen mit Maria auf dem Giebel des Rosettenfensters (76), und schließlich im Giebel des Kirchenschiffes als der Triumphierende bei seiner Wiederkunft (63). Von dieser Mittelachse breiten sich die Reihen von Statuen wie Äste aus.

1 König Olav Trygvasson
2 Bischof Sigurd
3 Hl. Klemens
4 Hl. Philippus
5 Hl. Thomas
6 Hl. Bartholomäus
7 Hl. Andreas
8 Hl. Johannes
9 Hl. Petrus
10 Die Kreuzigung
11 Hl. Paulus
12 Hl. Jakobus der Ältere
13 Hl. Simon
14 Hl. Matthäus
15 Hl. Jakobus der Jüngere
16 Hl. Judas Thaddäus
17 Hl. Nicasius
18 Hl. Denis
19 Hl. Franziskus
20 Hl. Eystein
21 Hl. Hallvard
22 Hl. Sunniva
23 Hl. Olav
24 Liebe
25 Hoffnung
26 Glaube
27 Jesaja
28 Erzengel Gabriel
29 Maria
30 Engel der Vertreibung
31 Adam
32 Eva
33 Wahrheit
34 Barmherzigkeit
35 Friede
36 Gerechtigkeit
37 Hl. Thorlak von Island
38 Hl. Magnus von den Orkney-Inseln
39 Hl. Erlend von den Faröer Inseln
40 Abraham
41 Samuel
42 Jesaja
43 Ezechiel
44 Jona
45 König David
46 König Jehosaphat
47 König Hezekiah
48 Johannes der Täufer
49 Mose
50 König Josiah
51 König Uzziah
52 König Salomon
53 Zacharias
54 Daniel
55 Jeremia
56 Elia
57 Jakob
58 Das Letzte Gericht
59 Matthäus der Evangelist
60 Markus der Evangelist
61 Lukas der Evangelist
62 Johannes der Evangelist
63 Christus Triumphator
64 Hl. Margareta
65 Hl. Anna
66 Hl. Barbara
67 Hl. Apollonia
68 Hl. Laurentius
69 Erzengel Michael
70 Hl. Katharina
71 Hl. Cäcilia
72 Hl. Gertrud
73 Hl. Birgitta
74 Hl. Martin
75 Hl. Swithun
76 Maria und Jesus

Ich versuche, mir einen Überblick über die Figuren zu verschaffen, doch ich merke, wie mein Blick sich immer wieder auf den »Stamm« des Bildprogramms, auf Jesus Christus, fokussiert. Er ist es, der alles zusammenhält und zusammenfügt – nicht nur das Bildprogramm auf der Fassade, auch unser Leben als Christen. Christus ist Anfang und Ende. Geburt, Kreuzigung, Gericht und Wiederkunft. Ich nehme mir noch einmal ein paar Minuten Zeit und frage mich: Welches Kreuz trage ich in meinem Leben? Welche Sorgen, Nöte, Bitten habe ich mit nach Nidaros gebracht? Vertraue ich auf Jesus Christus, der von sich sagt: »Ich bin bei euch alle Tage bis ans Ende der Welt«? Was ist es, das mich jeden Tag neu aufbrechen lässt? Mir kommt das Gebet der Lichtfeier in der Osternacht in den Sinn:

Christus,
gestern und heute,
Anfang und Ende,
Alpha und Omega.
Sein ist die Zeit
und die Ewigkeit.
Sein ist die Macht
und die Herrlichkeit
in alle Ewigkeit. Amen.

Es ist bei den vielen Menschen auf dem Domplatz nicht auszumachen, wer als Pilgernder kommt und wer als Tourist. Aber alle bleiben sie stehen und betrachten die Westfassade. Und nicht wenige versuchen, das Bildprogramm zu entschlüsseln. Dasselbe nehme ich mir nun auch vor und ich versuche, die Fassade von unten nach oben zu »lesen«.

In der unteren Figurenreihe stehen die Apostel, gleichsam als Fundament, je sechs zur rechten und zur linken Seite des Gekreuzigten: Philippus, Thomas, Bartholomäus, Andreas, Johannes und Petrus (4–9) und Paulus, Jakobus der Ältere, Simon, Matthäus, Jakobus der Jüngere und Judas Thaddäus (11–16). Die äußersten drei Plätze auf beiden Seiten nehmen Vorkämpfer für das Christentum in Norwegen und Europa ein. Links (1–3) König Olav Tryggvason, Bischof Sigurd und der heilige Klemens, rechts (17–19) die Heiligen Nicasius, Denis und Franziskus.

Die Figuren sind anmutig, schlank und erhaben, im typisch gotischen Stil geschaffen. Bei vielen der Apostel und Heiligen, die in der ersten Arkadenreihe stehen, hat man das Gefühl, dass sie die auf dem Domplatz stehenden Besucher betrachten. Ihre Köpfe sind etwas nach unten geneigt und beinahe ist man versucht, ihre Blicke zu erwidern. Einige aber haben so etwas wie einen Weitblick. Sie scheinen über die Betrachtenden hinwegzusehen, irgendwo in der Ferne trifft ihr Blick auf den Horizont. Einer von ihnen ist Paulus, der Völkerapostel (11).

Figuren der Westfassade des Doms zu Nidaros, v.l.n.r.: Apostel Paulus (11), Heiliger und Märtyrer Klemens (3), Jünger Thomas (5), Märtyrer Nicasius (17), Erzengel (30), Adam und Eva (31, 32), Jesaja (27), Gabriel (28) und Maria (29)

Die Weitsicht passt zu Paulus. Paulus wollte das Christentum allen Menschen verkünden, nicht nur den Juden, und unternahm aus diesem Grund viele Missionsreisen rund um das Mittelmeer. Sein Tatendrang wurde weder durch Schiffbruch noch durch Verfolgung gemindert. Erst das Todesurteil in Rom setzte seiner Verkündigung ein Ende. Seine Schriften machen heute einen wichtigen Teil des Neuen Testaments aus. Ob Paulus je erahnte, dass seine Zeugnisse für uns Christen und Christinnen diese Bedeutung erlangen werden? Danke für dein mutiges Zeugnis und deinen Weitblick, heiliger Paulus!

Auch der heilige Klemens (3) steht aufrecht mit einem Blick, der in die Ferne schweift. In den Händen hält er das Patriarchenkreuz, ein Kreuz mit zwei Querstäben. Klemens war einer der frühen Bischöfe Roms. Er hat viele Schriften hinterlassen und ist die erste bedeutende Gestalt des jungen Christentums nach Paulus. Die Legende erzählt, dass er auf die Krim verbannt wurde, Sklavendienst leisten musste und den Märtyrertod starb.

»Man band ihm einen Anker um den Hals und warf ihn von Bord eines Schiffes, während seine Freunde vom Ufer aus zusehen mussten. Sie beteten zu Gott, er möge den Leib Klemens' erretten. Da zog sich das Meer zurück und eine von Engeln erbaute Kirche kam zum Vorschein. Dort feierte die Gemeinde die Messe, und als diese vorbei war, stieg das Meer wieder an und verbarg die Kirche in sich. Dieses Wunder soll sich an jedem Todestag wiederholt haben.«

Die Legende ist am Fuß der Statue dargestellt. Klemens steht aufrecht und erhaben und mit einem Weitblick vor mir. Während ich mir seine Geschichte vergegenwärtige, denke ich an die vielen Christen und Christinnen unserer Tage, die wegen ihres Glaubens verfolgt und getötet werden: Selig, die in der Bedrängnis den aufrechten Gang bewahren, denn ihnen gehört das Himmelreich!

Ganz anders als Paulus und Klemens wird der Apostel Thomas dargestellt (5). Bekannt ist uns dieser Jünger, weil er an der Auferstehung Jesu zweifelte. Die Darstellung des heiligen Thomas zeigt einen nachdenklichen Apostel. Der Blick ist gesenkt, in Gedanken versunken steht er vor uns – noch unentschlossen zwischen Zweifel und Glauben. Erst als er die Wunden Jesu gesehen hat, wurden seine Zweifel zerstreut. Ich erinnere mich, dass der Heilige gerne bei Augenleiden oder Blindheit angerufen wird. Heiliger Thomas, hilf mir, wenn ich in meinem Glauben wieder einmal mit Blindheit geschlagen bin!

Mein Blick gleitet nach rechts außen, auch da sehe ich die Statue eines Heiligen, der sich selbst zugewandt zu sein scheint. Es ist der heilige Nicasius (17), Erzbischof von Reims (Frankreich) im 5. Jahrhundert. Die Statue des heiligen Nicasius ist eine der fünf aus dem Mittelalter erhalten gebliebenen Statuen. Kopf und Hände waren zerstört, sie wurden

nachmodelliert. Das Original steht im Dommuseum. Dass dieser Heilige den Weg nach Nidaros gefunden hat, ist vermutlich französischen Bauarbeitern des 13. Jahrhunderts zu verdanken. Nirgendwo in Norwegen findet man ansonsten eine Darstellung dieses Heiligen. In der einen Hand hält der in sich Versunkene die Mitra. Deutlich sieht man die ihm durch Vandalen abgeschlagene Schädeldecke. Warum wohl schufen die Bauleute eine Statue dieses Heiligen? Derweil uns der heilige Ansgar als Missionar des Nordens gut bekannt ist, war es für mich ganz neu zu hören, dass das Erzbistum Reims zur Zeit von Bischof Nicasius vom Heiligen Stuhl den Auftrag erhielt, Skandinavien zu missionieren. Nicasius kann also gewissermaßen zum »Urgestein der Missionare des Nordens« dazugezählt werden.

Die zweite Reihe gruppiert links und rechts der Mittelachse zunächst eine Dreiergruppe und dann jeweils eine Gruppe von sieben Statuen. Auf der linken Seite stellt die Dreiergruppe die Verkündigung an Maria dar (27–29). Die Statuen von außen zur Mittelachse hin zeigen vier norwegische Heilige: die Heiligen Eystein und Hallvard, die heilige Sunniva und den heiligen Olav (20–23). Dann folgen die christlichen Tugenden: Glaube, Liebe, Hoffnung (24–26). Auf der rechten Seite sehen wir die Dreiergruppe »Vertreibung aus dem Paradies« (30–32), dann die Tugenden Wahrheit, Barmherzigkeit, Gerechtigkeit und Frieden (33–36) und schließlich drei Heilige aus den Gebieten des früheren Erzbistums Nidaros: der heilige Thorlak von Island, der heilige Magnus von den Orkney-Inseln und der heilige Erlend von den Färöer-Inseln.

Die Vertreibung aus dem Paradies wird durch drei Statuen dargestellt (30–32). Es ist der Engel (30), welcher Adam und Eva aus dem Paradies vertreibt. Lange war es unüblich, Gott abzubilden, deshalb symbolisiert in dieser Darstellung der Engel Gott. Adam und Eva werden einzig mit dem Feigenblatt bekleidet dargestellt. Eva mit dem Apfel in der Hand und der Schlange zu ihren Füßen.

Es ist kein Zufall, dass sich die Szenen der Vertreibung aus dem Paradies und der Verkündigung an Maria gegenüberstehen. Adam und Christus werden einander im Christentum antithetisch gegenübergestellt. Adam steht für den alten, den sündigen Menschen. Er steht für den Menschen, der sich durch Ungehorsam von Gott abgewandt hat. Christus hingegen steht für den neuen Menschen. Durch seinen Gehorsam dem Vater gegenüber ist er der Prototyp des neuen Menschen. Durch ihn – den zweiten Adam – bricht eine neue Epoche in der Heilsgeschichte an. Paulus sagt es im Römerbrief sehr deutlich:

Durch einen einzigen Menschen kam die Sünde in die Welt und durch die Sünde der Tod und auf diese Weise gelangte der Tod zu allen Menschen, weil alle sündigten.
Römerbrief 5,12

Maria, offen für den Willen Gottes, dem »Mir geschehe« treu.

Mir geschehe

Es ist der Fluch der Sünde,
dass ich alles immer selber machen
möchte
und selber machen muss.
Dabei versuche ich, gerade das zu machen,
was man nicht machen kann,
was von selber,
von Gott,
kommen muss:
mein Glück,
das Glück der Beziehungen,
meine innere Zufriedenheit.
Ich falle immer wieder herein
auf Parolen und Reklame,
die werben für Machbarkeit von Frieden,
Glück und Harmonie.
Ich »mache« –
vertraue ganz auf meine Kräfte,
auf Vernunft und Wissenschaft.
Ich fordere und überfordere
mich selbst und andere und erreiche
oft das Gegenteil von dem,
was ich erhoffte.
Ich kann so schwer geschehen lassen;
ich finde oft die Grenze nicht
zwischen Selber-machen-Müssen
und Geschehen-Lassen.
Was nicht zu tun ist,
will ich tun,
und was zu tun ist,
tue ich nicht.
Ich reibe mich auf am Unabänderlichen.
Ich werde stur und zornig,
sodass ich das Abänderliche
nicht mehr sehen und verändern will.
Das Leben verlangt von mir nicht
die Aktivität oder Eingebung,
sondern Aktivität und Ergebung.
Wenn ich das Leben
und alles, was es bringt,
so annehme, wie es ist
– aus der Hand des Schöpfers –,
dann werde ich genau erkennen,
wo und wie
ich in eigener Verantwortung zu
handeln habe
im Vertrauen auf das Leben,
dem ich mich letztlich ganz ergebe.

Maria,
du bist ganz offen
für den Willen Gottes.
Du bist dem »Mir geschehe« treu
geblieben
von der Verkündigung des Engels
bis unter das Kreuz.
In dir ist dein Schöpfer
voll zur Auswirkung gekommen,
weil du in allem,
in Freud und Leid,
ihm ganz ergeben warst.
Er hat dich vollendet
in ewiger Herrlichkeit und Freude.

Maria,
du ganz Gott Ergebene,
bitte für mich!

Elmar Gruber

Und weiter erklärt Paulus:

Wie es also durch die Übertretung eines einzigen für alle Menschen zur Verurteilung kam, so wird es auch durch die gerechte Tat eines einzigen für alle Menschen zur Gerechtsprechung kommen, die Leben gibt. Wie durch den Ungehorsam des einen Menschen die vielen zu Sündern wurden, so werden auch durch den Gehorsam des einen die vielen zu Gerechten gemacht werden.
Römerbrief 5,18–19

Der Pilgergedanke lässt sich mit Adam (und Eva) verbinden. Gerne wird Adam – weniger Eva – in der Theologie nicht nur als erster Mensch, sondern auch als erster Pilger angesehen. »Als erster Pilger gilt Adam, weil er wegen Übertretung des göttlichen Gebots das Paradies verlassen musste, in die Verbannung dieser Welt geschickt wurde und erst durch das Blut und die Gnade Christi erlöst wurde« (Herbers 1997, S. 52). Der Mensch ist seit Anbeginn ein Pilger in dieser Welt. Die Erlösung Adams und Evas zeigt sich übrigens immer wieder in österlichen Darstellungen. Der Gekreuzigte steigt hinab ins Reich des Todes und zieht Adam und Eva als erste Menschen mit sich hinauf in die Welt.

Die Verkündigungsszene besteht ebenfalls aus drei Figuren (27–29). Zunächst ist da der Prophet Jesaja (27), der im Alten Testament einer der vier großen Propheten ist und die Ankunft Jesu Christi ankündigt:

Darstellung der Tugenden (oben): Wahrheit (33), Barmherzigkeit (34), Friedfertigkeit (35) und Gerechtigkeit (36), und die heilige Sunniva (22, unten)

Seht, die Jungfrau wird ein Kind empfangen, sie wird einen Sohn gebären und sie wird ihm den Namen Immanuel (Gott mit uns) geben.
Jesaja 7,14

Genau diese Verheißung ist es, die der Engel Gabriel (28) Maria (29) in seiner Botschaft überbringt. Mit einem Lächeln und einer zum Gruß erhobenen Hand ist er Maria zugewandt. Die Offenheit Marias für die Botschaft und den damit verbundenen Auftrag ist zum Vorbild für die Christen und Christinnen durch alle Zeiten geworden. Dem norwegischen Künstler ist es gelungen, Maria in dieser Offenheit darzustellen. Ihre Rechte scheint den Gruß des Engels zu erwidern. Vielleicht eine Andeutung, dass Maria zu antworten bereit war. Es ist der Moment ihres »fiat« – »mir geschehe«, den die Darstellung wiedergibt.

Der Engel des Herrn brachte Maria die Botschaft und sie empfing vom Heiligen Geist.
Ich bin die Magd des Herrn; mir geschehe, wie du es gesagt hast.
Lukas 1,38

Auf meiner Reise durch Norwegen ist mir immer wieder die heilige Sunniva begegnet. Sie ist die älteste norwegische Heilige und Schutzpatronin von Bergen, ist jedoch außerhalb des Landes kaum bekannt und verehrt. Die Statue der heiligen Sunniva (22) an der Fassade des Domes von Nidaros stellt eine anmutige Königstochter dar mit einem großen Stein in ihrer Rechten. Um die Mitte des 10. Jahrhunderts soll die christlich irische Königstochter gelebt haben.

»Nach dem Tod ihres Vaters erbte sie sein Reich und lebte ein frommes Leben, aber ein heidnischer König wollte sie zwingen, ihn zu heiraten. Um dies zu verhindern, ließ sie sich mit ihren Freunden auf drei Schiffen ohne Segel, Steuer und Ruder von der Strömung und dem Wind hinwegtreiben. Sunnivas Schiff strandete auf der kleinen Insel Selja am äußersten Nordfjord. Dort ließen sie sich in einer Höhle nieder und lebten vom Fischfang. Die Leute auf dem Festland hielten sie für Räuber, die ihre Haustiere stahlen, und griffen sie an. Da ging Sunniva mit ihrem Gefolge in die Höhle und bat Gott um Hilfe, worauf der Berg über ihnen zusammenstürzte. Später, als der Christ Olav Tryggvason König geworden war, entdeckten ein paar Kaufleute ein merkwürdiges Licht über der Insel und berichteten dem König davon. Nachdem sie die herabgestürzten Bergmassen entfernt hatten, fanden sie Gebeine mit einem süßlichen Duft und ganz weit drinnen in der Höhle lag der völlig unversehrte Leib der Sunniva. Diesen legten sie in einen Schrein und stellten den Schrein in eine Kirche, die sie an dieser Stelle errichteten« (Øystein 2006, S. 29).

Die Errichtung der Kirche soll im Jahr 996 erfolgt sein. Die Insel Selja wurde Sitz des ersten Bischofs von Westnorwegen. Erst als der Dom in Bergen fertiggestellt war, im Jahr

1170, wurde der Sunnivaschrein nach Bergen überführt.

Die vier Skulpturen neben der Dastellung von der Vertreibung aus dem Paradies stellen Wahrheit, Barmherzigkeit, Friede und Gerechtigkeit (33–36) dar. Diese vier Tugenden werden bei den Kirchenvätern und im Mittelalter gerne als vier Schwestern gesehen. Die eine kommt nicht ohne die andere aus. Diese Vorstellung geht zurück auf den Psalm 85. Dort heißt es:

Es begegnen einander Huld und Treue;
Gerechtigkeit und Friede küssen sich.
Treue sprosst aus der Erde hervor;
Gerechtigkeit blickt vom Himmel hernieder.
Psalm 85,11–12

Die dritte Reihe zeigt 16 große Statuen. Sie sind deutlich größer als die Statuen der ersten und zweiten Reihe. Auf jeder Seite des Rosettenfensters sind drei Könige des Alten Testaments und fünf Propheten oder Patriarchen (40–47 und 50–57) dargestellt. Die äußerste Figur (40) auf der linken Seite stellt Abraham dar, die ganz rechts außen seinen Enkel Jakob (57). Zwischen Rosettenfenster und den Königen bzw. Patriarchen, ist je eine Nische mit zwei viel kleineren Figuren: Johannes der Täufer (48) und Mose (49). Mose symbolisiert das Alte Gesetz und den Alten Bund, Johannes die Ankunft Jesu und den Beginn des Neuen Bundes.

In der dritten Arkadenreihe gefällt mir vor allem die Darstellung des alttestamentlichen Patriarchen Jakob (57). In seiner Hand hält er die Leiter, auf welcher Engel auf- und niedersteigen. Sie erinnert an seinen Traum von der Himmelsleiter.

Jakob zog aus Beerscheba weg und ging nach Haran. (...) Er nahm einen von den Steinen dieses Ortes, legte ihn unter seinen Kopf und schlief dort ein. Da hatte er einen Traum: Er sah eine Treppe, die auf der Erde stand und bis zum Himmel reichte. Auf ihr stiegen Engel Gottes auf und nieder. Und siehe, der Herr stand oben und sprach: Ich bin der Herr, der Gott deines Vaters Abraham und der Gott Isaaks. Das Land, auf dem du liegst, will ich dir und deinen Nachkommen geben. Deine Nachkommen werden zahlreich sein wie der Staub auf der Erde. Du wirst dich unaufhaltsam ausbreiten nach Westen und Osten, nach Norden und Süden, und durch dich und deine Nachkommen werden alle Geschlechter der Erde Segen erlangen. Ich bin mit dir und behüte dich wohin du auch gehst, und bringe dich, zurück in dieses Land. Denn ich verlasse dich nicht, bis ich vollbringe, was ich dir versprochen habe. Jakob erwachte aus seinem Schlaf und sagte: Wirklich, der Herr ist an diesem Ort, und ich wusste es nicht. Furcht überkam ihn und er sagte: Wie ehrfurchtgebietend ist doch dieser Ort. Hier ist nichts anderes als das Haus Gottes und das Tor des Himmels.
Genesis 28,10–17

Jakob mit der Himmelsleiter (57)

Detail der Darstellung Jakobs (57): Jakobs Kampf mit Gott (Genesis 32,23–33)

Die Himmelsleiter ist in der jüdisch-christlichen Tradition über die Jahrhunderte verschieden gedeutet worden. Eine Deutung versteht die Leiter als Überbrückung beziehungsweise Wiederherstellung der Verbindung zwischen Himmel und Erde, zwischen Mensch und Gott. »Die Botschaft der Himmelsleiter lautet verbalisiert: Es gibt in der irdischen Erfahrungswelt Stellen und Augenblicke, an denen Gott zugänglicher ist als sonst und anderswo; Orte und Zeiten, in denen er direkter erreichbar ist, weil er sich hier herablässt und zeigt. Himmel und Erde, so grundverschieden sie sein mögen, gehen gelegentlich eine Verbindung ein. Und weiter: Das Ziel des Menschen, die Erfüllung seiner Sehnsucht nach Leben in Fülle, liegt nicht in der Horizontalen, sondern in einem qualitativ anderen, im wörtlichen Sinn transzendenten Oben, zu dem er aufschaut und auf das er zugeht. Es handelt sich um ein Symbol des Aufstiegs und des Austausches; der Aufstieg ist nur möglich, wenn und weil der Himmel sich geöffnet hat und der Erde entgegengekommen ist« (Lange 2002, S. 275).

Am Sockel der Statue ist noch eine andere Begebenheit aus dem Leben Jakobs dargestellt: eine Begegnung der besonderen Art. Man sieht Jakob mit einem Engel kämpfen. Die Darstellung geht zurück auf die Geschichte im Buch Genesis, Kapitel 32.

Jakob lagert am Fluss Jabbok. Dort ringt er mit einem Mann die ganze Nacht hindurch bis zum Morgen. Im Nachhinein erst weiß er: Das war Gott selbst, mit dem er da gerungen hat. Da der Fremde ihm nicht beikommt, schlägt er ihn auf die Hüfte. Jakob wird fortan hinken. Die nächtliche Begegnung hat ihn gezeichnet. Am Ende des Kampfes erbittet Jakob, der den Fremden als seinen Gott erkennt, den Segen. Fortan wird Jakob Israel genannt. Das heißt übersetzt »Gottesstreiter«.

Unerwartete Begegnung mit Gott. So möchte ich die Erzählung mit Jakob überschreiben. Unerwartet, unmittelbar und im wahrsten Sinne des Wortes einprägsam. Die Darstellung des Jakob an der Westfassade wirft uns zurück auf zentrale Fragen unserer Gottesbeziehung und unseres Glaubens: Wo ist für mich ein »heiliger Ort«? Welche einprägsamen Begegnungen mit Gott erfüllen mein Leben? Versuche ich, so zu leben, dass ich jederzeit und überall vor Gott hintreten kann?

Hier ist nichts anderes als das Haus Gottes und das Tor des Himmels.
Genesis 28,10–17

Gott, der Boden, auf dem ich stehe,
ist heilig;
jeder Augenblick, den du mir schenkst,
ist eine heilige Zeit.
Du heiligst sie durch deine Anwesenheit.
Du segnest mich und erneuerst mich
– innen und außen – in meiner Ganzheit;
an jedem Ort und in jedem Augenblick
meines Lebens.
Ich danke dir.

Noch eine letzte biblische Figur möchte ich herausstellen: den Propheten Elia (56). Elia war schon immer eine meiner Lieblingsgestalten im Alten Testament. Er fällt mir auf, weil ihm keine Attribute in die Hände gegeben sind. Sehr auffällig ist hingegen sein entrückter Blick gen Himmel. Wie ein Flehen mag einem dieser Blick erscheinen. Ein Flehen – dass Gott sich offenbaren möge. Gewiss erinnern Sie sich an die Geschichte von Elia am Horeb. Richtiggehend lebensmüde setzte sich Elia da unter den Ginsterstrauch und wünschte sich nur noch den Tod. Verzweifelt und lebensmüde. Ganz so dramatisch mag es in unserem eigenen Leben hoffentlich nicht zugehen, aber Zeiten der Resignation kennt wohl jeder und jede. Man mag nicht mehr. Ein »Zeichen vom Himmel« würde Wunder wirken. Der Prophet macht in dieser Situation eine Erfahrung der Gottesgegenwart, die ihn für den weiteren Lebensweg stärkt. Am Berg Horeb erfährt Elia, dass Gott nicht im Erdbeben, nicht im Feuer und nicht im Sturm war, sondern in einem sanften, leisen Säuseln (2 Kön 19).

Es sind diese unerwarteten Gottesbegegnungen, die uns Mut machen und weitergehen lassen im Leben. Das Wissen darum, dass Einer an unserer Seite ist, auch dann, wenn wir verzweifelt sind und denken, dass keiner mehr da ist. Und: Gotteserfahrung braucht den Rückzug. Ich bin überzeugt, dass die Pilgernden, ob sie nun auf dem Weg nach Nidaros sind oder zu einem anderen Wallfahrtsort, diese Erfahrung machen können. Gott zu erspüren braucht das bewusste Hören, das uns innere Räume öffnet. Nur so kann uns die Frage treffen, die auch an Elia erging: Was willst du hier? Was willst du mit deinem Leben? Sind es nicht diese Fragen, die Menschen aufbrechen lassen zu einer Wallfahrt? Es sind Fragen, die sich einem Christen, einer Christin immer neu stellen. Bleibt zu hoffen, dass sie im leisen Säuseln erfahren, was der Prophet erfahren durfte: Zuspruch und Stärkung von Gott und einen Auftrag für das Weitergehen.

Man darf sie weiterbauen in Gedanken, diese Fassade – mit den Heiligen unserer Tage, die oft namenlos und unerkannt sind. Reihe um Reihe würde ich sie aufbauen, dem Himmel entgegen – getragen von dem Fundament der Apostel und Propheten, und irgendwo in diesem Bildprogramm, da ist auch mein Platz. Das ist ungemein tröstlich.

Der Prophet Elia (56)

Konsolsteine mit Fratzen und Menschenköpfen

segen – handgreiflich
umarmung gottes
lasse ich dich zu
lasse ich dich
an mir handeln
an mir geschehen?

wenn ja
wird mich
deine berührung
verändern

Almut Haneberg

Ich könnte noch lange vor der Westfassade stehen, doch mache ich mich auf den Spaziergang um den Dom herum, und zwar gegen den Uhrzeigersinn. Mein Blick hebt sich nach oben. Mir gefällt der Anblick der mächtigen Strebepfeiler. Sie erinnern mich an die großen Kathedralen Frankreichs. Immer wieder muss ich stehen bleiben, um die vielen Details am Bau zu betrachten. Vor allem figürliche Kragsteine und Wasserspeier ziehen meine Aufmerksamkeit auf sich. Und manchmal bleibt nichts anderes als Lachen, so skurril sind die Figuren dargestellt. Ich frage mich, was die Steinmetze für Gedanken hatten. Wurden die Fratzen gehauen, um böse Geister zu vertreiben? Jedenfalls regt die Betrachtung der Figuren so manchen Besucher und manche Besucherin zum Schmunzeln an. Humor in und um die Kirche war noch nie schlecht!

Steht man an der Ostseite des Domes, kann man sehr schön die achteckige Form des Chorraums erkennen. Ein reich geschmücktes Portal wird die Königspforte genannt. Man nimmt an, dass dies der Eingang der Könige war. Er führt direkt in den Chorraum, vorbei an der – heute leider versiegten – Olavsquelle. Die Konsolen der Gesimse sind reich verziert mit Menschenköpfen und Blattwerk.

In der Mitte der Nordseite weckt ein Seiteneingang meine Aufmerksamkeit. Der untere Teil ist ganz im romanischen Stil erbaut. Die Hauptstraße Trondheims, der Munkegatan, führt direkt auf dieses Portal zu. Auch im Mittelalter führten die Gassen direkt auf dieses Portal zu. Es ist somit der erste Anblick des Domes, den der Besucher bekommt. Die über dem Eingang liegende Kapelle ist dem heiligen Michael geweiht. Hier in den nordischen Ländern ist dieser Heilige als Drachentöter bekannt. So ist er auch auf dem Relief im Giebel dargestellt. Die darunterliegenden Bogenöffnungen sind mit Holzläden verkleidet. Von hier aus konnten die Priester bei großen Pilgeranstürmen predigen. Man nimmt auch an, dass hier an Festtagen den Gläubigen Reliquien gezeigt wurden. Die Öffnungen waren nie verglast.

Die Umgehung des Domes lässt einem das Herz aufleben. Die Figuren erzählen so viele Geschichten und jene, die man nirgends nachlesen kann, lasse ich in der eigenen Fantasie entstehen.

In der Kirche

Wer den Dom von Nidaros besuchen will, muss Eintritt bezahlen. Es sei denn, dass er oder sie nachweisen kann, dass die letzten 100 Kilometer zu Fuß oder die letzten 200 Kilometer mit dem Rad zurückgelegt wurden. Dann nämlich gilt man als Pilger oder Pilgerin und kann den Dom umsonst besuchen. Vieles im Dom ist museal und es fällt schwer, als Pilger oder Pilgerin Ruhe zu finden und für eine gelungene Wallfahrt zu danken.

Man betritt den Dom durch eine kleine Pforte, hinter der sich das hohe neugotische Gewölbe himmelhoch erhebt. Ich muss erst mal stehen bleiben und die Größe der Kirche auf mich wirken lassen, den Raum erspüren.

Aber schon werde ich geschubst von einer Gruppe Touristen, die eine Domführung mitmacht und denen ich offensichtlich im Weg stehe. Ich fühle mich wie ein kleines Schiff bei hohem Wellengang auf offener See … Ich weiß nicht, wo ich meinen Anker auswerfen kann … Um mich herum bewegen sich viele Besucher, die meisten mit Rucksack und umgehängtem Fotoapparat. Hier und da wagen sie ein Foto, ein Blitz flammt auf, der von den »Museumswächtern« sofort geahndet wird. Ein Marktplatz eher als eine Kirche, kommt mir in den Sinn.

Auf der Suche nach einem Ort, wo ich einen Moment für mich sein kann und meine Gedanken am Ende meiner Wallfahrt sammeln kann, zieht es mich in den Ostteil des Domes hinein, in den Kapellenumgang, der das Oktogon umgibt. Und da finde ich einen Ort: eine kleine Kapelle, etwas dunkel, da das Licht nur durch drei farbige Glasscheiben einfällt. Es ist die Kapelle der Dankbarkeit. Hier stehe ich, angelehnt an die mittelalterlichen Säulen, und lasse die Tage meiner Wallfahrt in Dankbarkeit noch einmal an mir vorbeiziehen: alle Strapazen, alle Begegnungen, den Weg über die norwegischen Berge, die anstengenden Aufstiege und beschwingten Abfahrten, die Schönheit der Landschaft, Regen und Kälte, meine Wegbegleiter, die dichten Momente des Feierns unterwegs, aber auch die schwierigen Momente. Alles, ja alles zieht noch einmal wie in einem Film vorbei. Da ich im Innern der kleinen Kapelle stehe, gehen die Scharen von Besuchern hinter meinem Rücken vorbei. Ich fühle mich ganz bei mir, alleine – das ist gut so. Mein Blick fällt auf die Altartafel mit der Legende des heiligen Olav. Jetzt bin ich angekommen am Ziel. Ich genieße diesen Moment. Und ich lade alle meine Bitten, Sorgen und Nöte hier am Ort des heiligen Olav ab. So viele Gebete und Anliegen habe ich in den letzten Tagen auf meiner Wallfahrt mitgetragen. Jetzt »übergebe« ich sie dem Heiligen. Ganz im Vertrauen da-

Kapelle der Dankbarkeit mit einem schlichten Steinaltar. Altarblatt mit Szenen aus der Legende des heiligen Olavs

bogen in Nidaros sind die ersten, die man in Norwegen finden kann.

Jeder Pilger und jede Pilgerin, die oder der mit offenen Augen durch den Dom geht, wird unzählige von diesen kleinen Entdeckungen machen können.

rauf, dass Olav als mein Fürbitter wirken wird. So stehe ich eine ganze Weile da, mitten im Touristenstrom, versunken in Gedanken und Gebeten. Tief berührt von vielem.

Heiliger Olav, bitte bei Gott für mich und alle Menschen, die mir ihre Anliegen, Sorgen und Nöte anvertraut haben.

Bevor ich den Dom zu Nidaros verlasse, will ich mir noch einige Details anschauen. Die vielen Baustile des Domes sind faszinierend. Wer seinen Blick die Wände hochgleiten lässt, wird in immer neuen Perspektiven unzählige Details entdecken.

Interessant ist die Bauweise des Kapitelhauses. Seerosenblätter schmücken die Kapitelle, was den Einfluss der zisterziensischen Baukunst unterstreicht, denn diesen Schmuck findet man vor allem in Zisterzienserklöstern. Eine andere auffällige bauliche Eigenheit deutet auf den großen Einfluss englischer Bauleute hin: Das Kapitelhaus besitzt sowohl romanische Rundbogen wie auch gotische Spitzbogen. Solche ließ der Bischof von York (England) Mitte des 12. Jahrhunderts in seiner Kathedrale errichten. Die gotischen Spitz-

Nachdem ich den Dom verlassen habe, ist mir, als ob ich ein Labyrinth begangen hätte. Die Mitte eines Labyrinthes erreicht man nur, indem man den langen und windungsreichen Weg geht. Der Weg führt immer wieder in die Nähe des Ziels; glaubt man, es erreicht zu haben, führt der Weg einen wieder weg davon. Mit dem Besuch des Domes von Nidaros vollendet sich der Weg zur Wallfahrts-Mitte. Belastendes konnte abgeladen, Fürbitten übergeben werden. Danksagung konnte gesprochen werden. In einem gewissen Sinn ist eine Umkehr vollzogen. Körper und Geist sind geläutert und gestärkt durch Anstrengung, Besinnung, Gebet und Gemeinschaft. Ich fühle mich frei und bereichert. Auf dem Domplatz stehend, schaue ich noch einmal auf zur Westfassade zum Christus, dem Triumphator. Es ist das Bild des Kommenden, des Siegenden. Christus: Anfang und Ende. Auf ihn setze ich meine Hoffnung jetzt, heute und in Zukunft.

Ein Lied fasst meine Gedanken zusammen:

Ausgang und Eingang, Anfang und Ende, liegen bei dir, Herr, füll du uns die Hände.

Das ursprüngliche Oktogon wurde über dem Schrein des heiligen Olav errichtet.

Das Pilgerzentrum

Die lutherische norwegische Kirche hat in Nidaros ein Pilgerzentrum eingerichtet. Es liegt zwischen Dom und Fluss und ist Herberge und Treffpunkt. Bis zu 60 Schlafplätze können im Pilgerzentrum bereitgestellt werden. Darüber hinaus sind Pilgerpfarrer anwesend, die für Gespräche zur Verfügung stehen. Jeden Tag zur Mittagszeit sind alle Anwesenden zu einem Gebet mit Bibelmeditation eingeladen. Fußpilgernde und Radpilgernde können im Pilgerzentrum den Stempel für den Pilgerpass bekommen und sich den Olavsbrief ausstellen lassen. Im Sommer lädt die sonnige Terrasse zum Verweilen ein.

Das Pilgerzentrum ist auch eine hervorragende Anlaufstelle, *bevor* man zur Pilgerfahrt aufbricht. Die meisten Fragen im Zusammenhang mit einer Pilgerreise nach Nidaros können von den Mitarbeitenden beantwortet werden. Das Pilgerzentrum stellt ebenfalls gutes Kartenmaterial zur Verfügung. Es führen zwar nicht »alle Wege« nach Nidaros, aber doch einige. Je nach Zählweise sind es sechs oder sieben. Fünf Wege kommen von Schweden her, aus Vadstena oder von der Ostsee; zwei Wege führen durch Norwegen von Oslo her. Diese Wege sind ausgebaut und ausgeschildert. Darüberhinaus sind weitere Wege in Planung oder Entwicklung. Im Unterschied zum Pilgerweg nach Santiago müssen die Fußpilgernden in Norwegen nicht in Massenschlafsälen übernachten. Die Unterkünfte am Olavsweg sind oftmals alte Höfe, die den mittelalterlichen Charme bewahrt haben. Da die Reformation in Norwegen nicht mit einem Bildersturm einherging, sind viele Kunstschätze und Malereien in den Kirchen am Pilgerweg bewahrt. Manch eine Kirche beherbergt »mittelalterliche Juwelen«. Wer nicht alleine auf dem Pilgerweg unterwegs sein will, kann sich einer der geführten Wanderungen anschließen.

Alle Informationen finden sich auf der homepage: www.pilegrim.info.

Geführte Pilgerwanderungen

Auf den Pilgerwegen, die von Schweden her nach Nidaros führen, kann man sich ebenfalls geführten Pilgerwanderungen anschließen. Eigens ausgebildete Pilgerleiter begleiten die Pilgergruppe ein kürzeres oder längeres Wegstück. Einer von ihnen ist Ulf Krantz. Mit ihm konnte ich mich über das Pilgern nach Nidaros unterhalten:

Die Wallfahrt nach Nidaros ist sehr populär heute. Was denken Sie, was sind die ausschlaggebenden Gründe dafür?

Es gibt verschiedene Gründe. Die Menschen möchten zunächst aus ihrem Alltagstrott ausbrechen. Der Alltag kostet die Menschen oft mehr, als dass er sie zufriedenstellt. Dann sind wir doch im Grunde alle Nomaden. Die Lebensführung, die ökonomische Sicherheit

Ulf Krantz (links) führt eine Gruppe von Pilgern auf einem der zahlreichen Abschnitte des Olavsweges.

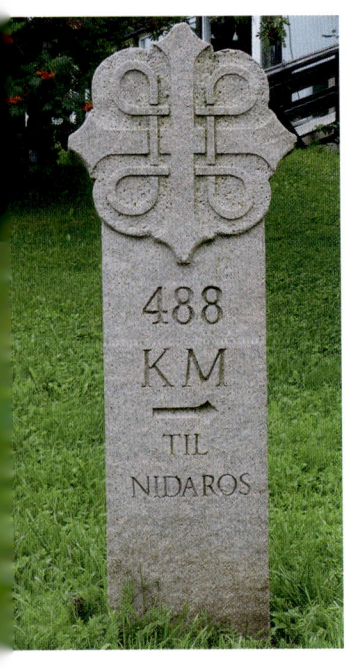

gibt, gibt uns nicht automatisch das, was wir im Innern benötigen. Es gibt eine spirituelle Armut in unserer Zeit, in der die Kirchen und die Pfarreien oft veraltet daherkommen. Da gibt es viele suchende Menschen. Dann ist es auch so, dass berühmte Personen sich auf Pilgerwanderung begeben, das kommt dann in den Medien und zieht einige andere Leute nach.

Was ist die Motivation, sich auf den Pilgerweg nach Nidaros zu machen? Wer ist der »durchschnittliche Pilgernde«, der nach Nidaros pilgert?

Zu Beginn waren es mehr Frauen, die auf unsere Pilgerwanderungen mitkamen. Frauen sind schneller zu begeistern, wenn es darum geht, neue Sachen auszuprobieren. Die meisten sind in dem Alter, in dem die Kinder von zu Hause ausziehen und sie wieder mehr Zeit für sich selbst haben. Mehr und mehr kommen auch Männer, besonders wenn die Sache zu wachsen beginnt.

Was erwarten die Pilgernden von der Wallfahrt?

Sie wollen mit dem Gefühl zurückkommen, etwas erreicht zu haben, und mit der Möglichkeit, ihr Leben ein klein wenig zu ändern.

Warum sind die Pilgernden bereit, die Strapazen einer Pilgerwanderung auf sich zu nehmen?

Es gibt keine Strapazen, der Pilgernde trägt nur seinen Rucksack, lebt ganz einfach und ist mit sich selber unterwegs. Das ist reines Vergnügen!

Gibt es mehr katholische oder lutherische Pilgernde?

Ein Pilgernder kann zu jeder oder keiner Kirche gehören. Die Pilgerwanderungen sind nicht an eine Kirchenmitgliedschaft oder an eine religiöse Einstellung gebunden.

Wie arbeiten die verschiedenen Kirchen im Bereich Wallfahrt zusammen?

Die Kirchen arbeiten gut zusammen. Leider aber wird das Wort »Pilgerwanderung« immer mehr angewandt für Andachten, die im Freien gehalten werden, oder für kurze Spaziergänge. Das führt dazu, dass das Wort »Pilgerwanderung« seine Ausstrahlung verliert und das Interesse an »richtigen« Pilgerwanderungen schwindet. Wer will schon von einer Pilgerwanderung berichten, die 30 Minuten dauert und zwei Psalmmeditationen beinhaltet?

Nidaros ist dem heiligen Olav geweiht. Was hat uns der Heilige heute zu sagen?

Olav wurde vom Heiden zum Heiligen. Das will uns sagen: Es ist nie zu spät! Olav zeigte uns auch, was es heißt, Kraft und Mut zu haben. Etwas, das uns oft fehlt, in einer Zeit, da alle gleich sein wollen und nur wenige es wagen, sie selbst zu sein.

Was ist Ihre Arbeit als Pilgerleiter?

Meine Aufgabe ist es, Werkzeug zu sein für den Pilgernden, damit er sein Ziel erreichen kann. Die Pilgernden sollen nach einer Woche Pilgerweg von 100 km nach Hause kommen, zufrieden sein mit sich selber und auch einen inneren Weg zurückgelegt haben.

Nützliche Informationen

Anfahrt

Trondheim ist mit dem Flugzeug gut erreichbar. Ebenso mit dem Zug über Oslo oder mit dem Auto auf der E 6 gegen Norden.

Norwegen ist grundsätzlich sehr teuer. Als Übernachtungsgelegenheiten bietet sich in Trondheim z.B. das Kloster der Birgitten an:
Ingeborg Ofstads vei 1
7091 Tiller (bei Trondheim)
Tel: 0047 72 89 40 00
Fax: 0047 72 89 40 01
E-Mail: kiistift@online.no
http://birgitta.katolsk.no/
Es ist mit den öffentlichen Verkehrsmitteln (Bus 46) gut erreichbar, etwa 10 km außerhalb des Stadtzentrums.
Eine Übernachtung im Einbettzimmer mit Dusche und WC und Frühstück kostet 500 NOK.

Pilgerzentrum am Dom

Nidaros Pilgrim Centre,
Kjøpmannsgt.1, 7013 Trondheim, Norwegen
Tel: 0047 73 52 50 00
E-Mail: Epost@pilegrimsgarden.no
Eine Übernachtung im Zimmer mit Dusche und WC und Frühstück ist ab 350 NOK zu haben.

Informationen über das Pilgern von Schweden nach Norwegen bietet die Homepage von www.pilgrimstid.nu. Hier findet man Angebote rund ums Pilgern oder auch nur Kartenmaterial.

Literatur

Eine Übersicht über das Leben des heiligen Olav und die Heiligenverehrung bei den skandinavischen Völkern gibt:
Hoffmann, Erich, in: Quellen und Forschungen zur Geschichte Schleswig-Holsteins, Band 69, Die heiligen Könige bei den Angelsachsen und den skandinavischen Völkern, Neumünster 1975.
Hoffmann, Erich, Politische Heilige in Skandinavien und die Entwicklung der drei nordischen Reiche und Völker, in: Politik und Heiligenverehrung im Hochmittelalter, Sigmaringen 1994, S. 277–324.
La Farge, B., in: Lexikon des Mittelalters Bd VI, Artemis und Winkler, München 1993, S. 1386.
La Saga de Saint Olaf, aus der Heimskringla von Snorri Sturluson, übersetzt ins Französische von Régis Boyer, Paris 1983.
Lohse, Bernd, Der Olavsweg. Pilgerführer von Hamar nach Trondheim, Kiel 2011 (praktischer Pilgerführer für Fußpilger).
Øystein, Ekroll, Der Dom zu Nidaros, Die Skulpturen der Westfassade, Nidaros Domkirkes Restaureringsarbeitders, Trondheim 2006.
Øystein, Ekroll, Nidaros Cathedral, Nidaros Domkirkes Restaureringsarbeitders, Trondheim 2009.
Øystein, Ekroll, Der Nidarosdom, Nidaros Domkirkes Restaureringsarbeitders forlag, Trondheim 2010.
Weyer, Renate und Helfried, Der Olavsweg. Pilgern in Norwegen, Tecklenborg, Steinfurt 2010.

Mit dem Fahrrad von Uppsala nach Trondheim

Es gibt zahlreiche Möglichkeiten, Wallfahrten zu unternehmen. Vielleicht denkt man zunächst an eine Busreise, die einen bequem zum Wallfahrtsort bringt. Verschließt man sich Anstrengung und Entbehrung nicht und möchte man die Natur in ihrer Vielfalt genießen, ist das Wandern eine gute Möglichkeit. Ich selbst habe mit drei Kollegen die Radwallfahrt als geistliche Herausforderung gewählt. Das Fahrrad war unser Fortbewegungsmittel, Zelt und Schlafsack unser Nachtlager und das Lagerfeuer Wärmequelle und Kochherd. Pilgernd unterwegs zu sein heißt immer auch, reduziert zu sein auf das Wesentliche. Fahrradtaschen lassen sich nicht beliebig bepacken. In ihnen nimmt man nur das Nötigste mit. Das Verwiesensein auf das wenige, das wir mitführen konnten, die Grenzerfahrungen der physischen Leistungskraft, das stundenlange Fahren in Stille und Gebet, das gemeinsame Feiern der Eucharistie und die Schönheiten und Widerwärtigkeiten der Natur ließen diese Pilgerreise zu einem intensiven Erlebnis werden.

13 Tage und 800 Kilometer waren wir unterwegs, ehe wir Nidaros erreichten. In dieser Zeit sind 13 Texte und die Bilder entstanden, die etwas wiedergeben vom pilgernden Unterwegssein. Vom Aufbrechen und Ankommen, von leichten und schweren Stunden, von Einsamkeit und Gemeinschaft und vom Wissen um die unverbrüchliche Zusage Gottes, mit uns zu sein auf unserem Pilgerweg.

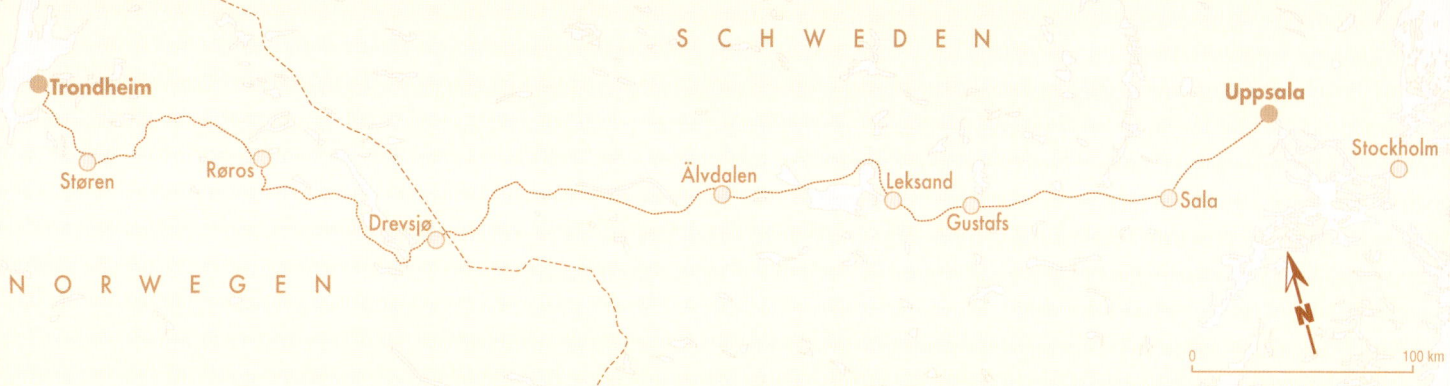

1. Tag

Aufbruch

Auf
zu den tausend Bildern
der Erwartung in meinem Kopf

Auf
zu den lockenden Melodien
der Schöpfung in meinen Ohren

Auf
zu den oft begangenen Pfaden
der Pilgernden aller Zeiten

Auf
ein Ziel hin.

2. Tag

Rhythmuswechsel

Gestern noch
die Zeit
gedrängt
Dies und Das
Kommen und Gehen
Termin
Gespräch
gezählt in
Stunden und Minuten

Heute
Tritt um Tritt
gewahr werden
für das Unscheinbare
am Wegesrand
für die
kleinen Umdrehungen
des Zahnrades
Lebensrhythmus
herzschlaggleich
hier und jetzt

Mit dem Fahrrad von Uppsala nach Trondheim

3. Tag

Pilgerbitten

Guter Gott,
Ich bitte für
den gesprächigen Förster,
den großzügigen Bauern,
den gestressten Imbissbudenbesitzer,
die alte Kirchenführerin,
die unfreundliche Verkäuferin,
den überholenden Autofahrer,
den Gartenarbeiter am Wegesrand,
die Kinder am See,
den mürrischen Radfahrer,
die Bauarbeiter am Straßenrand,
den hilfsbereiten Polizisten,
den grüßenden Motorradfahrer,
die lärmenden Jugendlichen in der Nacht,
die Mitpilgernden vor und hinter mir.

Sei du, Gott, ihnen Schutz und Hilfe
auf allen Wegen. Amen.

4. Tag

Gegenwart Gottes

Im satten Grün der Wiesen
in der Leichtigkeit der Wolken
im Duft der Blumen und Kräuter

Im kalten Wasser des Bergsees
in der steifen Brise Gegenwind
im Schatten der Bäume
in der Wärme der Sonne

Bist du
Gott
gegenwärtig

Lob sei dir
und
Dank

Heute und immer.
Amen.

5. Tag

Erbarme dich meiner, o Herr

Ich mag nicht mehr.
Der Weg ist weit,
die Kräfte schwinden.
Alles schmerzt.

Meine Gedanken sind besetzt
vom Aufgeben –
mehr noch
von der Angst
vor dem Scheitern.

Inmitten des sonnenerfüllten Tages
breitet sich Dunkelheit aus
in mir.

Sonnen-Finsternis.

Es bleibt das eine Gebet nur
unausgesprochen
laut
und
fordernd
in meinem Herzen:

Erbarme dich meiner, o Herr,
erbarme dich meiner.

Immer und immer wieder.

Und ganz langsam
geht der Mond auf
über meiner Dunkelheit,
wandelt mich
und lässt den Lichtschimmer
am Horizont
erkennen.

Erbarme dich meiner, o Herr,
erbarme dich meiner.

6. Tag

Ein offenes Herz
ist der Schlüssel
aller Begegnung.

An diesem Abend
danke ich dir,
Gott,
dass du heute
mein Gast warst.

7. Tag

Versöhnung

Es ist, als ob
ich in einen
Spiegel schaue.
Ich erkenne mich selbst.

Gegenwärtige
Vergangenheit:

Menschen
Begegnungen
Trennungen
Nöte
Freuden
Aufbruch

Ich bedenke und
bekenne,
danke und
erbitte.
Tausend Umdrehungen.

Und dann lasse ich
versöhnt
hinter mir,
was war
und rolle dem
Horizont entgegen.

8. Tag

Gemeinschaft

Im Wissen,
dass jemand
wartet am Ende der Etappe

Im Spüren,
dass Worte
nicht ins Leere fallen

Im Reichen
der Hand,
um wieder aufzustehen

Im Empfangen
der Aufmerksamkeit,
die mir geschenkt

Im Lachen,
dem Ausdruck
befreiten Lebens

Im Teilen von
Brot und Wein
in unserer Mitte
erfahre ich Gemeinschaft.

Dank sei dir, Herr, für diese Freunde.

9. Tag

Auf und ab
im steten Wechsel
Tritt um Tritt vorwärts

Pilgerweg – Lebensweg

Oben angekommen,
zeigt sich vieles
in neuer Perspektive

Nimm diesen Blick mit
für all jene Momente,
in denen du unten bist.

10. Tag

Grenzerfahrung

Grenzen
trennen das
Hier
vom
Dort

Die Dauer eines Wimpernschlags –
und das
Dort
wird zum
Hier.

Lass mich achtsam sein,
Herr,
an den Grenzen in meinem Leben.

11. Tag

Im Unterwegs
orientiert sich
mein Blick
am Horizont.

Der Ort wo Himmel und Erde
sich berühren.

Himmel und Erde
Gott und Mensch

Den Horizont
im Blick
bin ich gewiss,
mein Weg führt
immer
heimwärts.

12. Tag

Steine

Am 12. Tag
fühle ich mich
geschliffen und geformt
von Gottes Gegenwart
und
mein Herz
will nur noch sein
ein Ort
wo Gott sich niederlassen kann.

13. Tag

Ankommen

Im Gewirr der Straßen
suchen wir den Weg

Turmspitzen zeigen uns
den heiligen Ort

Unsere Bitten
unser Dank

gemeinsam Erlebtes
und einsam Durchtragenes

legen wir ab
am Ziel des Pilgerweges

Ein Weg geht zu Ende.
Ein neuer tut sich auf.

Nützliche Informationen

Auf unserer Fahrt von Uppsala nach Trondheim folgten wir ein großes Stück dem bestens ausgeschilderten Radweg Sverigeleden. Unsere Route auf dem Sverigeleden war die folgende: Uppsala – Sala – Gustafs – Torsång – Leksand – Mora. Der Weg führte uns abseits der großen Hauptstraßen durch traumhafte Landschaften. Mehr Informationen unter: http://www.svenska-cykelsallskapet.se/images/sveledtysk.pdf.
Von Mora aus folgten wir der Hauptstraße 70 über Älvdalen, Rot, Särna und Idre bis zur norwegischen Grenze. Ein kleiner Umweg von Mora über Våmhus über den Kanonvägen nach Rot lohnt sich. Diese Straße ist weniger befahren als die Hauptstraße 70.
In Norwegen fuhren wir die Hauptstraße 218 über Drevsjø, dann die Hauptstraße 26 über Femundsenden. Von der Hauptstraße 26 geht die Hauptstraße 28 über Sæter nach Røros ab. Von Røros folgten wir der Hauptstraße 30 bis Støren. Von Støren bis Trondheim ist dann wieder ein Radweg weg von der Hauptstraße ausgeschildert. Da sowohl in Schweden wie auch in Norwegen das sogenannte Jedermannsrecht gilt, ist es möglich, sein Zelt an fast jedem Ort aufzuschlagen. Oft ist es sinnvoll, nach einem »Badplats« an einem See Ausschau zu halten.
Achtung: Die Strecke zwischen Rot und Särna (78 km) ist nur spärlich besiedelt und es gibt keine Möglichkeit, Wasser zu kaufen oder sonst wie zu beziehen.

Tautra

Ich lasse Trondheim, die gewaltige Westfassade des Domes und die bunten Häuser entlang des Flusses hinter mir. Vorbei an Vororten atme ich alsbald die frische Brise des Trondheimer Fjords. Dort liegt Tautra. Eine Insel, die über eine Brücke zu erreichen ist. Ein Naturreservat, eine Klosterruine aus dem 13. Jahrhundert und das neu gebaute Marienkloster – das ist Tautra. Einst bestand es aus zwei Inseln und ist heute wegen der Landhebung zu einer zusammengewachsen. Tautra – ein Ort der Stille und der Einkehr.

Zunächst fallen mir die intensiven Farben auf. Noch nie habe ich so viele verschiedene Grüntöne gesehen wie auf Tautra. Je nach Einfall der Sonne leuchten sie in Pastellfarben oder in satten Tönen. Der Blick aufs tiefblaue Wasser, durch das Fischerboote oder ein Schleppkahn ihre Bahn ziehen, lädt zum Verweilen ein.

Dann bemerkt man die Stille. Sie wird höchstens durchbrochen vom Geschrei der Möwen. Die Landschaft liegt wie gemalt vor unseren Augen. Das Betrachten des Farbenspiels über dem Fjord ist Erholung für Leib und Seele.

Bei Gott allein kommt meine Seele zur Ruhe.

Psalm 62,2

Zisterzienser auf Tautra

Tautra ist seit vielen Jahrhunderten verbunden mit dem Zisterzienserorden. Bereits am 25. März 1207 wurde das erste Marienkloster der Zisterzienser auf Tautra eingeweiht. Zisterzienser leben nach der Regel des heiligen Benedikt, die im 6. Jahrhundert verfasst wurde. Der Orden entstand aus einer Abspaltung vom Benediktinerorden im 11. Jahrhundert. Grund für die Abspaltung war der Wunsch, strenger nach der Regel des heiligen Benedikt zu leben. Bernhard von Clairvaux ist wohl der bekannteste Vertreter des Ordens. Nicht zuletzt durch sein Charisma wuchs der Orden schnell und erreichte viele Länder der Erde. 1146 kamen die Zisterzienser nach Norwegen und gründeten ein Kloster in der Nähe von Bergen. Von dort kamen die Mönche 1207 in den Norden – nach Tautra.

Wie bei Zisterziensern üblich, wurde das Kloster der Gottesmutter Maria geweiht und dem Kloster ein lokaler Beiname gegeben. Die Mönche auf Tautra nannten ihr Kloster *Sancta Maria de Tuta Insula* – Kloster unserer lieben Frau von der sicheren Insel.

Sicher war wohl die Insel, nicht aber das Kloster. Nur die Kirche war aus Stein, der Rest des Klosters aber aus Holz gebaut. Deshalb wurden später nicht viele Überreste des Klosters gefunden.

Es ist anzunehmen, dass nicht mehr als 30 Mönche auf Tautra wohnten. Ihre Arbeit

war vor allem Ackerbau und Fischfang. Zu den Hochzeiten war das Kloster zuständig für 170 Bauernhöfe, verstreut über das ganze Gebiet von Nord-Trøndelag.

Die Reformation erfasste das Land zu Beginn des 16. Jahrhunderts. Arm und entmutigt wurden die Mönche 1531 aus dem Kloster vertrieben und die ganze Anlage verkauft. 1537 ging das Marienkloster an die norwegische Krone über. Damit endete das erste Kapitel der Zisterzienser auf Tautra.

Viele Jahrhunderte gab es keine Zisterzienser auf Tautra. Die Geschichte des Ordens mit Tautra begann neu, als im Jahr 1974 eine junge Norwegerin, Ina Andresen, ins Trappistinnenkloster von Laval in Frankreich eintrat. Die Trappisten und Trappistinnen sind eine Reformbewegung der Zisterzienser, die im 17. Jahrhundert entstand. Im Vordergrund der Reformbewegung standen Selbstverleugnung, Demut und Askese. Seit Anfang des 20. Jahrhunderts besteht die Bezeichnung »Orden der Zisterzienser der strengeren Observanz« für die Trappisten und Trappistinnen. Nach dem Zweiten Vatikanischen Konzil wurden die streng asketischen Regeln gelockert. Aus dem Trappistinnenkloster in Laval sollte also durch Sr. Ina der Stein für neues Zisterzienserleben in Norwegen ins Rollen kommen. 1991 reiste sie zu den Olavsfesttagen nach Trondheim, um in Erfahrung zu bringen, ob Interesse bestände an einer Zisterzienserniederlassung in Norwegen. Sowohl der Trondheimer Bischof als auch eine Gruppe von engagierten Laien waren alsbald Feuer und Flamme für das neue zisterziensische Leben im Norden. Nur ein Jahr später lud der Gemeindepräsident von Frosta – zu dem Tautra gehört – Sr. Ina ein, das Ordensleben nach Tautra zurückzubringen. Er stellte ihr das Haus neben den Ruinen des alten Klosters zur Verfügung. Sr. Ina Andresen und Sr. Marjoe Backhus aus Mississippi Abbey in Iowa begannen in einer Zweiergemeinschaft das klösterliche Leben auf der Insel. Doch diese kleine Flamme des neuen Lebens auf Tautra drohte schon bald zu erlöschen, als Sr. Ina erkrankte und nach Frankreich zurückkehren musste.

Während diese kleine Gemeinschaft ums Überleben bangte, wuchs die Gemeinschaft in der Mississippi Abbey in Iowa so sehr, dass sie daran dachte, entweder ihr Kloster auszubauen oder eine neue Gemeinschaft entstehen zu lassen. Die Oberin der Mississippi Abbey wurde von Bischöfen unzähliger Länder eingeladen, ihre Schwestern zu entsenden. Unter diesen Bischöfen war auch der Bischof von Trondheim. Dieser setzte alles daran, die Schwesterngemeinschaft aus Iowa für Norwegen gewinnen zu können. Durch einen glücklichen Zufall konnte der Bischof auf Tautra Land erwerben. Dort sollte ein Kloster gebaut werden. Dies überzeugte die Oberin der Mississippi Abbey. Sie entsandte 1999 sieben Schwestern aus Amerika nach Tautra. Die Tradition der Zisterzienser war nach über 400 Jahren wieder zurückgekehrt!

Eingang zur Klosterkirche (oben)
Ein Zeuge der ersten Klosteranlage auf Tautra aus dem 13. Jahrhundert (unten)

Gast sein im Kloster

Das Marienkloster in Tautra bietet sich an für Tage der Stille, der Betrachtung und des Gebetes, aber auch für lange Spaziergänge am Trondheimer Fjord. Wer einfach mal die Seele baumeln lassen will, wird diesen Ort lieben. Am besten gelangt man mit dem eigenen Auto nach Tautra. Wem das nicht möglich ist, der nimmt den Zug von Trondheim bis nach Åsen und lässt sich von dort mit einem Taxi zum Kloster fahren. Erst spät erblickt man das Marienkloster ganz am Ende der Insel, dort, wo die Zufahrtsstraße zu Ende geht. Geschmeidig fügt es sich in die Landschaft ein.

Die Aufnahme im Kloster ist herzlich. Die Unterbringung erfolgt in typisch norwegischen Holzhäusern. Bevor der Klosterbau vollendet wurde, lebten die Schwestern in diesen Häusern. Die Zimmer sind freundlich und gemütlich eingerichtet. Der Ausblick aus meinem Zimmer ist herrlich. Ich überblicke den ganzen Fjord.

Mein Vorgänger oder meine Vorgängerin im Zimmer hat das Bett für mich bezogen – genauso wie ich es für meine Nachmieterin oder meinen Nachmieter tun werde. Dabei, so bitten die Schwestern, soll ein Gebet für den nach mir Kommenden gesprochen werden. Obwohl ich nicht weiß, wer vor mir das Zimmer bewohnt hat, fühle ich mich mit ihr oder ihm verbunden.

Auf dem Fensterbrett liegen einige Fundstücke vom Strand. Eine richtige Galerie: Vom Wasser geschliffene Steine in allen Farben und vielfältigen Mustern. Knorriges Holz, zu Kreuzen gebunden, und Muscheln aller Art. Eine vielfältige Sammlung, von den verschiedenen Vormietern meines Zimmers zusammengetragen. Sie wird mich in den nächsten Tagen zum Nachdenken anregen.

Das Juwel Tautras ist die Klosterkirche. Die Zisterzienser bevorzugen schlichtes Design. Die Bauweise der Zisterzienser war über Jahrhunderte geprägt von Bauten mit hohen Fenstern und folgt dem Leitmotiv »dem Licht Raum geben«. Dieses Motiv wurde auch im Kirchenbau von Tautra umgesetzt. Ein Glasdach über offenem Holzgebälk lässt ein sich ständig veränderndes Licht- und Schattenspiel in die helle Kirche einfallen. Der Architekt hatte dabei die Gewächshäuser von Frosta als Vorbild, deren Glasdächer das Licht in die Nacht verströmen: Tautra als spirituelles Gewächshaus, das sein Licht an die Mitwelt abgeben möchte. Dieser Gedanke gefällt mir. Eine Fensterfront hinter dem Altar gibt den Blick frei auf den Fjord – ein sich ständig veränderndes Altarbild!

Mit der Planung der Kirche wurde bereits im Jahr 2000 begonnen, doch der Bau zog sich sechs Jahre hin. Die Schwestern mussten dem Architekten immer wieder neu erklären, wie ein Kloster funktioniert und was die Regel verlangt. Der Architekt war herausgefordert, alle diese Vorgaben und die Wünsche der Schwestern in Architektur umsetzen.

Die Schwestern beim gemeinsamen Gebet im Chorgestühl.

Ich empfehle, die Kirche zu unterschiedlichen Tageszeiten zu besuchen, da der Raum sich im Licht ständig wandelt. Ein faszinierendes Schauspiel.

Siebenmal am Tag singen die Schwestern in Tautra das Lob Gottes, zum ersten Mal um 4.20 Uhr – Sommer wie Winter, wochentags und sonntags. Wenn die zwölf Meter über dem Boden im Turm hängende Glocke ruft, unterbrechen sie ihre Arbeit und versammeln sich zum Gebet. Die Glocke ist das klingende Zeichen, das den monastischen Tagesablauf in Stunden des Gebetes, der Arbeit und der Erholung gliedert.

Das Chorgebet wird in Norwegisch gesungen. Für alle Gebetszeiten liegen Texte auf, sodass die Gäste am Gebet teilnehmen können. Wer mit den verschiedenen Büchern und Textblätttern nicht zurechtkommt, dem helfen die Schwestern gerne. Der Gesang, die Lichtspiele in der Kirche und der Ausblick auf den Fjord lassen mein Herz höherschlagen.

Sobald man zur Stunde des göttlichen Dienstes das Zeichen hört, lasse man alles liegen, was man in den Händen hat, und komme in größter Eile herbei, jedoch mit Ernst, damit kein Anlass zur Leichtfertigkeit gegeben werde. Es werde also nichts dem Gottesdienst vorgezogen.
Benediktsregel 43,1–3

Lobe den Herrn meine Seele und alles in mir seinen heiligen Namen!
Psalm 103

Gerne würde ich in der Kirche sitzen bleiben und den verklingenden Tönen des Chorgebetes nachhören in dieser wohltuenden Stille. Aber ich muss zum Mittagessen. Dieses wird als einzige Mahlzeit von den Gästen gemeinsam im Gästerefektorium eingenommen. Frühstück und Abendessen bereiten die Gäste selbst zu. Dazu steht in jedem der Gästehäuser ein reich gefüllter Kühlschrank bereit.

Wie so oft versammelt sich auch heute eine sehr internationale Gemeinschaft um den reich gedeckten Mittagstisch. Rosemarie aus Iowa ist für vier Wochen in Tautra, sie besucht ihre Freundin und macht hier Exerzitien. Alex ist für drei Monate als Volontär hier. Er unterstützt die Schwestern bei verschiedenen Arbeiten. Eben kommt er aus dem Garten, wo er eine Mauer fertig gebaut hat. Nach dem Austritt aus einer Ordensgemeinschaft und mit einem noch nicht abgeschlossenen Theologiestudium sucht er seinen weiteren Weg. Dominic ist Priester der Diözese Trondheim und vertritt den Pater, der im Kloster normalerweise die heilige Messe feiert. Dominic ist gebürtiger Vietnamese und kam als sogenannter Bootsflüchtling nach Norwegen. Seine Geschichte berührt mich. Sie bringt mir ein längst vergessenes Kapitel Weltgeschichte wieder ganz nahe. Eine Frau, ich schätze sie auf Mitte vierzig, nimmt nicht an unserem Gespräch teil. Sie teilt auch die Nachspeise nicht mit uns, sondern verlässt den Tisch bereits vorher. Vielleicht will sie einfach nur ihre Ruhe ha-

Blick auf die Klosteranlage auf der Insel Tautra (oben).

Innenansicht der sonnendurchfluteten Klosterkirche. Durch die Glaswände erscheint der Übergang vom Kirchenbau zur freien Natur fließend (unten).

ben. Auch das darf hier sein. Dann ist da noch eine junge Frau, deren Namen ich nicht erfahre. Sie ist auf der Suche nach Gott hier in Tautra gelandet. Für ein Jahr will sie als Volontärin ihre Arbeitskraft für das Kloster einsetzen. Sie ist mir schon in der Kirche aufgefallen, da sie ihre Haare immer mit einem Schleier bedeckt, sobald die Eucharistiefeier beginnt. Das mutet mich etwas seltsam an. Was sie nach dem Jahr in Tautra tun will, frage ich sie. Zu Fuß nach Rom oder nach Santiago de Compostela pilgern, sagt sie bestimmt. Ich wünsche ihr, dass sie ihre Pläne umsetzen kann.

Er befiehlt seinen Engeln,
dich zu behüten auf all deinen Wegen.
Sie tragen dich auf ihren Händen,
damit dein Fuß nicht an einen Stein stößt.
Psalm 91

Nach dem Essen unternehme ich einen Spaziergang am Strand des Fjords. Der Strand ist steinig und deshalb fällt mir das Gehen schwer.

Die Steine am Strand haben viele verschiedene Farben und Formen. Vom Felsblock bis zum Kieselstein reiht sich alles am Ufer zu einem breiten Steingürtel. Ich setze mich und hänge meinen Gedanken nach. Viele Steine wurden durch die Gletscher hierhergebracht. Ihre Kanten wurden geschliffen über Jahre, Jahrhunderte, vielleicht Jahrtausende. Ihre »Ankunft« hier und ihre Vielfalt machen dieses Stück Erde bunt und reich. Die Steine sind Bild für den Ort: Tautra. Die »Ankunft« der Zisterzienserinnen auf Tautra ist ein Segen für die Gegend. Eine mittlerweile international zusammengesetzte Gemeinschaft – bunt wie die Steine am Strand – öffnet durch ihr Dasein und Beten so manchem Besucher und mancher Besucherin eine neue Tür zu Gott. Meine Gedanken hängen meinem eigenen Lebensweg nach und plötzlich fühle ich mich verbunden mit Menschen, die meinen Lebensweg geteilt und geprägt haben wie bunte Steine im großen Lebensmosaik.

Bunte Steine
große und kleine
kalt und hart
jeder gezeichnet
von der Kraft der Natur.
Ich hebe sie auf
– und später –
unter klarem Wasser
offenbart sich ihre Schönheit.

Ich denke an Menschen,
die ich mag,
jeder und jede gezeichnet
– wie die Steine –
vom Leben.
Ich trage sie mit
im Herzen und danke
sie machen
mein Leben bunt.

Wie die Steine am Strand, so erzählt auch die Fassade des Klostergebäudes und der Kirche eine Geschichte. Ursprünglich wollten die Schwestern ihr Kloster aus norwegischem Stein erbauen. Die Kosten ließen sie alsbald von diesem Vorhaben absehen. Der Architekt schlug vor, die ganze Fassade des Klosters mit Schieferplatten zu verkleiden. Wegen ihres hohen Anteils an Eisenoxid und dem Einfluss der Witterung verändern sich diese Steinplatten in Farbe und Oberfläche – die einen mehr, die anderen weniger. Eine Schwester meint: »Wir sind selbst wie diese Schieferplatten. Leuchtendes Orange neben Schwarz. Ja, die Gemeinschaft besteht aus sehr verschiedenen Persönlichkeiten, aber durch das enge Zusammenleben formen wir eine Einheit trotz aller Unterschiedlichkeit.«

Kreuz

Gold erstrahlt aus Schwarz
Licht durchkreuzt die Schatten:
Hoffnung keimt auf!

Vor Dir, Gott des Lebens,
breite ich mein Kreuz aus
hoffend,
dass Du es wandelst
vom Tod zur Auferstehung.

Nachmittags gehen die Schwestern ihren Arbeiten nach. Im Garten sehe ich einen Strohhut aus Sträuchern hervorragen. Er gehört einer Schwester, die sich durch die Beerenernte kämpft. Andere sind in der klösterlichen Seifenfabrik engagiert. Was einst als Hobby einer Schwester begann, deckt heute 95 % der Lebenshaltungskosten des Klosters. Volontäre gehen den Schwestern zur Hand, wo es nötig ist. Arbeit gibt es genug, sei es im Klosterladen, im Besucherzentrum, in der Seifenfabrik, in der Küche oder im Garten.

Die Schwestern wurden von der Bevölkerung herzlich aufgenommen. Auch deshalb konnte das monastische Leben auf Tautra gelingen. Die meist lutherische Bevölkerung hat die Zisterzienserinnen von Anfang an unterstützt, denn das Kloster und die Gemeinschaft war in den Augen vieler eine Bereicherung. Viele Einwohner der Gemeinde Frosta engagieren sich für das Kloster.

Die spirituelle Ausstrahlung des Klosters darf nicht unterschätzt werden. So erzählt zum Beispiel die Priorin, dass die meisten Einheimischen wenig Bezug zur Kirche haben, sich nun aber alter Traditionen erinnern und davon erzählen, dass bei ihnen zu Hause früher Rosenkranz gebetet wurde. Dass sie dieses Gebet noch immer auswendig kennen und es gerne wieder vertiefen oder andere Gebetsformen lernen möchten. Dafür ist das Kloster Tautra genau der richtige Ort. Auf der Suche nach der eigenen Spiritualität *kann* man in Tautra vieles und *muss* nichts. Mit Tautra verbinde ich die Gedanken von Aufnahme und Neuanfang.

Aufnahme oder Ablehnung

Danach suchte der Herr zweiundsiebzig andere aus und sandte sie zu zweit voraus in alle Städte und Ortschaften, in die er selbst gehen wollte. Er sagte zu ihnen: Die Ernte ist groß, aber es gibt nur wenig Arbeiter. Bittet also den Herrn der Ernte, Arbeiter für seine Ernte auszusenden. Geht! Ich sende euch wie Schafe mitten unter die Wölfe. Nehmt keinen Geldbeutel mit, keine Vorratstasche und keine Schuhe! Grüßt niemand unterwegs! Wenn ihr in ein Haus kommt, so sagt als Erstes: Friede diesem Haus! Und wenn dort ein Mann des Friedens wohnt, wird der Friede, den ihr ihm wünscht, auf ihm ruhen; andernfalls wird er zu euch zurückkehren. Bleibt in diesem Haus, esst und trinkt, was man euch anbietet; denn wer arbeitet, hat ein Recht auf seinen Lohn. Zieht nicht von einem Haus in ein anderes! Wenn ihr in eine Stadt kommt und man euch aufnimmt, so esst, was man euch vorsetzt. Heilt die Kranken, die dort sind, und sagt den Leuten: Das Reich Gottes ist euch nahe. Wenn ihr aber in eine Stadt kommt, in der man euch nicht aufnimmt, dann stellt euch auf die Straße und ruft: Selbst den Staub eurer Stadt, der an unseren Füßen klebt, lassen wir euch zurück; doch das sollt ihr wissen: Das Reich Gottes ist nahe.
Lukas 10,1–11

Wenn einer oder eine keine Aufnahme findet, ist Neuanfang schwer. Ich selbst erinnere mich an diesem Ort an Situationen in meinem Leben, wo ich aufgenommen wurde, willkommen war. Trauer konnte Lachen weichen, Projekte nahmen Gestalt an, aus Einsamkeit wurde Gemeinschaft, flüchtige Begegnungen festigten sich zu Freundschaften.

Wer sind die Menschen, die mir herzliche Aufnahme gewährten, damit ich Neues anfangen konnte? Wem möchte ich danken, dass er oder sie mich mit neuen Ideen und Projekten »aufgenommen« hat? Sind meine Türen offen für andere, wenn sie um Aufnahme bitten? Kann ich »den Staub von meinen Füßen schütteln und weiterziehen«, wenn ich keine »Aufnahme« finde?

Tautra ist nicht im eigentlichen Sinne ein Wallfahrtsort. Die Geschichte des Marienklosters in Tautra ist aber Zeichen dafür, dass im Leben Neuanfang gelingen kann für denjenigen, der sich auf den Weg macht.

Vogelperspektive

Sie steigen auf
mit kräftigem Flügelschlag
empor – himmelwärts –
und lassen Erde Erde sein.

Mach es wie sie, lass los!
Du kannst nur gewinnen –
einen neuen Blick
eine neue Perspektive.

*Du führst mich hinaus ins Weite,
    du machst meine Finsternis hell.*
        Psalm 18,20.29

Nützliche Informationen

Anfahrt

Mit dem Auto: E 6 von Trondheim Richtung Norden, dann die 753 nach Frosta, dem Schild »Klosterruiner« folgen, so gelangt man über die Brücke nach Tautra.
Mit dem Zug: Von Trondheim mit dem Zug Richtung Steinkjer bis nach Åsen. Von dort mit dem Taxi zum Kloster.

Anschrift

Tautra Mariakloster
Zisterzienserinnen der strengen Observanz (OCSO)
N-7633 Frosta
Tel: 0047 74 80 85 51
E-Mail: tautra@tautra.no
www.tautra.no
Öffnungszeiten Besucherzentrum:
täglich 13.00–16.00 Uhr

Aufenthalt im Marienkloster Tautra:
Übernachtung 200 NOK;
3 Mahlzeiten 200 NOK.

Gebetszeiten:
04.20 Uhr Vigil
07.30 Uhr Laudes
08.10 Uhr Eucharistiefeier (Sonntags: 09.00 Uhr Terz und Eucharistiefeier)
12.15 Uhr Sext (Sonntags: 12.00 Uhr)
14.30 Uhr Non (nur Di, Do, Sa und So)
17.30 Uhr Vesper
19.30 Uhr Komplet

Literatur

Chen, Sr. Sheryl Frances O.C.S.O, Tautra Mariakloster, Tautra Mariakloster 2007.
Holzherr, Georg, Die Benediktsregel: Anleitung zum christlichen Leben, Fribourg 2007.

Kloster Königin der Fjorde – ein Besuch auf den Lofoten

Das schönste Reiseziel des Nordens überhaupt, so werden die Lofoten oft genannt. Die Inselgruppe, die im Nordwesten Norwegens 200 km nördlich des Polarkreises vorgelagert ist, besticht mit ihrer einzigartigen Natur. Wo sonst sieht man Berge direkt ins Meer gleiten? Die Erosion hat über Millionen von Jahren einen einzigartigen Archipel geschaffen. Eine Augenweide! Um jeden Berg ranken sich Sagen und man versteht, dass die Wikinger, die im 9. Jahrhundert die Inseln besiedelten, dem Archipel den Beinamen »Insel der Götter« gegeben haben.

Preist den Herrn, ihr Berge und Hügel;
lobt und rühmt ihn in Ewigkeit.
Daniel 3,75

Es sind vor allem Rucksacktouristen, junge Leute aus verschiedenen Ländern, die auf der Fähre von Bodø nach Moskenes unterwegs sind, um die Inselwelt zu besuchen. Außerdem viele Campingwagen und vereinzelte Radfahrer. Dass die Natur und mit ihr die Wetterbedingungen nicht nur lieblich sind, erfahre ich bereits auf der Überfahrt. Bisweilen schaukelt die Fähre wie eine kleine Nussschale im großen Meer! Nicht alle Passagiere sind auf solche Wetterkapriolen eingestellt. Ihre Gesichtsfarbe schwindet in gleichem Maß wie die Sonne dem Sturm weichen muss. 3 ½ Stunden dauert die Fahrt, die zunächst an kleinen Inseln vorbeiführt, aber dann meist übers offene Meer geht. 3 ½ Stunden sind eine lange Zeit für die, bei denen sich der Magen hebt und senkt wie die Wellen im Meer! Ich bin froh, dass ich zu den Schiffs- und Seetauglichen gehöre! Und dann auf einmal erhebt sich eine Bergkette am Horizont. In einem Prospekt über die Lofoten habe ich einmal den Ausdruck gelesen »die Alpenkulisse, die aus den Wolken steigt«. Diese Beschreibung passt.

Ganz im Süden der Lofoten legt die Fähre in Moskenes an, unweit dem südlichsten Städtchen mit dem kurzen Namen Å.

Doch nicht nur wegen der atemberaubenden Landschaft mache ich mich auf in Richtung Lofoten. Nein, ich will die Zisterziensermönche in Storfjord im Kloster »Königin der Fjorde« besuchen.

Ein katholisches Kloster auf den Lofoten? Diese Frage habe ich auf meiner Reise oft gehört. Vieles, so stellt man sich vor, gäbe es auf den Lofoten, aber ein katholisches Kloster, das ist für viele ganz neu.

Ich hebe meine Augen auf zu den Bergen:
Woher kommt mir Hilfe?
Meine Hilfe kommt vom Herrn,
der Himmel und Erde gemacht hat.
Er lässt deinen Fuß nicht wanken;
er, der dich behütet, schläft nicht.
Nein, der Hüter Israels
schläft und schlummert nicht.
Der Herr ist dein Hüter,
der Herr gibt dir Schatten;

Norwegen

*er steht dir zur Seite.
Bei Tag wird dir die Sonne nicht schaden
noch der Mond in der Nacht.
Der Herr behütet dich vor allem Bösen,
er behütet dein Leben.
Der Herr behütet dich, wenn du fortgehst
und wiederkommst,
von nun an bis in Ewigkeit.*
Psalm 121

In Moskenes muss ich erst einmal zwei Stunden auf den Bus warten, der mich dann nach Leknes bringen soll. Dort will mich P. Christian abholen. Es gießt in Strömen an diesem Nachmittag und ich bedaure, keine Bilder machen zu können. Zwischen Nebelschleiern sieht man hin und wieder Berge, dazwischen tiefe Taleinschnitte. Moskenes, das ist nicht viel: die Anlegestelle der Fähre, die Touristeninformation, ein kleines Bistro und eine Bushaltestelle. Weiter weg noch ein Campingplatz und eine Kirche. Ich setze mich ins Bistro. Da es schon drei Uhr nachmittags ist, mag ich nichts essen, denn bestimmt wartet ein feines Abendessen auf mich. Aber dass ich nur etwas trinke, das gefällt den Bistrobetreibern nicht. Sie brauchen Platz für die »vielen Gäste, die zum Abendessen kommen«. Ich beobachte, wie andere Gäste, kaum haben sie ihren Kaffee ausgetrunken, aufgefordert werden, das Bistro zu verlassen. Draußen schüttet es. So belasse ich die ganzen zwei Stunden, die ich auf den Bus warten muss, einen kleinen Schluck Cola in meiner Flasche … und bleibe sitzen. Der Ansturm der »vielen Gäste, die zum Abendessen kommen«, bleibt aus.

Auf der Fahrt nach Leknes überqueren wir zahlreiche Brücken, welche die verschiedenen Inseln verbinden. Die Fahrt führt vorbei an weißen Sandstränden, Seenlandschaften, tiefgrünen Tälern, großen Fischfanganlagen und an unzähligen Holzständern, auf denen Fische getrocknet werden. Da die Fische im März zum Trocknen aufgehängt werden, sind jetzt im Sommer nur noch kümmerliche Überreste davon zu sehen. Ein Leckerbissen für die Möwen oder ein beliebtes Fotosujet für die Touristen.

Immer wieder überholt unser Bus die Rucksacktouristen, die mit mir auf der Fähre

Fischerdörfer prägen das Landschaftsbild

waren. Autos und Fußgänger teilen sich die Straßen, denn von denen gibt es auf den Lofoten nicht allzu viele.

In Leknes angekommen erkenne ich P. Christian schon von Weitem. Sein schwarzes Skapulier über der weißen Mönchskutte flattert im Wind. Der Willkommensgruß ist herzlich. Bis zum Kloster »Königin der Fjorde« sind es noch circa 10 Minuten mit dem Auto zu fahren. Dann zeigt ein Straßenschild die Abzweigung an zum »*katolsk kloster*«.

Die Klosteranlage, das sind vier Gebäude: die Kirche, das Gästehaus, das Ökonomiehaus und das Wohnhaus der Mönche. Es sind weiße Holzhäuser mit roten oder blauen Akzenten.

Die Unterkunft im Gästehaus ist einfach, aber gemütlich. Im Erdgeschoss befinden sich Gemeinschaftsräume wie Küche, Speisesaal und Aufenthaltsraum. Im ersten Stock liegen die Gästezimmer. Es stehen Einbett- und Mehrbettzimmer zur Verfügung. Außer mir ist noch eine junge Frau aus Schweden zu Gast. Sie ist mit dem Rad unterwegs. Später am Abend sehe ich dann, wie P. Christian drei junge Leute durch das Haus führt. Auch sie werden eine Bleibe für die Nacht gefunden haben.

Leider wird die Aussicht aus meinem Zimmer durch Nebelschwaden getrübt. Die richtig schönen Sommertage auf den Lofoten sind selten, das wusste ich vor meiner Ankunft … aber hoffen darf man alleweil.

Zu Gast bei den Zisterziensern

Eine halbe Stunde später holt mich P. Christian im Gästetrakt wieder ab. Normalerweise verpflegen sich die Gäste hier selbst, ich aber bin eingeladen, mit den beiden Mönchen zu essen.

P. Honorius hat »polnische Kroketten« vorbereitet, eine kräftige Gemüsesuppe und warmen Kräutertee. Ich bin froh, etwas Warmes zu mir nehmen zu können. Die Temperaturen draußen und der Wind erinnern mich – trotz des Augusttages – an den Spätherbst. P. Christian ist gesprächig, obwohl uns keine Sprache verbindet. Wir einigen uns darauf, dass er norwegisch spricht und ich schwedisch. Und so geht es – irgendwie.

Seit acht Jahren gibt es das Kloster hier auf den Lofoten, berichtet P. Christian. Auf die Frage, wie lange er schon hier sei, sagt er mit einem fröhlichen Lachen: »Von Anfang an!«

Immer wieder bekomme der Zisterzienserorden Anfragen von Bischöfen, ob nicht in ihren Bistümern ein Kloster gegründet werden könne. So kam die Frage eines Tages auch aus dem Bistum Tromsø und die Zisterzienser entschlossen sich, eine kleine Gemeinschaft auf die Lofoten zu entsenden. P. Christian scheint sich hier ganz wohl zu fühlen. Obwohl die Winter lang sind. Von Oktober bis April, manchmal bis Mai, liegt Schnee, weiß er zu berichten. Die Winterstürme seien unangenehm, da zittert das ganze Haus und der Wind heult in allen Ecken und Winkeln, an Schlaf sei dann meist nicht zu denken. Aber mit einer gewissen Gelassenheit sagt er, nach zwei bis drei Tagen sei auch das vorbei.

P. Christian ist Pfarrer für die 250-Seelen-Gemeinde auf den Lofoten. Eine Gemeinde, die sich vor allem aus Einwanderern zusammensetzt. Die größten Gruppen unter ihnen sind die Polen, die Philippinen und die Afrikaner. Zurzeit ist er der einzige Priester, der hier Gottesdienst feiern kann. P. Honorius ist noch nicht so lange da und der Sprache noch nicht mächtig. Die Messe zu lesen, fällt ihm nicht schwer, aber das Predigen geht noch nicht. Täglich wird die Messe in der Klosterkirche gelesen – im Winter in der kleinen Kapelle im Wohnhaus. Am Sonntag feiert P. Christian zweimal in Storfjord und einmal in Reina. Einmal im Monat fährt er in den Hauptort der Lofoten und feiert auch dort zwei Gottesdienste. Viele Gottesdienste werden auf Polnisch gefeiert. Ich frage, ob es hier Industrie gibt auf den Inseln und wo die Menschen – vor allem auch die Einwanderer – arbeiten. Die größte Einnahmequelle und gleichzeitig größter Arbeitgeber ist die Fischindustrie, gefolgt von der Bauindustrie. Fischen tut hier jeder, sagt P. Christian und

Einer der zahlreichen weißen Strände auf den Lofoten

Gästehaus des Klosters und die Kirche zur »Heiligen Familie«

Kloster Königin der Fjorde – ein Besuch auf den Lofoten

Lass mich selbst zu einer Botin des Friedens werden.

deutet auf die Boote, die vor dem Kloster liegen. Im Sommer, vorausgesetzt das Wetter ist gut, fährt er mit seinem Mitbruder ebenfalls aufs Meer, um zu fischen. Die Spezialität der Lofoten, der getrocknete Dorsch, bringt also auch Arbeit. Während er erzählt, ist er immer wieder besorgt, dass ich genug esse und trinke. Ich müsse unbedingt den selbst gewonnenen Honig – natürlich aus Polen – probieren. Dann fragt er, ob ich für den nächsten Tag schon Pläne hätte. Ich verneine. P. Honorius sei sicherlich bereit, mich irgendwohin zu fahren, meint er. Er selbst muss noch an diesem Abend nach Bodø, wo er am nächsten Tag Messe feiern wird. Der Pfarrer von Bodø sei nämlich gerade in den Ferien. Er sei erst morgen Abend wieder zurück. Ich bin beeindruckt. P. Christian fährt vier Stunden mit dem Boot, kommt morgens um 2 Uhr an, feiert am Morgen die Messe in der Pfarrei und fährt am selben Tag wieder vier Stunden zurück. Ich will wissen, wovon die Zisterzienser hier leben. »Wir sind eine kleine Gemeinschaft, wir brauchen nicht viel«, sagt der Zisterzienser. Es gibt vor allem zwei Einnahmequellen im Kloster Königin der Fjorde: den Pfarrerlohn und die Einnahmen aus dem Gästehaus.

Die Mönche berichten, dass das Gästehaus ganz gut belegt sei. Neben den Tagestouristen und den Menschen, die sich etwas in die Stille zurückziehen wollen, hält auch der Bischof von Tromsø, zu dessen Diözese Storfjord gehört, mit seinen Priestern hin und wieder Sitzungen, Kurse oder Retraiten bei den Zisterziensern.

Mit der Einladung, am morgendlichen Gottesdienst teilzunehmen, verabschieden mich die beiden Mönche nach dem Abendessen. Um ins Gästehaus zu gelangen, muss ich über den Vorplatz gehen. Außer dem Schreien der Möwen ist nichts zu hören. Mein Blick schweift über die Berge, deren Gipfel in Nebel gehüllt sind. Friedlich. Das ist das Wort, das mir zunächst einfällt, um die Situation zu beschreiben, die ich in Storfjord wahrnehme. Friedlich meint nicht nur die Abwesenheit von Unruhe und Unfriede, sondern meint ein durch und durch Zufriedensein mit sich

Der Innenraum der Klosterkirche

Die Fischerei ist die Haupteinnahmequelle auf den Lofoten.

selbst und der Welt. Diesen Gemütszustand strahlen die beiden Mönche aus – und er greift über auf die Gäste.

Guter Gott,
oft bin ich
unzufrieden
mit mir selber und
mit anderen.
Stärke meinen Willen
für Versöhnung.
Lass mich selbst
zu einer Botin
des Friedens werden,
damit Friede werden kann
wie Du ihn verheißen hast.

Am nächsten Morgen versammeln sich alle Gäste zum Gottesdienst in der Kirche. Zusammen mit dem Priester sind wir sieben Leute. Drei davon sind keine Katholiken. Das erkennt man immer beim Kommuniongang. Dann nämlich treten sie vor, legen eine Hand über die Brust und bitten so um den Segen. Es ist eine Tradition, die sich längst eingebürgert hat hier im Norden. Keinem Nichtkatholiken würde es in den Sinn kommen, zur Kommunion zu gehen.

Die Messe ist schlichter als der Kirchenraum – den empfinde ich als reichlich kitschig und überladen. Die Bilder in der Kirche sind angesiedelt zwischen naiver Malerei und polnischem Heimatstil. Jedenfalls farbenprächtig und reich verziert. P. Honorius, der norwegischen Sprache noch nicht sehr mächtig, hält sich strikt an die Texte im Messbuch. Ich bin froh, denn das hilft auch mir, die Messe ohne größere Sprachschwierigkeiten mitzufeiern. Und wieder einmal wird mir bewusst, dass man sich auch ohne Sprachkenntnisse in der katholischen Kirche überall auf der Welt zu Hause fühlen kann.

Die Lofoten – ein Naturereignis

Wie mir P. Christian am Abend zuvor schon angekündigt hat, ist P. Honorius gerne bereit, mit mir eine Rundfahrt über die Insel zu machen, damit ich etwas von der Schönheit der Landschaft erfahren kann. Das Glück scheint uns ebenfalls hold, denn hin und wieder findet ein Sonnenstrahl seinen Weg durch die Wolkendecke. Ich bin begeistert von der Landschaft. Auch für P. Honorius sind die Inseln noch Neuland, da er noch nicht lange in Storfjord lebt. So staunen wir gemeinsam an immer neuen Orten über immer neue Ausblicke, die sich uns auftun. Hoch über dem Wasser setzen wir uns auf einen Felsen und lassen die Landschaft auf uns wirken. Nur die Schreie der Möwen zerschneiden die Stille. Nach einer Weile – einer gefühlten Ewigkeit – sagt der Mönch zu mir: »Es ist Gottes Werk!« Nur das, nicht mehr. Es genügt. Sentimentalität ist nicht meins, aber in diesem Moment bleiben mir die Worte im Hals stecken.

An diesem Abend geht es für mich weiter nach Norden. Das Hurtigrutenschiff wird mich in eineinhalb Tagen nach Tromsø bringen. Doch zuvor setze ich mich noch einmal auf den »Klosterplatz« und lasse die Bilder und Begegnungen des Tages an mir vorüberziehen.

Zwei Mönche sammeln hier, fernab vom Festland, Menschen mit demselben Glauben und derselben Hoffnung. Sprachbarrieren und kulturelle Unterschiede sind keine Hindernisse. Sie sind unterwegs mit Gottes Botschaft – von Insel zu Insel. Ihr Haus öffnen sie jedem, der anklopft. Menschenfischer, das Netz immer neu auswerfen, das sind Gedanken, die mir an diesem Abend im Kopf herumschwirren.

Das Kloster »Königin der Fjorde« hoch im Norden Norwegens zeigt stellvertretend die Bedeutung der Klöster für die katholischen Christen in Nordeuropa. Immer schon waren die Klöster wichtige Zentren der Diasporakirche im Norden. Es mag ein Zeichen der Zeit sein, dass an die Stelle der sozial-karitativen Orden heute vor allem die kontemplativen Orden getreten sind. Früher haben Ordensschwestern in den nordischen Ländern als Krankenschwestern gewirkt. Heute bieten viele Klöster Rückzugsmöglichkeiten für die stetig wachsende Gruppe von Suchenden an. Norwegen ist ein reiches Land, die Erdölvorkommen scheinen unerschöpflich. Doch materieller Reichtum war noch nie eine Antwort auf die Frage nach dem Sinn des Lebens. Antworten kann man in der überwältigenden Natur oder der klösterlichen Stille finden. Und das ist gut so.

Rorbu-Hütten in Nusfjord. Einst waren sie Quartiere für Fischer, heute bieten sie Touristen eine günstige Unterkunft.

Menschenfischer

Als Jesus am See von Galiläa entlangging, sah er zwei Brüder, Simon, genannt Petrus, und seinen Bruder Andreas; sie warfen gerade ihr Netz in den See, denn sie waren Fischer.
Da sagte er zu ihnen: Kommt her, folgt mir nach! Ich werde euch zu Menschenfischern machen.
Sofort ließen sie ihre Netze liegen und folgten ihm. Als er weiterging, sah er zwei andere Brüder, Jakobus, den Sohn des Zebedäus, und seinen Bruder Johannes; sie waren mit ihrem Vater Zebedäus im Boot und richteten ihre Netze her. Er rief sie, und sogleich verließen sie das Boot und ihren Vater und folgten Jesus.
Matthäus 4,18–22

Was meint »Nachfolge Christi« in meinem Leben? Wohin will Gott mich senden mit meinen Talenten? Und: Habe ich offene Augen für Gottes wunderbare Schöpfung? Bin ich bereit, sie vor Zerstörung und Ausbeuterei zu bewahren?

Nützliche Informationen

Anfahrt

Auf die Lofoten gelangt man am besten mit der Fähre von Bodø aus. Sie bringt einen in 3 ½ Stunden nach Moskenes (Preis ca. 150 NOK).
Von Moskenes gelangt man mit dem Bus nach Leknes (Preis ca. 100 NOK).
Das Zisterzienserkloster liegt an der Straße nach Stamsund. Am besten lässt man sich abholen. In Stamsund legen die Hurtigruten zweimal täglich an (Nordroute und Südroute).

Anschrift

Klosteret Fjordenes Dronning
Steienveien 323
8340 Stamsund (Lofoten)
Tel: 0047 76 086854
E-Mail: o.cist@katolsk.no

Der Preis für Übernachtung und Mahlzeiten liegt im Ermessen der Gäste.

Die katholische Kirche in Finnland und der heilige Henrik

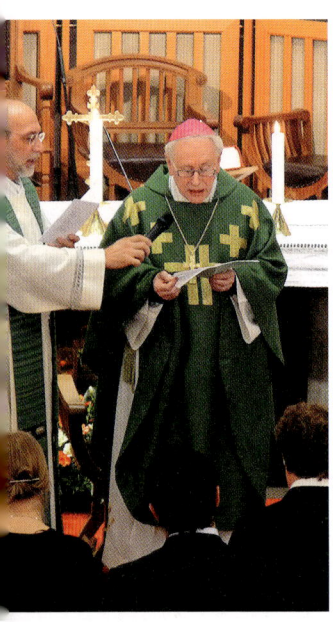

Bischof Teemu Sippo während einer Messe

Ein Land mit 0,2 % Katholiken bei über fünf Millionen Einwohnern, sieben Pfarreien auf einer Fläche von 338.145 km² mit 20 Priestern und einem Bischof: das ist Finnland. 11.500 Katholiken und Katholikinnen – eine verschwindend kleine Zahl angesichts der Größe des Landes. Die katholische Kirche in Finnland ist, wie überall im Norden, eine Kirche der Immigranten. Der Bischof von Helsinki, Teemu Sippo, erzählt mir, dass über 100 Nationalitäten unter dem Dach der katholischen Kirche zu vereinen seien. Auf meine Rückfrage hin sagt er, dass es mit den verschiedenen Sprachgruppen und Nationalitäten keine Probleme gebe. Dennoch müsse der Dialog zwischen den Sprachgruppen und Nationalitäten ständig in Gang gehalten werden. Bei meinem Besuch in Finnland war die Diözese gerade in den Vorbereitungen für ein Diözesantreffen, das diese vielfältige Kultur zum Thema haben sollte. Was die größte Herausforderung für die katholische Kirche in Finnland sei, habe ich den Bischof gefragt. Ohne zu zögern, antwortet er: »Die riesigen Distanzen.« Weite Wege verlangen nicht nur ihm, sondern allen seinen Mitarbeitenden viel Zeit und Geduld ab. Für Seelsorgebesuche fahren seine Priester oft stundenlang – und das bei jedem Wetter. Zur Firmung im Norden des Landes reist der Bischof mit dem Flugzeug. Ja, die Kalamitäten des täglichen Lebens stellen die Seelsorgenden vor ganz andere Aufgaben als uns Mitteleuropäer. Bischof Teemu Sippo ist ein wacher und stets zu einem Scherz aufgelegter Gesprächspartner. Kein Wunder, dass er bei den Katholiken Finnlands beliebt ist. Kommt dazu, dass mit Teemu Sippo zum ersten Mal in der Geschichte der römisch-katholischen Kirche Finnlands ein Finne auf dem Bischofsstuhl sitzt. Vielleicht mag das zur Identitätsstiftung der katholischen Minderheit im Norden beitragen. Die katholische Kirche wächst langsam, aber sie wächst. Dazu trägt nicht nur der Zuzug von Immigranten und Immigrantinnen bei, sondern auch die beachtliche Anzahl der Konvertiten. Was es heißt, den Weg in die katholische Kirche angeboten zu bekommen und ihn zu gehen, das weiß der Bischof aus eigener Erfahrung. Auch er konvertierte im Jahr 1966 zum katholischen Glauben. Wie übrigens manch anderer Bischof im Norden Europas auch. So ist es für ihn immer ein besonderer Augenblick, wenn er durch die Spendung des Firmsakramentes Konvertiten in die Gemeinschaft der katholischen Kirche aufnehmen darf.

Der heilige Henrik – Apostel Finnlands

Zwischen dem 6. und dem 12. Jahrhundert missionierten unzählige irische und englische Mönche in Mitteleuropa. Gallus und Columban sind in diesen Breiten wohl die bekanntesten. Wie bereits im Kapitel über Trondheim erwähnt, erreichte die Missionie-

Die goldenen Kuppeln der orthodoxen Uspenski-Kathedrale in Helsinki erinnern an die russische Herrschaft in Finnland.

rungswelle den Norden Europas um die Jahrtausendwende. Der heilige Henrik, der zum Schutzpatron der Kirche in Finnland geworden ist, kam ebenfalls aus England. Zusammen mit dem englischen Kardinal Nikolaus Breakspere, dem späteren Papst Hadrian IV., kam er im 12. Jahrhundert nach Schweden. In der Legende wird berichtet, dass Henrik zunächst Bischof von Uppsala war. Allerdings taucht sein Name nirgends in der Bischofsliste der schwedischen Stadt auf. Historische Gegebenheiten lassen sich kaum überprüfen, doch wird Henrik immer wieder mit Erik, dem Heiligen, in Verbindung gebracht. Zusammen sollen sie einen Missionszug nach Finnland unternommen haben. Im Gegensatz zu König Erik blieb Henrik in Finnland und wurde erster Bischof des Landes. Die junge Kirche sollte geordnet werden.

Im Winter des Jahres 1155 oder 1156 soll Henrik erschlagen worden sein. Die Legende berichtet, Bischof Henrik habe im Haus des Bauern Lalli in dessen Abwesenheit um Aufnahme und Verköstigung gebeten. Die Bauersfrau soll bei der Heimkehr ihrem Mann Lalli berichtet haben, der Bischof habe die Bezahlung verweigert. Dies brachte den Bauern derart in Rage, dass er dem Bischof folgte und ihn auf dem gefrorenen See bei Köyliö erschlug. Henrik wurde an seinem Bischofssitz in Nousiainen bestattet. Im Volk wurde er bald als Heiliger verehrt. Elf Wunder wurden Henrik nach seinem Tod zugesprochen. Im Jahr 1300 wurden die Gebeine in den Dom nach Turku überführt. Seit diesem Zeitpunkt wird er als Patron der Finnen verehrt. Den Reliquien des heiligen Henrik stand allerdings eine lange Irrfahrt bevor. Während der Reformation wurden die meisten Altäre und Reliquien zerstört. Jene des heiligen Henrik und des seligen Hemming, Bischof von Finnland im 14. Jahrhundert, blieben in der Domkirche zu Turku. Anfang des 18. Jahrhunderts gelangten die Reliquien Henriks als Kriegsbeute nach Russland. Der größte Teil davon ist verschwunden. Der Reliquienschrein des seligen Bischof Hemming im Dom von Turku blieb wie durch ein Wunder unversehrt. Als man den Schrein zu Beginn des 20. Jahrhunderts genauer untersuchte, stellte man fest, dass sich darin Reliquien verschiedenster Personen fanden. Vermutlich hat jemand die Reliquien im Dom aus den Altären genommen und alle zusammen in den Schrein Hemmings gelegt. Unter diesen Reliquien fand sich auch eine Unterarmreliquie des heiligen Henrik. Über hundert Jahre lag die Reliquie im Lagerraum der Museumsbehörde in Helsinki und wurde den Katholiken nur zum Patronatsfest der Kathedrale ausgeliehen. Es ist dem heutigen Bischof von Finnland zu verdanken, dass die Reliquie am 19. Januar 2000 feierlich in die St. Henrikskathedrale überführt und in den Hauptaltar eingelassen werden konnte. Für die Katholiken Finnlands war das ein bedeutendes Ereignis, verbindet doch diese Reliquie die finnischen Katholiken sichtbar mit ihren Vorgängern im Glauben.

Die Heiligen Erik und Henrik segeln nach Finnland.

Wegweiser zur Gedenkstätte (»muistomerkki«) für den heiligen Henrik.

Köyliö – Diözesanwallfahrt auf 61° 08'50.30"Nord, 22° 19'31"Ost

Den Wallfahrtsort des heiligen Henrik gebe ich am besten mit seinen Geokoordinaten an! Aus eigener Erfahrung weiß ich nämlich, dass er nicht einfach zu finden ist. Ich musste eine richtige Odyssee zurücklegen, bis ich endlich mit den finnischen Katholiken und Katholikinnen den Festtag des heiligen Henrik begehen konnte. Aber eines nach dem anderen:

Am Sonntag, der dem 18. Juni am nächsten liegt, findet in Finnland jedes Jahr die Diözesanwallfahrt nach Köyliö statt – genauer gesagt: auf die Insel Kirkkokari. Es ist der Ort, an dem der Legende nach der heilige Henrik vom Bauer Lalli erschlagen wurde. Der 18. Juni ist der Tag der Überführung der Gebeine des Heiligen. Da das Bistum Helsinki ganz Finnland umfasst, kommen die Pilger und Pilgerinnen aus dem ganzen Land zusammen, um den Nationalheiligen zu feiern. Einige von ihnen sind zu Fuß drei Tage nach Kirkkokari unterwegs, andere reisen mit dem Bus aus Turku oder Helsinki an. Ich selbst bin die Tage zu Besuch in Helsinki und starte am frühen Sonntagmorgen mit dem Auto Richtung Köyliö. Die kleine Ortschaft liegt am See Köyliöjärnvi in der Landschaft Satakunta, etwa 200 Kilometer nordwestlich der Hauptstadt. Ich weiß, dass der Festgottesdienst auf der kleinen Insel gefeiert wird. Boote sollen am Ufer bereitstehen, um die Pilger überzusetzen. Wichtig sei auch, so erzählen meine Bekannten in Helsinki, der gemeinsame Kirchenkaffee im Anschluss an die Messe. Das hört sich ja gut an und ich bin sehr gespannt.

Die Reise nach Köyliö führt zunächst über die Autobahn Richtung Turku. Nach 30 Kilometern geht es Richtung Norden ab. Die Landschaft ist lieblich; Seen, Felder und Wälder wechseln sich ab. Und die Straße schlängelt sich über sanfte Hügel nordwärts. Nach gut zwei Stunden erreiche ich Köyliö. Am Straßenrand begegnet mir der heilige Henrik schon das erste Mal! Die Bischofsmütze und die Axt, mit der Henrik erschlagen wurde, zieren das Gemeindewappen von Köyliö.

Die knapp 3.000 Einwohner zählende Gemeinde umfasst neben dem Hauptort noch weitere 20 Dörfer und erstreckt sich an den Ufern des Isoselkä-Sees entlang. Imposant ist ihre Kirche, zu der eine zwei Kilometer lange Birkenallee führt. Doch ich suche keine Kirche, sondern die Insel mit dem Gedenkstein für den heiligen Henrik. Zweimal fahre ich das Gemeindegebiet von Köyliö ab und sehe weder Wegweiser noch Pilgerbusse. Wenn heute die Diözesanwallfahrt nach Köyliö stattfindet, dann müssen doch irgendwo die Busse parken – denke ich. Aber es ist beinahe zum Verzweifeln. Ich finde keinen Anhaltspunkt und Passanten sind auch keine unterwegs an diesem Sonntagmorgen. Nun komme ich von so weit her und laufe Gefahr, die Wallfahrt zu verpassen! Unbegreiflich! Endlich kommt mir ein Fahrradfahrer entgegen. Ich halte an und will ihn um Auskunft bitten, aber er würdigt mich keines Blickes und fährt einfach an mir vorbei. Die Zeit schreitet vor-

Wegzeichen in Form einer Bischofsmütze als Symbol für Henrik, den Patron Finnlands

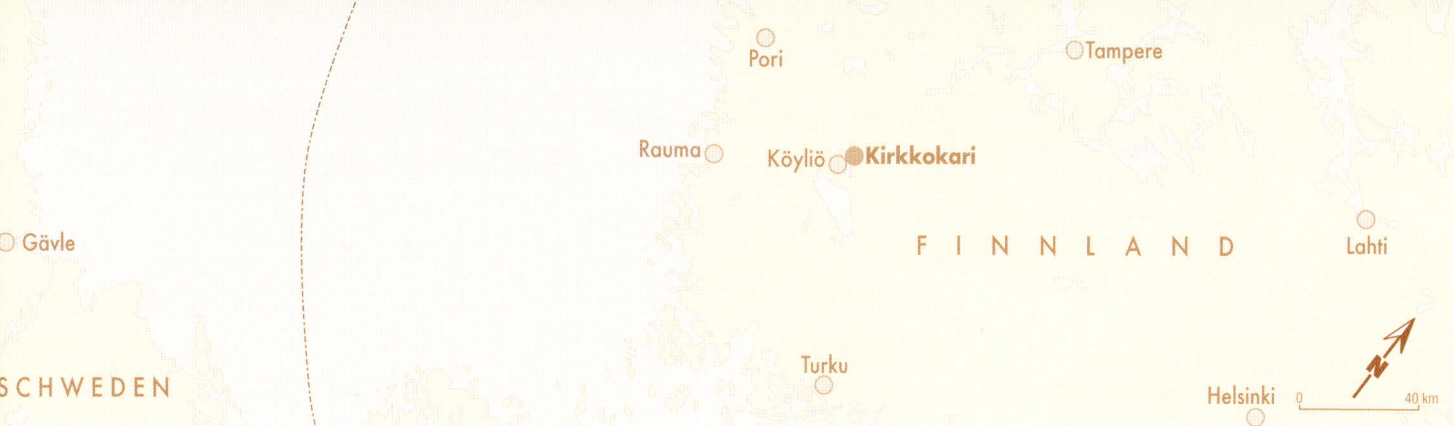

an und ich habe immer noch keine Ahnung, wo ich die Wallfahrenden treffen kann. Wo sind denn nur die Pilgerbusse? Ich fahre zurück zur Kirche und treffe dort drei Männer, die gerade vom Friedhofsbesuch zurückkommen. Der erste versteht kein Schwedisch und kein Englisch – gibt er mir jedenfalls zu verstehen. Der zweite überlegt lange, nachdem ich ihn nach dem Ort des heiligen Henrik gefragt habe. Dann sagt er: »Ja, dort oben im Norden haben die Katholiken einen Altar gebaut.« Richtung Heimatmuseum soll ich fahren und dann von dort zu Fuß weitergehen. Wenn ich nur wüsste, was »Heimatmuseum« auf Finnisch heißt. Also folge ich der Straße mit dem unaussprechlichen Namen »Pyhän Henrikintie«. In einer lang gezogenen Kurve stehen ein paar hübsch hergerichtete Häuser. Ob das das Heimatmuseum ist? Auf dem Parkplatz entdecke ich ein Auto mit Anhänger. Auf dem Anhänger steht ein selbst gebastelter Wegweiser, auf dem »Henrik« steht. Dummerweise zeigt der Wegweiser in den Himmel hinauf. Noch immer kommt es mir seltsam vor, dass keine Busse geparkt sind. Aber ich vermute, dass ich hier trotzdem auf dem richtigen Weg bin. Ich muss mich beeilen. Es ist schon 12:45 Uhr und um 13 Uhr soll die Messe auf der Insel beginnen. Also folge ich flotten Schrittes dem Weg, der zum Flussufer führt. Unterwegs sehe ich zum ersten Mal ein Schild, das auf Henrik hinweist. Etwas verwittert, aber wenigstens ein Anhaltspunkt.

Der Weg führt durch den Wald, vorbei an einer Hütte, wo fleißige Hände schon Kaffee und Sandwiches vorbereiten – nun weiß ich, dass ich richtig bin! Vom Bootssteg rufen mir einige Männer etwas zu. Ich verstehe es als Einladung und beeile mich – nicht ohne die Bischofsmütze neben dem Steg zu betrachten. Am Ufer ist ein Floß vertäut. Ich springe auf und schon setzen wir zur kleinen Insel Kirkkokari über. Ich bin glücklich, den Ort gefunden zu haben.

Die Überfahrt dauert nur ein paar Minuten. Außer dem Bootsbesitzer sind noch ein paar andere Leute auf dem Boot. Aber ich verstehe nicht, ob sie auch Pilger sind oder nur ihren

Anlegestelle der Fähre nach Kirkkokari, der drittkleinsten Insel im Isoselkä-See

»ohne Worte«

Worte treffen
den richtigen Ton
dich mitten ins Herz
als Schlag ins Gesicht
gehaucht kitzelnd dein Ohr
mit Dezibel aufs Trommelfell

Worte sind
Verpackungshülsen oft
zärtliche Versprechungen
gestammelte Buchstabenreihen
zauberhafte Zungenbrecher
einmal über die Lippen – verloren

»Ohne Worte« heißt
aushalten
Sinne schärfen
Stille ertragen
Augenzwinkern
Herzen sprechen lassen

Gott gibt es
inmitten der
wortgewandten Welt

»ohne Worte«!

Freund, den Bootsbesitzer, begleiten. Jedenfalls bin ich die Einzige, die in Kirkkokari an Land geht. Schon nach wenigen Schritten erkenne ich zwischen den Bäumen hindurch eine Gruppe von Menschen. Sie haben auf moosbewachsenen Steinen Platz genommen – einige stehen. Und nun fällt es mir wie Schuppen von den Augen. Ich verstehe, warum ich keine Parkplätze voller Pilgerbusse gesehen habe. Die Diözesanwallfahrt Finnlands vereinigt gerade mal 50 Pilger und Pilgerinnen um den steinernen Altar vor dem Gedenkstein für den heiligen Henrik. Und ich merke, wie schwer es mir fällt, in der Verhältnismäßigkeit der Diasporakirche zu denken. Immerfort vergleiche ich mit den Größenverhältnissen in Mitteleuropa. Bei uns müsste man bei der Diözesanwallfahrt einen ganzen Parkplatz für Busse reservieren. Im Norden wird mit anderen Ellen gemessen.

Mein Blick schweift in die Runde. Ich bin erstaunt, wie viele junge Menschen nach Kirkkokari gekommen sind. Menschen aus aller Herren Länder sind hier versammelt, um den Glauben zu feiern.

Bei der Messe verstehe ich leider gar nichts. Aber ich nehme die wohltuende und familiäre Atmosphäre auf und bin sozusagen »ohne Worte« ganz dabei. Die Gegenwart Gottes be-

schränkt sich ja zum Glück nicht auf Sprache und Worte. Die Messe ist schlicht und feierlich zugleich.

Nach dem Gottesdienst kommen einige Leute auf mich zu. Sie fragen mich, woher ich komme und warum ich ausgerechnet nach Kirkkokari gekommen sei. Ich erzähle davon, dass ich im Norden unterwegs bin und die katholische Kirche vor Ort kennenlernen möchte. Sie staunen und fragen mich, was denn daran so besonders sei. Meine Antwort: Alles! Katholische Kirche als Minderheit, Immigrantenkirche, jung und kreativ, mit wenig Geld. Und dann beginnt ein intensives Gespräch mit Mattii. Er ist vor zwei Jahren zur katholischen Kirche konvertiert. Die Gemeinschaft gebe ihm großen Halt und er habe Jesus Christus als den Sinn seines Lebens erkannt. Eine indische Klosterfrau gesellt sich zu uns. Sie sagt, dass es heute noch immer schwierig sei, als Katholik oder Katholikin in der Öffentlichkeit aufzutreten. Vor allem wenn sich die Katholiken versammeln, werden sie oft schräg angeschaut. Während sie das so erzählt, kommt mir der Blick dieses Mannes, den ich um Auskunft bat, wieder in den Sinn. Unsicher, misstrauisch. Manchmal kann ich es kaum glauben, in welcher Situation die Katholiken hier im Norden leben – und das nur knapp zwei Flugstunden von Mitteleuropa entfernt.

Während wir sprechen, warten die anderen Pilger und Pilgerinnen geduldig, dass sie wieder zurück ans Land gefahren werden. Höchste Zeit für mich, dass ich mich auf der kleinen Insel noch etwas umsehe.

Der Gedenkstein für den heiligen Henrik zeigt das Wappen von Köyliö mit Mitra und Axt und zudem einen Vers aus dem Matthäusevangelium: »Wer sein Leben retten will, wird es verlieren; wer aber sein Leben um meinetwillen verliert, wird es gewinnen« (Matthäus 16,25). Davor steht der schlichte Steinaltar, auf dem wir eben Eucharistie gefeiert haben. Ein ziemlich verwunschener Ort, diese kleine Insel Kirkkokari! Ein einsamer Ort – um zu sterben und zu leben. Bäume, Erde, Wasser und ein Denkmal für einen Glaubenszeugen. Mehr nicht.

In der Stille und Abgeschiedenheit vom hektischen Tempo des Alltags lässt es sich verweilen. An den heiligen Stätten hier im Norden Europas meine ich manchmal, die Zeit sei stehen geblieben. Es kamen Missionare hierher, um den Glauben zu verkünden. Der Boden war steinig und hart. Viele bezahlten ihren Einsatz für den Glauben mit dem Le-

> ### Heiliger Henrik
> Bischof und Märtyrer
> *um 1100, wahrscheinlich in England
> † 20. Januar 1156/57 bei Köyliö
> Gedenktag: 19. Januar
> Er missionierte in Schweden und Finnland und wurde der erste Bischof in Finnland.
> Darstellung: meist als bartloser oder kurzbärtiger Bischof, zusammen mit Lalli, der die Mordwaffe hält

ben. Zwar stirbt hier heutzutage niemand mehr wegen seines Einsatzes für den Glauben, aber es ist nach wie vor schwierig, ein Glaubenszeugnis zu geben – gerade als Minderheit. So ergeht der Ruf Jesu an die Katholiken und Katholikinnen Finnlands: »Kommt mit an einen einsamen Ort und ruht ein wenig aus!« Wie gut ihnen diese Gemeinschaft tut, kann man an den fröhlichen Gesichtern ablesen.

Zurück an Land warten meine neu gewonnenen Freunde schon. Obwohl das Wetter sich gar nicht von der frühsommerlichen Seite zeigt, sitzen die Pilger und Pilgerinnen gemütlich bei Kaffee und Sandwiches zusammen. Schon immer gehörte die Geselligkeit zu einer Wallfahrt. Es wird gelacht, getratscht und diskutiert. Bald allerdings wird zum Aufbruch gemahnt. Die Pilgernden machen sich auf den Heimweg – der weiteste nach Oulu, 560 Kilometer nach Norden. Mit einer kräftigen Umarmung verabschiedet sich die indische Klosterfrau von mir und bittet mich, den Katholiken Finnlands im Gebet verbunden zu bleiben. Ich verspreche es gerne. Obwohl die Anreise reichlich umständlich und abenteuerlich war, fühle ich mich durch die Begegnungen mit den finnischen Pilgern und Pilgerinnen und das Erlebte reich beschenkt.

Nur in Umkehr und Ruhe liegt eure Rettung, nur Stille und Vertrauen verleihen euch Kraft.
Jesaja 30,15

Stille

Ich möchte still sein
vor Dir,
lebendiger Gott.
Ein wenig nur
fliehen vor dem
Lärm des Lebens.

In der Stille
bringst Du
meine kreisenden Gedanken
zur Ruhe.
Augenblicke werden zu Jahren,
Flüchtiges verdichtet sich.

Ein tiefer Atemzug
der Stille
vor Dir,
lebendiger Gott,
wird zur Quelle
für mein Leben.

In der Stille bringst Du meine kreisenden Gedanken zur Ruhe.

Der einsame Ort
Da sagte Jesus zu ihnen: Kommt mit
an einen einsamen Ort, wo wir alleine sind,
und ruht ein wenig aus.
Markus 6,31

Köyliö könnte ein Ort sein, um über meine eigenen Rückzugsmöglichkeiten nachzudenken.

Jede und jeder von uns kennt den Wunsch, sich zurückzuziehen. »Stille Tage« oder »Wüstentage« heißen die Angebote, die uns einladen, Gott in der Stille zu begegnen. Doch nicht immer ist das möglich. Stille-Zeiten im Alltag können Quellen für das Glaubensleben sein. Schaffe ich es, mir im Alltag für Gebet und Betrachtung Zeit zu nehmen? Habe ich einen Lieblingsplatz, wo mir das Stillwerden besonders leichtfällt? Könnte ich mir einen solchen Platz aussuchen oder einrichten? Im bewussten Hören kann mich Gottes Wort treffen. Wie ein kleines Samenkorn kann das aufgenommene Wort Gottes zu ungeahnt Großem heranwachsen. Vielleicht ist das der Anfang, das Reich Gottes, das in meinem Leben lebendig wird.

> ## Nützliche Informationen
>
> ### Anfahrt
> Kirkkokari erreicht man über Köyliö. Am besten folgt man dem Weg zur lutherischen Kirche, fährt weiter über die Brücke und biegt dann nach links in den Pyhän Henrikintie ein. Einige Kilometer gegen Norden befindet sich das Heimatmuseum. Von hier muss man zu Fuß zum Seeufer gehen (ca. 10 Minuten). Fischer setzen einen zur Insel Kirkkokari über.
>
> Wer eine mehrtägige Wallfahrt mitmachen oder den Bustransport von Helsinki oder Turku aus beanspruchen will, findet weitere Informationen auf der Homepage der Diözese Helsinki: www.katolinen.net.
>
> ### Literatur
> Nyberg, Tore, Heinrich, in: Lexikon für Theologie und Kirche, Bd. 4, Freiburg i.Br. ³2009.
> Heikkilä, Tuomas, St. Henrikslegenden, übersetzt von Rainer Knapas, Helsinki – Svenska litteratursällskapet i Finland, Stockholm 2009.
> Sippo, Teemu, Die Reliquie Bischof Henriks, in: Informationen zur katholischen Kirche in den nordischen Ländern, hrsg. v. Vorstand des Ansgar-Werkes im Bistum Münster, 2/2000, S. 28f.
> Nygren, O. A., Heinrich (Henrik) von Uppsala, in: Lexikon der christlichen Ikonographie, hrsg. v. Wolfgang Braunfels Band VI, Freiburg i.Br., 1974, S. 483–484.

Informationen für Übernachtungen in Klöstern

Über die in den Kapiteln genannten Klöster hinaus bieten noch weitere Klöster Übernachtungsgelegenheiten an.

SCHWEDEN

Südschweden

Dominikanerinnen
Rögle Kloster 224
24791 Södra Sandby
Tel: 0046 46 514 20
systrarna@roglekloster.se
www.roglekloster.se

Benediktinerkloster
Bondrum 13
27395 Tomelilla
Tel: 0046 417 23209
benediktinshus@yahoo.se

Benediktinerinnen
Mariavall-Kloster
27395 Tomelilla
Tel: 0046 417 231 91
mariavall@katolskakyrkan.se
www.mariavall.se

Mittelschweden und Großraum Stockholm

Bildungshaus der Diözese Stockholm
Marielund
Pl 208
17853 Ekerö
Tel: 0046 8 56020016
marielund@katolskakyrkan.se
www.marielund.org

Birgittenkloster
Burevägen 12
18263 Djursholm
Tel: 0046 8 755 1785
djursholm@birgittasystrarna.se
www.birgittasystrarna.se

Franciskusgården
Jons väg 44
43375 Jonsered
Tel: 0046 31 795 7235
franciscan.friary.tor@mbox200.swipnet.se

Benediktinerinnen
Kloster vom Heiligen Herzen
siehe S. 79

Birgitten
Abtei Pax Mariae
siehe S. 45

Nordschweden

Birgitten
Birgittagården
Uddnäsvägen 58
79146 Falun-Hosjö
Tel: 0046 23 321 47
falun@birgittasystrarna.se
www.birgittasystrarna.se

DÄNEMARK

Seeland und Kopenhagen

Benediktinerinnenpriorat
»Vor Frue Kloster« Åsebakken
Høsterkøbvej 3
3460 Birkerød
Tel: 0045 458 106 98
Fax: 0045 458 289 19
vorfruekloster@mail.dk

Missionsschwestern vom Kostbaren Blut
Bistrup Byvej 4
3460 Birkerød
Tel: 0045 4581 0096
cps-Nordvanggaard@get2net.dk

Karmeliterinnen
Kommun. Sankt Josefs Karmel
Brødeskovvej 46
3400 Hillerød
Tel: 0045 4816 1838
(10.00–12.00 und 15.30–17.00 Uhr)
karmel@mail.dk
www.karmel.dk

St. Josefschwestern
Stella Matutina – Mikkelborg
Strandvejen 352
2980 Kokkedal
Tel: 0045 4914 7105
Fax: 0045 4914 9101
csjstella@csjdanmark.dk

Benediktinerinnen
Sankt Lioba Kloster
siehe S. 103

Jütland und Inseln / Provinz

Zisterzienserinnen
Maria Hjerte Abbedi
Maria Hjerte Engen 1
Gjerrild 8500 Grenå
Tel: 0045 8638 4488
Fax: 0045 8638 4206
abbedi@mail.tele.dk

Jugendhaus der Diözese
Kopenhagen
Ømborgen
Lindholmvej 11–13
Emborg, 8680 Ry
www.omborgen.dk
Tel: 0045 4043 8988
stefan@omborgen.dk

Birgitten
Sankt Birgitta Kloster
»Habitaculum Mariae«
Refshalevej 81
4930 Maribo
Tel: 0045 55 72 85 16
Fax: 0045 55 77 77 10
birgittasoestrene@mail.dk

ISLAND

Für Auskünfte zu Pilger-Unterkünften in Island wendet man sich am besten an das bischöfliche Büro (siehe S. 121).

NORWEGEN

Süden und Großraum Oslo

Dominikanerinnen
Katarinahjemmet
Gjorstadsgate 9
0367 Oslo
Tel: 0047 23 215410
Sta.katharina@op.katolsk.no
http://katarinahjemmet.katolsk.no/ny/

Dominikanerinnen
Lunden Kloster
Øvre Lunden 5 N
0598 Oslo
Tel: 0047 23 19 44 20
kloster@lunden.katolsk.no
http://lunden.katolsk.no/lunden_de.htm

Klarissen
Ulfsbakveien 36
3267 Larvik
Tel: 0047 33 12 54 79

Mittelnorwegen und Großraum Trondheim

Birgitten
Birgittenkloster
siehe S. 153

Trappistinnen
Tautra Marienkloster
siehe S. 169

Zisterzienser
Munkeby Mariakloster
Munkeberget
7600 Levanger
post@munkeby.net
www.munkeby.net

Nordnorwegen und Tromsø

Zisterzienser
Fjordenes Dronning Klosteret
siehe S. 177

Elisabethschwestern
Balsfjordgata 35
9007 Tromsø
Tel: 0047 23 3844 30
tromso@StElisabeth.katolsk.no

Karmeliterinnen
Karmel »Totus Tuus«
Holtveien 38a
9012 Tromsø
Tel: 0047 77 691080
totus.tuus@karmel.katolsk.no

FINNLAND

Birgittenkloster
Ursininkatu 15 a
20100 Turku
Tel: 00358 21 250 1910
birgitta.turku@kolumbus.fi

Quellenangaben

Danke
Zahlreiche Begegnungen und Gespräche mit Menschen hier im Norden haben dieses Buch möglich gemacht. Es waren Gespräche über das Pilgern, über die Geschichte Skandinaviens und den Glauben. Manche Information erhielt ich bei spontanen Begegnungen an einer Kirchentür, in einem Gästehaus oder auf den Pilgerwegen. All meinen Gesprächspartnern und -partnerinnen möchte ich herzlich danken!
Mein Dank geht ebenso an Monsignore Georg Austen und Herrn Matthias Micheel vom Bonifatiuswerk der deutschen Katholiken, die es mir ermöglichten, dieses Buch zu schreiben. Besonders bedanke ich mich bei Frau Claudia Lueg und Frau Nicole Hackenberger vom Kösel-Verlag für die stetige Motivation und Unterstützung während der Entstehung des Buches.
Sibylle Hardegger

Textnachweis
S. 28 Lars Bergquist, Die heilige Birgitta im Spiegel der Offenbarungen © Kunstverlag Josef Fink, Lindenberg im Allgäu 2001, S. 22
S. 55 Dag Hammarskjöld, Zeichen am Weg, übertragen und eingeleitet von Anton Graf Knyphausen, München 1970, S. 66
S. 66 Wolfgang Poeplau, in: Geh durch das Tor zum Leben, Christophorus-Verlag Freiburg i.Br. 1983 © Rechte beim Autor
S. 116 Frank-Lothar Hossfeld/Erich Zenger, Psalmen 51-100, Herders Theologischer Kommentar zum Alten Testament © Verlag Herder GmbH, Freiburg i. Br. ³2007, S. 508
S. 142 Elmar Gruber, in: Maria – Weg des Glaubens © Don Bosco Medien GmbH, München ⁴1998
S. 147 *Gott, der Boden, auf dem ich stehe ...*: Monika Hirschauer/Günter Lohr/Jan Sediry, in: Gott finden im Alltag. Exerzitien zu Hause © Verlag Herder GmbH, Freiburg i.Br.³1998, S. 30
S. 148 Almut Haneberg, in: Schmeisser M. (Hg.), Gesegneter Weg © Verlag am Eschbach der Schwabenverlag AG, Eschbach / Markgräflerland 2000
S. 150 *Ausgang und Eingang:* T / M: Joachim Schwarz (1930–1998) © Mechthild Schwarz-Verlag, Ditzingen 1962, Quelle EG 175

Die Bibeltexte (außer S. 116) sind der Einheitsübersetzung der Heiligen Schrift entnommen © Katholische Bibelanstalt, Stuttgart 1980

Bildnachweis
Alle Fotos Sibylle Hardegger, außer:
S. 73 © Carmen Frei
S. 90 © Claude David, DK
S. 92 / 93 © Anders Kaare Frederiksen
S. 98 (oben und unten): © Walter Pereyra / Gemeinde Christkönig, Nuuk
S. 99 © alvida – Fololia.com
S. 100 (oben) © Anny Petersen, (unten) © Arne Illeborg
S. 101 © Lisbeth Rütz
S. 102 © Anny Petersen
S. 103 © Lisbeth Rütz
S. 115 © Hreggviður Jónsson
S. 151 (unten) www.pilgrimstid.nu
S. 152 (oben) www.pilgrimstid.nu

Grundrisse Klosteranlage Alvastra, S. 69, und Nidarosdom, S. 132: Maria Ackmann, Hagen

Abbildungen der Glasfenster von Maja Lisa Engelhardt, S. 91 und 94 bis 97: © VG Bild-Kunst, Bonn 2013

Gestaltung der Karten: POCKETMAPS, Wolfgang Mohrbach, München

Hilfe für die katholische Kirche in Nordeuropa

Das Bonifatiuswerk der deutschen Katholiken

Dass Nordeuropa bislang bei deutschen Katholiken als Pilgerziel nicht oben auf der Liste steht, hat einen plausiblen Grund: Katholische Christen befinden sich hier in einer extremen Diaspora-Situation. Als kleine Minderheit in den großen und weiten Ländern des Nordens zu leben, stellt Kirche wie Gläubige vor besondere Herausforderungen. Das Bonifatiuswerk der deutschen Katholiken unterstützt sie dabei.

Allein die Fahrt zur nächsten Kirche ist für katholische Christen in Nordeuropa ein weiter und beschwerlicher Pilgerweg. Priester fahren jedes Wochenende weit mehr als 1.000 Kilometer, um mit den Gläubigen Gottesdienst zu feiern und sie seelsorglich zu betreuen. Kinder wachsen ohne Altersgenossen gleichen Glaubens auf.

Trotz reicher Länder ist die finanzielle Situation der katholischen Kirche in Nordeuropa schwierig. Sie ist eine arme Kirche. Mit nur wenig staatlicher Hilfe und geringen eigenen Einnahmen kann das katholische Leben nur sehr begrenzt gestaltet werden. Vieles kann die katholische Kirche in Nordeuropa nicht alleine tragen.

Hier hilft das Bonifatiuswerk der deutschen Katholiken als Hilfswerk für den Glauben. Das Bonifatiuswerk sammelt in ganz Deutschland Spenden, damit die katholischen Christen in Nordeuropa ihren Glauben leben können. Es fördert den Bau und die Instandhaltung von Kirchen, es hilft den Glauben an Kinder und Jugendliche weiterzugeben, es unterstützt die Arbeit der Priester. Allein in den vergangenen drei Jahren konnte das Bonifatiuswerk mehr als fünf Millionen Euro nach Nordeuropa weitergeben.

Ein großes Projekt ist der Neubau der katholischen Kathedrale in Trondheim. Direkt gegenüber dem Nidarosdom soll eine Kirche entstehen, als Anlaufpunkt für Pilger, als adäquates Gotteshaus für eine wachsende Gemeinde, als katholischer Bischofssitz im christlichen Herzen Nordeuropas.

Helfen Sie mit:

*Bonifatiuswerk der
deutschen Katholiken
Bank für Kirche und
Caritas Paderborn eG
BLZ 472 603 07
Konto-Nr. 10 000 100
Verwendungszweck:
Hilfe für Nordeuropa*

www.bonifatiuswerk.de

Informieren Sie sich über Nordeuropa in unseren Länderbroschüren. Die Hefte Norwegen, Schweden und Island erhalten Sie gegen eine Schutzgebühr von je 5 € beim Bonifatiuswerk unter Telefon 0 52 51/29 96 53 oder per E-Mail: bestellungen@bonifatiuswerk.de.

Kompetente Begleiter auf Ihrem Pilgerweg

Religion & Spiritualität

Helge Burggrabe, Tilman Evers, Stefanie Spessart-Evers, Heike Radeck, Ingrid Riedel
CHARTRES – LAUSCHEN MIT DER SEELE
Eine spirituelle Entdeckungsreise
ISBN 978-3-466-36878-5

Mira Czutka
OUT OF OFFICE
Als Managerin auf den Spuren des Franziskus – Das Pilgerbuch für den Weg nach innen
ISBN 978-3-466-36894-5

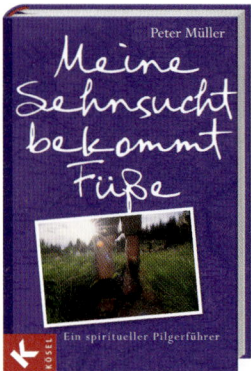

Peter Müller
MEINE SEHNSUCHT BEKOMMT FÜSSE
Ein spiritueller Pilgerführer
ISBN 978-3-466-36827-3

Peter Müller
DIE SEELE LAUFEN LASSEN
Pilgertage und spirituelle Wanderungen
ISBN 978-3-466-36649-1

Sachbücher & Ratgeber   www.koesel.de